期权定价及其应用研究

彭　斌　著

北京交通大学出版社
·北京·

内 容 简 介

本书致力于期权定价与应用有关问题的研究，全书共11章，主要内容包括：绪论，支付股利的跳跃扩散过程下美式看涨期权定价，跳跃扩散过程下百慕大互换期权定价，跳分形过程下延迟期权定价研究，幂型奇异期权定价研究，路径依赖型期权及其衍生产品定价研究；不变方差弹性模型中奇异期权定价研究，基于模糊期权方法的IT企业战略投资决策研究，移动通信创新技术研发投资的复合期权评价研究；期权定价理论在现代企业管理中的应用研究，结论与展望。

图书在版编目（CIP）数据

期权定价及其应用研究 / 彭斌著. —北京：北京交通大学出版社，2023.10
ISBN 978-7-5121-3475-1

Ⅰ. ① 期…　Ⅱ. ① 彭…　Ⅲ. ① 期权定价—研究　Ⅳ. ① F830.95

中国国家版本馆CIP数据核字（2023）第039055号

期权定价及其应用研究
QIQUAN DINGJIA JIQI YINGYONG YANJIU

责任编辑：郭东青
出版发行：北京交通大学出版社　　电话：010-51686414　　http://www.bjtup.com.cn
地　　址：北京市海淀区高梁桥斜街44号　　邮编：100044
印 刷 者：北京虎彩文化传播有限公司
经　　销：全国新华书店
开　　本：170 mm×240 mm　　印张：14.625　　字数：285千字
版 印 次：2023年10月第1版　　2023年10月第1次印刷
定　　价：88.00元

本书如有质量问题，请向北京交通大学出版社质监组反映。
投诉电话：010-51686043，51686008；传真：010-62225406；E-mail：press@bjtu.edu.cn。

前　言

1973 年，布莱克－舒尔斯的开创性论文《期权定价与公司债务》的发表标志着期权定价理论的诞生。在其后的二十多年时间里，期权定价理论及其应用研究得到了蓬勃发展，取得了丰硕的成果。为加强我国期权定价理论及其应用研究，特别总结出版了《期权定价及其应用研究》。

本书致力于期权定价及应用有关问题的研究，主要内容如下。

第一，讨论了当基础资产遵循跳跃扩散过程时，支付股利美式看涨期权定价问题。在等价鞅测度下，在风险中性定价模型中，导出标的股票服从跳跃扩散过程并且在期权有效期一次支付股利时美式看涨期权的解析定价公式，然后将其扩展到期权有效期多次支付股利的美式看涨期权，其价值在期权有效期等间隔支付股利次数趋于无穷时将收敛于连续支付股利的美式看涨期权，在此基础上，提供了便于实践应用的外推加速法，以减少计算复杂性。

第二，在等价鞅测度下，利用条件期望等知识导出在风险中性定价模型中，标的资产服从跳跃扩散过程时百慕大互换期权的解析定价公式，依此结合 Richardson 两点外推加速法得到美式互换期权近似解。提出数值算例，阐明提前执行特征具有重要经济价值。定价结果可以评估场外交易的金融期权价格尤其是实物期权价格。

第三，标的资产遵循跳分形过程时构建了延迟期权的评估框架。首先导出延迟一期的看涨期权解析定价公式，并探讨了公式的一些特殊情形。然后将定价公式延迟到 M 期，该延迟期权价值在 M 趋于无穷极限状态时将收敛于永久延迟期权。提出一种简单有效的两点外推加速法求极限。最后，提供数值结果，阐述了定价表达式的简单实用特性。

第四，开发出两类幂型奇异期权定价框架。首先，在风险中性假设下推导该类幂型奇异期权的解析定价公式，进而得出幂型互换期权和幂型选择期权的价格公式，并提出美式和欧式幂型选择期权价格均衡的充分条件。其次，基于伊藤定理和自融资动态策略构建跳分形环境中幂型亚式期权的偏微分方程，结合边界条件导出到期日前任意执行的幂型几何平均亚式期权的解析定价公式，在此基础上使用蒙特卡罗模拟法评价幂型算术平均亚式期权，并通过强有力的数值实证说明该算法有效提高了模拟结果的精确性，为处理诸如石油货币或利率等弱交易资产的期权合约提供了创新思路。

第五，以单个吸收障碍随机移动的反射原理和 Boyle - lau 二项式算法为单个障碍期权定价进行了阐述和说明，在此基础上探讨了两吸收障碍随机移动的反射原理，提出了扩展 Boyle - lau 二项式算法对双重敲出期权进行定价求解；基于布莱克 - 舒尔斯期权定价模型的假设条件，利用多维伊藤定理和无套利定价原理，构建了基于两资产支付红利的亚式彩虹期权多因素路径依赖型期权定价模型，结合边界条件，导出几何平均亚式看涨彩虹期权的解析定价公式以及几何平均亚式彩虹期权看涨 - 看跌平价关系式，以此为控制变量模拟计算算术平均亚式彩虹期权，数值实验表明几何平均控制变量法有效提高了蒙特卡罗模拟算术平均亚式彩虹期权定价的精确度。

第六，不变方差弹性（constant elasticity of variance，CEV）模型可以阻止布莱克 - 舒尔斯模型中波动率微笑的实证偏差，为此标的资产价格运动用不变方差弹性模型描述并按照非中心 χ^2 分布余函数导出了三值期权的解析定价公式。在此基础上，首先提出了一种简单有效的算法计算非中心 χ^2 分布余函数，指出当计算精确解有问题时提供该分布余函数近似值可以精确估计上述解析定价公式的结果。该研究结果可以推广到依赖时间参数的不变方差弹性奇异期权定价。其次提出用三叉树方法对不变方差弹性模型进行近似处理，并利用其为不变方差弹性模型中算术平均亚式期权的不同品种——平均价格型期权和平均执行价格型期权进行定价。最后构建一个三叉结合树对不变方差弹性模型进行近似处理，借助前向递归程序开发出一种简单有效的算法并将其应用于不同类型回望期权定价进而得到期权价格准确的评估结果。

第七，在模糊框架下，提出了一种启发性的期权方法，根据梯形模糊数估计期望现金流和期望成本的现值，借助模糊数的数学期望值和方差，确定最佳执行时间，最后就该方法在欧洲日耳曼民族 IT 电讯公司投资战略中进行实证分析。

第八，研发投资是实现科技创新、增强企业国际竞争力的重要环节，对移动通信创新技术研发投资进行科学合理的评价具有重要的战略和实践意义。基于研发项目多阶段柔性投资特征分析，考虑项目生命周期内综合风险的波动率变化，立足复合期权原理构建了移动通信技术研发投资定价模型，并通过中国大型移动电话运营商移动支付系统研发投资的案例，研究验证了模型的有效性和实用性，以及项目经理用经验推断和客观比较估计具体时段内波动率的可行性。

第九，鉴于现金流贴现估价模型的局限性，从期权的角度阐述了存款保险和企业并购、跨国并购的期权特性，从理论和实证两方面分别论述如何运用布莱克－舒尔斯期权定价模型确定存款保险价格以及运用美式期权定价模型评估企业并购价值、运用二项式期权定价模型决策跨国并购时机选择的问题。另外，运用期权定价理论以及灰色评测方法，建立了一种计量管理型人力资本的新模型；并引入贝叶斯定理和期权定价理论，构建了一种有效评估新技术项目的新模型，探究创业投资期权评价模型的遗传算法，为企业做出合理的人员评估及项目决策提供了依据。

作 者

2023 年 5 月

目 录

1 绪 论

1.1 金融衍生产品市场及期权

在最近的几十年里，金融衍生产品市场[1-2]（derivative market）的发展已成为影响全球经济的重要现象。作为进行金融衍生产品交易的市场，衍生产品市场是相对于标的金融产品交易的市场（underlying market）而言的，后者常被称为现金市场（cash markets）或现货市场（spot markets）。金融衍生产品的价值取决于或派生自基础商品或资产的价格及其变化。例如，股票期权就是一种建立在股票这种基础资产上的衍生资产，它的价值取决于股票价格的变化。20 世纪 60 年代末到 70 年代初，随着全球性市场的迅速扩张和战后布雷顿森林体系的崩溃，国际贸易与金融商品交易的风险日益增加。基于抵消风险和提高效率的客观要求，美国芝加哥商业交易所（CME）所属的国际货币市场（IMM）于 1972 年率先推出外汇期货交易，随后芝加哥交易所（CBOT）于 1973 年在其筹建的芝加哥期权交易所（CBOE）开始对主要交易所的上市股票，有选择地开办期权交易。此后，各种创新衍生产品及交易方式不断出现。

目前，金融衍生产品市场虽然开展期货（futures）、期权（options）、远期（forwards）和互换（swaps）[3-6]等多类业务，但按合约买方是否具有选择权，衍生资产被分为远期类（forward - based）和期权类（options - based）两种。期权是最常见也是交易最活跃的金融衍生产品之一，它的价格依赖于标的资产的价格。期权是在未来某一时间以某一固定的价格购买或出售某标的资产的权利。期权合约中的价格称为执行价格或敲定价格，合约中的日期称为期满日或到期日。期权作为一种规避风险的衍生金融工具，它的基本特征是：期权合约买卖双方权利和义务是不对称的。期权合约的买方（多头一方）有权利根据市场变化情况决定执行权利还是放弃权利；同时，期权合约的卖方（空头一方）只有义务而无权利，只要买方行使权利，卖方就必须按买方的要求履约；反之，若买方认为行使期权对其不利，卖方无权要求买方履约。这样期权合约使得买方在不确定的市场环境中总是获得收益。为此期权买方需要付出一定的代价即期权价格作为期权卖方承担义务的报酬。

期权根据所赋予的权利不同可分为看涨期权（call option）和看跌期权（put option）。看涨期权又称买权，即按约定价格买入某种标的资产的权利，持有这种期权在将来价格上涨时对持有者较为有利；看跌期权又称卖权，即按约定价格卖出某种标的资产的权利，持有这种期权在将来价格下跌时对持有者较为有利。期权合约中的价格称为执行价格或敲定价格（exercise price or strike price），合约中的日期称为期满日或到期日（maturity，expiration date）。美式期权（American options）可在到期日之前的任何一个交易日执行；欧式期权（European options）只能在到期日执行。我们用 s_T 表示欧式期权到期日标的资产的价格，用 x 表示欧式期权合约约定价格，用 c 表示欧式看涨期权的价格，用 p 表示欧式看跌期权的价格，则各种欧式期权头寸的损益情况如表 1－1 所式。

表 1－1　欧式期权头寸损益情况

头寸	看涨期权（买权）	看跌期权（卖权）
多头（买方）	$\max(s_T - x) - c$	$\max(x - s_T) - p$
空头（卖方）	$c - \max(s_T - x)$	$p - \max(x - s_T)$

由上表可知：欧式期权多头持有者在期权交易中最大可能的损失额不过是期权价格，而收益是不封顶的；相应地，欧式期权空头持有者在期权交易中最大可能的收益仅仅是期权价格，而损失是不封底的。

对看涨期权，若标的资产价格大于执行价格，则为实值期权；若两者相等，则为两平期权；若标的资产价格小于执行价格，则为虚值期权。对于看跌期权，若标的资产价格小于执行价格，则为实值期权，两者相等的为平价期权；若标的资产价格大于执行价格，则为虚值期权。

期权的品种非常多，既有在交易所上市的标准化期权，也有场外交易的品种。股票期权、货币期权、指数期权及期货期权是最常用的几种期权合约。股票期权是期权的主要形式，它是美国最大的期权交易所——芝加哥交易所（CBOT）的主要交易品种之一。另外，欧洲证券交易所、美国股票交易所、香港股票交易所和纽约股票交易所也交易这种期权。近年来，国际金融市场除欧式、美式等标准期权之外，还涌现出大量由标准期权变化、组合、派生出的新品种，即奇异期权（exotic options）[7-10]。这类期权不同于标准期权，它的结构很“奇特”，有的期权上加期权，有的则在到期日、协定价格、买入卖出等方面有特殊规定。奇异期权具有较强的灵活性，其结构特征可以根据客户的不同要求进行设计；许多品种都是由金融机构应市场的特殊要求设计而成的，并逐渐延伸为有助于管理特定风险的金融工具。通常奇异期权在场外交易，其收益规律及定价远比标准期权复杂。奇异期权通常分为以下几类。

1. 路径依赖型期权

这类期权的收益不仅取决于标的资产到期日的价格，还取决于标的资产价格的变化路径，主要包括障碍期权、亚式期权等。

2. 多因素型期权

这类期权的收益取决于两个或多个标的资产的价格变化，其典型代表是彩虹期权。

3. 合同条款变化型期权

这类期权是因为标准期权合同条款的某些特征发生变化而产生的奇异期权，主要包括两值期权、任选期权等。

期权主要有投机、保值和对冲风险等作用。作为投机手段，投资者可通过购买或转卖期权而得到期权费的差额，或者通过履行期权而获利；作为保值手段，当标的资产的价格走势与其预期的一致时，期权购买者可通过执行期权合约获得无限的利润，若正相反，则可放弃执行，而此时最多只损失期权费；若投资者购买某标的资产，可未来的价格有下跌的趋势，此时可通过购买一定数额的以此资产为标的资产的看跌期权，使得这一投资组合处于无风险状态，此看跌期权起到对冲风险的作用。

期权交易可谓源远流长，早在公元前1200年，古希腊和古代腓尼基的商人之间便已出现了期权交易的雏形。到了17世纪，荷兰商人以期权方式来规避出口郁金香的风险。到了19世纪，一些基于农作物商品的看涨和看跌期权也曾在英格兰和美国流行一时。1973年4月26日，随着芝加哥期权交易所（CBOE）的正式成立，真正有组织的期权交易时代开始了。从此期权交易很快就席卷了美国各大期货交易所，如芝加哥交易所（CBOT）、芝加哥商业交易所（CME）、纽约商品交易所、纽约期货交易所等。1976年2月澳大利亚的股票交易所开始了期权交易，1978年英国有了期权交易市场，1987年9月法国巴黎证券交易所开始挂牌交易。现在在发达的西方国家大都有期权交易所，而且交易活跃。大多数股票期权都在交易所内交易，数额巨大的期权、货币期权和利率期权以及奇异期权是在场外交易。场外交易的优点在于：金融机构与公司可直接见面洽谈，通过自行设计合约使之尽可能满足公司的各种特殊要求，一些非规范化的条款也能写入合约，所以这些合约一般没有统一规范的格式。

期权交易的一个主要环节是确定期权的价格（即期权定价）。期权价格是期权购买者为获得期权合约所赋予的权利而支付给期权出售者的费用，即期权合约所赋予的权利的价格，反映出期权买卖双方对这一权利做出的价值判断。它是由期权市场的供需所决定的，由期权的内在价值和时间价值组成，即：期权价格 = 内在价值 + 时间价值。

期权内在价值是指立即履行期权合约时获得的利润，其价值高低取决于合约规定的执行价格、执行期权时标的物的市场价格以及期权的类型，它反映了期权执行价格和市场价格的关系。对于多头卖权而言，如果执行期权时标的物市场价格高于执行价格，此时多头买权的内在价值就为市场价格与执行价格之差，即在市场价格上涨的情况下，利用多头买权而得以以合约事先约定的执行价格购买标的资产时获得的利润；对于多头卖权而言，如果执行期权时标的物市场价格低于执行价格，此时多头卖权的内在价值就为执行价格与市场价格之差，即在市场价格下跌的情况下，利用多头卖权而得以以合约事先约定的执行价格出售标的资产时获得的利润。

期权的时间价值是指由于期权有效期长短等时间因素所带来的期权买方内在价值在到期日前增值的可能性，以及期权卖方的不对称性损失机会大于获利机会的时间风险。通常，期权有效期越长，期权时间价值越大。对于期权买方来说，期权有效期越长，标的资产价格波动的可能性越大，买方选择的余地和获利的可能性也越大，所以，买方也就愿意支付超过内在价值的那部分时间价值；对于期权卖方来说，期权有效期越长，买方要求履约的可能性越大，那么卖方遭受损失的机会大于获利机会的风险也就越高，所以，卖方必然要求买方支付高于其内在价值的期权价格。由此可见，期权价格一般高于其多头的内在价值。

期权定价理论的奠基性工作是布莱克和舒尔斯于 1973 年做出的，他们首次推导出标准的欧式期权价格所满足的偏微分方程并由此导出了这一期权的解析定价公式。布莱克 - 舒尔斯模型是度量期权价格的有效方法。

1.2 期权定价理论研究的历史和现状

1.2.1 早期的期权定价理论研究

《巴舍利耶[11] 1900 年》是我们迄今为止所知的最早的用理论模型研究期权定价问题的论文。无疑，它在期权理论史乃至整个金融经济学史上，占有先驱者的重要地位。这是一篇提交给巴黎高等学院科学学院（Faculty of Sciences of the Academy of Paris）的博士论文，提交的日期是 1900 年 3 月 29 日，论文被奉献给当代大名鼎鼎的数学家、物理学家和哲学家波因卡利（M. H. Poincaré）。巴舍利耶写这篇论文是基于对当时西欧，主要是法国的证券交易所的资产或证券的交易行情的观察，利用他数学研究的背景，思考如股票、期权、期货等所谓“投机”性很强的证券交易，其价格波动遵循怎样的一种规律。它完全不同于那种从证券的历史价格的曲线中进行经验总结，再去预测未来价格变动方向和大小的经验性理论，如与他所处时间差不多的道琼斯理论、波浪理论等。而是从观察得来的感性经验中，概括出一些前提性假设，然后运用已发展的数学工具进行演绎，作成一个实际如何运行的理论模型，从这一模型中给出对未来的预测，然后再用经验数据对其进行检验。正如马森和莫顿（Mason and Merton）所说，从历史上看，期权定价模型只有两类，一类是特定模型，另一类是均衡模型。[12]特定模型一般仅仅依靠经验观察或曲线拟合，因此它并不反映由经济均衡所加给它的对价格的任何约束。均衡模型所演绎出的期权价格则是作为市场参与者的行为最大化的结果。巴舍利耶正是这后一种方法的开创者，他意识到影响证券价格波动的因素有千千万，有过去的、现在的，甚至未来的事件以贴现的方式影响价格的决定。[11]他认为研究一个市场的瞬时状态，即找到市场瞬间价格变化的概率的法则是可能的，研究出这样一个表达市场波动似然性的公式正是他这篇论文所要达到的目标。虽然他的工作无论在经济学还是数学上都有缺陷，但他的研究与后来的斯普林克尔（Sprenkle）、博恩斯（Boness）和萨缪尔森（Samuelson）等一起指出了试图描述期权定价的均衡理论的许多方法。[13-16]巴舍利耶的这篇文献之所以在金融经济学的现代史上占有重要地位，不仅因为它给出了第一个描述期权价格运动的科学模型，还在于它将在自然科学和数学中已经证明是行之有效的研究纲领、研究范式和研究方法带进了金融经济学。按照莫顿的说法，巴舍利耶的工作标志着连续时间随机过程的数学和连续时间为衍生证券定价的经济学的同时诞生。[17]当然，颇令人感叹的是，他在金融理论史上超前性的工作成果湮没无闻了半个世纪，直到1950年才为萨维奇（L. J. Savage）和萨缪尔森重新发现。萨缪尔森对其在经济学专业圈内进行了不遗余力的传播，金融学家才从这篇文献上直接续上了期权定价理论研究的“香火”。

巴舍利耶模型奠定了现代期权定价理论的基础，但该模型假设股票价格过程是绝对布朗运动，允许股票价格为负，这与有限债务假设相悖。另外，该模型忽略了资金的时间价值为正、期权与股票间的不同风险特征以及投资者的风险厌恶，因而在应用上受到限制。

斯普林克尔部分地消除了巴舍利耶公式的头两个缺陷。斯普林克尔假定股票价格是对数正态分布的，这样就直接排除了证券是非正价格的可能性并消除了与之相联系的期权的无穷价格问题。进一步，他允许随机游走时的漂移，这样，就允许有正的利率和风险厌恶。同样，该模型忽略了货币的时间价值，进一步导致这一模型的缺陷。

博恩斯考虑货币的时间价值，因而避免了斯普林克尔的错误。然而，他的前提性假设忽略了对股票和期权有着不同的风险水平。博恩斯给出了四个前提性假设，用股票的期望回报率 $p[\mathrm{e}^{pT} \equiv E(S^*/S)]$ 代替了期权的期望回报率 $k[\mathrm{e}^{kT} \equiv E(C^*/C)]$。

萨缪尔森假定股票价格遵循带有正的成长率 p 的几何布朗运动，因而允许有正利率和风险收益。萨缪尔森模型依然包含着不完全的要素，他企求用“一个更深的理论会对于各个类别的股票推演出 p 的价值（或许还有 k 的价值）”。布莱克 - 舒尔斯更进一步批评道：“不幸的是，似乎还没有在资本市场均衡条件下为证券定价的模型使得决定认股权证的价值成为合适的方法。”没有进一步的限定，就把 k 假定为一个常数而作为资本市场均衡条件下期权定价理论的基础是不适合的。萨缪尔森还从一般均衡中论证了为什么 p 和 k 的期望值会不同，并且在 $k>p$ 时，期权存在提前执行的正概率，这就与莫顿的占优论证相矛盾，因为只要在证券不派发股利的情况下，看涨期权就不应提前执行。

布莱克和舒尔斯在他们 1973 年发表的经典论文中评点他们之前的期权定价模型时认为，这些公式之所以是不完全的，就是因为它们都包含有一个或更多个任意参数。就拿上述斯普林克尔模型来说，其中的 p 和 k 就是两个未知的参数。p 是股票价格的期望平均增长率，有 $[\mathrm{e}^{pT} \equiv E(S^*/S)]$，亦即相当于期权到期时的股票价格与股票现值的比的期望值，k 则是与对股票的风险态度有关的参数。这两个值都需要经验来估计，但斯普林克尔发现无能为力做到这一点。

早期的期权定价模型中有代表性的还有，克鲁依金格（Kruizenga）1956

年跟随萨缪尔森攻读博士学位时所完成的论文，后有一部分发表在库特纳（Cootner）中作为前言和第 1 章。[18]还有一部研究现实资本市场的著作，或者按我们今天的话来说，是一本投资管理学的书。书的兴趣在于讨论投资者或投资管理人如何具体操作的问题。他们得到一个对认股权证经验性的定价公式，用来拟合实际认股权证的价格曲线。然后，他们用这一公式计算一个套利组合的头寸所需的，比如，多少股股票的多头和多少数量的期权的空头的比例。正是这一点对布莱克和舒尔斯产生了启发。当然他们没有继续下去，因为他们没有意识到在市场均衡时，一个套利组合的头寸的期望值正好等于无风险资产的回报。这也正是布莱克和舒尔斯推导他们的理论定价公式时所用到的关键思想之一。

1.2.2 布莱克－舒尔斯期权定价模型[23]

期权定价理论的最新革命开始于 1973 年。在这一年布莱克和舒尔斯发表了他们关于期权定价的经典论文《期权定价与公司债务》。在文中提出的模型被称为布莱克－舒尔斯（简称 BS）模型。布莱克和舒尔斯在推导 BS 期权定价模型时，假设金融市场上如下条件成立：①允许使用全部所得（proceeds）卖空衍生证券；②没有交易费用或税收；③在衍生证券的有效期内没有红利支付；④不存在无风险套利机会；⑤证券交易是连续的；⑥无风险利率为常数且对所有到期日都相同；⑦股票价格遵循下述几何布朗运动：

$$\mathrm{d}S = \mu S\mathrm{d}t + \sigma S\mathrm{d}w(t) \tag{1-1}$$

式中：μ——股票的期望收益率；

σ——波动率，度量收益的标准偏差，两者都假设为常数；

$\mathrm{d}w(t)$——一个维纳过程，其公式为：

$$\mathrm{d}w(t) = \varepsilon\sqrt{\mathrm{d}t} \tag{1-2}$$

式（1－2）中 ε 满足标准正态分布。

假设 f 是基于 S 的某个看涨期权或其他期权的价格，根据伊藤公式得到

$$\mathrm{d}f = \left(\frac{1}{2}\sigma^2 S^a \frac{\partial^2 f}{\partial S^2} + rS\frac{\partial f}{\partial S} + \frac{\partial f}{\partial t}\right)\mathrm{d}t + \sigma S\frac{\partial f}{\partial S}\mathrm{d}w(t)^{[24-26]} \tag{1-3}$$

由于股票和相应衍生证券期权都受同一金融市场不确定因素的影响，所以布莱克和舒尔斯利用不付红利股票和以不支付红利股票为标的资产的衍生证券期权构造了一个无风险证券组合

$$\Pi = -f + \frac{\partial f}{\partial S}S \tag{1-4}$$

$dt(dt \to 0)$ 时间后，结合式（1-1）和式（1-3）得到

$$d\Pi = -\left(\frac{1}{2}\sigma^2 S^2 \frac{\partial^2 f}{\partial S^2} + \frac{\partial f}{\partial t}\right)dt \tag{1-5}$$

结合无套利均衡[27]，可以得到

$$\frac{1}{2}\sigma^2 S^2 \frac{\partial^2 f}{\partial S^2} + rS\frac{\partial f}{\partial S} + \frac{\partial f}{\partial t} - rf = 0 \tag{1-6}$$

方程（1-6）即为 BS 期权定价模型，对于到期日为 T，执行价格为 K 的欧式看涨期权，边界条件为：

$$C = \max(S_T - K, 0) \tag{1-7}$$

结合式（1-7），可以得到欧式看涨期权的解析定价公式：

$$C = S\Phi(d_1) - Ke^{-rT}\Phi(d_2)$$

其中，$d_1 = \dfrac{\ln(S/K) + (r + \sigma^2/2)(T-t)}{\sigma\sqrt{T-t}}$，$d_2 = d_1 - \sigma\sqrt{T-t}$。

式中：$\Phi(\cdot)$ ——均值为 0，标准差为 1 的累计标准正态分布函数。

布莱克-舒尔斯期权定价模型与其他期权定价模型不同，该模型中，期权的价格并不依赖于似乎相当重要的投资者对股票价格变动收益的预期 μ，此模型中通过建立产生确定收入而与未来股价无关的一个对冲证券组合，获得期权的均衡价值。因此，不论股票收益如何变化，对这一对冲证券组合的报酬不产生任何影响。布莱克-舒尔斯期权定价模型为投资者提供了一种方便精确地确定期权价值、控制风险的手段。模型中除 σ 外，其他变量均可以直接观察到。

1.2.3 期权定价理论研究的现状

布莱克-舒尔斯期权定价模型并不是完美的，它的问世并不意味着期权定

价领域研究的终止，而是为其深入研究指引了方向。20 多年来，财务金融专家们在布莱克－舒尔斯期权定价模型的基础上，进行了大量的、富有成效的研究。重要研究成果有：R. C. Merton 考虑了股利和随机利率模型[28]；J. C. Cox 考虑了 CEV 模型[29]；M. Brennan，et al 阐述了跳跃过程问题[30]；J. D. Macbeth 和 L. J. Merville 检验了布莱克－舒尔斯期权定价模型[31]；H. E. Leland 、B. Bensaid，et al、N. G. Dokuchaev，et al、L. Martellini、S. Perrakis，et al 考虑了交易费用问题[32-36]；E. N. Barron 和 R. Jensen 考虑了借款利率不同问题[37]；J. Barraquand，Y. K. Kwok，et al、G. Barone－Adesi et al 对多变量或衍生产品进行了求解研究[38-40]；T. S. Y. Ho et al、G. S. Bakshi，et al、M. A. Sullivan 研究了短期利率模型[41-43]；J. Hull、S. L. Heston、R. Frey、M. James et al、S. Nandi、R. Zvan，et al、G. Kallianpur，et al、K. Miyazaki，et al、M. Otaka，et al 研究了随机波动率问题[44-52]；D. Bates、G. Bakshi，et al、I. J. Kim，et al 提出了跳扩散模型[53-55]；F. Black，et al、T. S. Ho，et al、S. R. Das、C. Munk、R. A. Jarrow 探讨了债券期权[56-60]；J. Hull，et al 对利率期权进行了系统研究[61-63]，特别是研究了违约风险对股票期权定价问题的影响[64]；E Briys，et al、S. Choi，et al 研究了外汇期权[65-66]；S. K. Nawalkha，et al、M. Kim 研究了货币期权[67-68]；C. Campbell，et al 研究了指数期权[69]；L. D. Wall、H. D. Grove，et al、G. Hubner 研究了利率互换问题[70-72]；J. C. Cox ，et al、M. Rubinstein、P. P. Boyle 和 Y. S. Tian 分别对使用二叉树方法及三叉树方法求解期权定价进行了系统的阐述[73-76]；P. P. Boyle，et al 对障碍期权的求解进行了研究[77]；P. P. Boyle，et al 对服从 CEV 的障碍期权和回望期权进行了研究[78]；L. MacMillan 和 P. Carr 对美式期权的定价问题进行了研究[79-80]；R. Geske 对复合期权定价问题进行了研究[81]，另外，R. Geske，et al 探讨了将复合期权定价原理运用到美式期权定价[82]；F. A. Longstaff，et al 对跳扩散过程下美式期权进行了研究[83]；S. Fischer 和 W. Margrabe 对彩虹期权的定价求解问题进行了系统研究[84-85]；J. A. Nielsen，et al 研究了随机利率下亚式汇率期权的定价[86]。期权定价具有广泛的应用价值，已被应用于包括股票、公司债券、可变利率抵押、保险、投资在内的金融证券和金融合同的广泛领域。由于

布莱克－舒尔斯的创造性工作，理论界与实业界逐步将金融期权的思想和方法运用到企业现代经营管理中来，并开创了实物期权[87－111]，正确评估了投资项目的价值，人力资本价值等[98－107]。

一般说来，期权定价的方法有以下几种。

1. 偏微分方程法（PDE）[118]

由期权和该期权的标的资产按一定的比例组成的证券组合在短期内的收益率必为无风险利率，由此可得到一个以到期收益为边界条件的期权价格满足的偏微分方程，解此方程即可。该方法一般适用于一维或二维的问题，当维数达到三时，偏微分方程的解已很复杂，当维数更大时，这种方法几乎是不可行的。

2. 风险中性定价（risk neutral valuation）[1]

假设所有的投资者都是风险中性的，而在风险中性的世界里，将到期收益的期望值用无风险利率贴现则可得到期权的价格，且此价格在实际世界中也是对的。

3. 树方法（tree method）[113－119]

树方法主要包括二叉树和三叉树方法，二叉树方法（binomial tree method）是布莱克－舒尔斯模型的一个离散版本。它假定在每个小的时间步长标的资产价格面临独立的上涨或下跌决定。在此假定下经适当选择参数标的资产价格运动的可能路径形成一个二叉树图，从树图末端进行向后递归可求得当前期权的价格。该方法大大丰富了人们对期权价格运动方式的理解；三叉树方法（trinomial tree method）是二叉树方法的拓展。

4. 有限差分法[120－121]（finite difference method）

这是偏微分方程数值解的一种常用技术，它利用差分逼近将布莱克－舒尔斯模型转化为一组差分方程来求解。该方法和二叉树方法的基本思想是一致的，既可以用来对欧式期权定价，又可以对美式期权定价，但没有离散树方法灵活。

5. 蒙特卡罗模拟法[122-123]（Monte Carlo method）

该方法利用计算机模拟标的资产价格的随机运动和对应的期权收益，并将这一收益按无风险利率进行贴现，由大量的随机样本得到的贴现后收益的算术平均值即为这一期权价格的估计值。该方法能够处理较复杂的欧式期权定价，由于随机样本数量较大，并且不能处理早期执行，因此造成执行效率不高，不能用来定价美式期权。

综观期权研究的过程，布莱克－舒尔斯模型为投资者提供了适用于股票和任何衍生证券且计算方便的期权定价方法，但它过于严格的假设使其在理论和应用上存在缺陷。许多学者对其进行了修正，以上综述了他们根据不同金融环境提出了不变方差弹性模型，跳跃扩散模型，二叉树等树模型，利率期权定价模型，波动率变化期权定价模型以及 OTC 市场上常见的奇异期权，如亚式期权、回望期权、障碍期权、彩虹期权、复合期权定价等，其中关于利率期权定价的研究比较多，不变方差弹性过程下回望期权和障碍期权定价，跳跃扩散过程美式期权定价的离散方法，亚式和彩虹期权定价方法也有一定的研究成果，但关于由常见奇异期权组合派生的如双重障碍期权定价和两资产亚式彩虹期权定价研究的确不多，尽管他们在防范风险和金融监管中发挥更重要的作用。本书针对不连续观察期权合约的可能性，提出了一种离散时间方法对双重障碍期权定价，在这个框架下，标的资产过程是一个具有两吸收障碍的随机移动，期权价格在风险概率测度下依据到期日期权收益的折现值来确定，提出了一种计算时间步长数和轨线数的方法，并与连续时间方法进行比较，说明其是有效可行的；其次结合亚式期权和彩虹期权特征，构造了两资产亚式彩虹期权，它主要可通过对具有随机价格的两个可互相替代的原产品的选择来对冲生产成本风险，通过对具有随机价格的原产品和产出品的选择来对冲利润风险，是满足许多不同类型公司如跨国公司金融管理需要，增强公司竞争力和完善金融市场的有力工具。文章中将用于构成两资产亚式彩虹期权的成分期权——亚式期权和彩虹期权定价方法进行扩展，研究该奇异期权定价求解问题。尤其是采用舒尔斯的定价思路，导出了两资产几何亚式彩虹期权的解析定价公式，在此基础上将蒙特卡罗模拟法中减少变量技术用来评价两资产算术亚式彩虹期权，数值模拟结果表明其准确性相当高；许多学者在布莱克－舒尔斯期权定价模型的框架下，给出了标的资产服从几何布朗运动过程的算术平均亚式期权的近似定价公式，但实证研究表明，标的资产价格一般不太可能遵循几何布朗运动过程，运用布莱克－舒尔斯期权定价模型对期权定价时由于标的资产价格变动与其波动变化之间的负相关联系而将产生定价偏差，由 J. C. Cox 提出的不变方差弹性期权定价模型分离了这种负相关联系，本书在标的资产价格遵循不变方差弹性过程条件下，研究算术平均亚式期权的定价问题，提出了一种三叉树方法对不变方差弹性过程进行近似处理并用其评价不同类型的算术平均亚式期权，从而解决了因算术平均亚式期权固有的复杂性而带来的计算上的困难，并举例验证了这种三叉树方法的有效性和收敛性；在标的资产遵循连续扩散过程的假设前提下着眼于复合期权及其在美式期权定价中的运用，这虽然有一定的合理性，但实证分析表明，在股票市场和外汇市场，资产价格往往发生不连续跳跃性的变化，跳跃扩散过程被广泛地用来处理资产价格在短时间内的可能跳跃。1976 年 Merton 首次将跳跃扩散过程运用于期权定价，他在文章中给出了跳跃扩散过程的欧式期权近似解。然而研究资产价格不连续跳跃变化的美式期权定价的文章却很少，尤其是如何求得它的解析解，本书研究在标的资产服从跳跃扩散过程时美式期权定价问题，将复合期权方法推广到美式期权定价上去，导出了不连续支付股息的美式股票买权和支付连续比例红利的美式期权价格的解析公式，并给出数值计算结果验证了复合期权方法是有效可行的。最后标准期权定价方法在企业战略决策、企业并购价值、人力资源价值、新技术项目价值的评估中的应用研究已比较成熟，而结合模糊数学、灰色评测、贝叶斯定理在这些领域中的应用还不多见，将这些思想结合期权定价理论引入企业战略决策、企业并购、人力资本、新技术项目的定价，具有很好的实践意义和理论价值。

有关各类期权定价方法的研究仍在不断的探讨和发展中，因为从理论上讲期权发展是无止境的，从实践中看，期权是应用广泛和复杂多变的，因此，深入探讨期权定价求解方法既有较高的理论意义，又有很好的实用价值。

1.3 期权定价理论研究的重要意义

期权市场是20世纪90年代国际金融领域的新旋律，几乎所有的大银行、证券公司和其他金融机构都在积极参与期权市场的业务，然而如何对期权进行合理定价一直是金融理论界和实务界关注的焦点。下面，从几个方面来看期权定价理论的重要性。

1. 期权定价理论加速了现代金融理论的建立

现代金融理论是指在金融经济学中大量应用金融数学，研究金融风险的防范与控制、资本市场的运营、资本资产的结构及定价等问题取得的成果。金融数学是指以概率统计和泛函分析为基础，以随机分析和鞅论为核心的数学理论。现代金融理论伴随着金融市场的发展而不断完善成熟起来。金融市场是指债券、基金、股票、期货和期权等金融证券市场。由于经济的迅速发展，要求金融市场不断完善，以防范、控制和化解金融风险，由此而言，金融衍生产品层出不穷，这就要解决金融衍生产品的定价问题和投资决策问题。在现代金融理论发展的过程中，马科维茨（Markowitz）于1952提出的投资组合理论实现了由传统非数理化金融分析（基本分析、技术分析以及经验占主要成分）的定性分析方法向数量化方法的转变，实现了第一次质的飞跃。

另一个金融市场创新实践成功的典范是期权定价。虽然人们对期权这一衍生工具的诞生期待已久，但当时却很少有人能够预料到其后的几十年间，它会对现代金融理论与实践带来如此巨大的冲击和影响，也就是在1973年美国芝加哥大学的布莱克和舒尔斯教授在美国的《政治经济学》杂志（*Journal of Political Economy*）上发表了一篇名为《期权定价与公司债务》（*The Pricing of Options and Corporate Liabilities*）的论文，同年美国哈佛大学的莫顿教授则在另一刊物《贝尔经济与管理科学》杂志（*Bel Journal of Economics and Management Science*）上发表了另一篇关于期权定价的论文《期权的理性定价理论》（*Theory of Rational Option Pricing*）。这两篇文章奠定了期权定价的理论基础，开创了现代金融理论发展的新纪元，期权定价理论及其应用成为现代金融理论领域最活跃的分支之一。如果说马科维茨的投资组合理论引发了“华尔街第一次革命”，那么布莱克、舒尔斯、莫顿的期权定价理论则引发了“华尔街第二次革命”，使现代金融理论得到前所未有的高速发展。

2. 期权定价理论促进了金融技术的发展

所谓金融技术就是现代金融理论的方法与计算机技术在金融领域的结合。从前人们认为只有在制造业才有技术，其实金融技术更为复杂，威力更大。索罗斯一个人就让一大片国家的经济处于风雨飘摇之中，凭借的就是金融技术。期权就像一把双刃剑，期权定价理论在为风险管理提供了有效工具的同时，也为投机者提供了一个绝妙的投机手段，刺激了投资者的冒险心理。国际金融市场上，利用金融衍生工具进行投机活动甚嚣尘上，有百年历史的巴林银行的倒闭以及东南亚金融危机，都说明了期权定价理论作为一种金融技术的巨大威力，让金融界和世界各国政府为之感到震惊，从而也引起了他们的高度重视和警惕。为更好地防范、控制和化解金融风险，各国纷纷倾注了大量的人力、物力从事金融技术的研究，以求找到金融活动的内在规律，并用以指导实践。

3. 期权定价理论繁荣稳定了金融衍生产品市场

期权既是一种有效的避险工具，又是一种绝妙的投机手段。鉴于这两个特点，期权备受投资者和投机者的青睐。随着人们对期权定价理论的探索和发展，在标准期权合同的基础上，利用期权的理论和分析方法，金融工程师设计出各种风格迥异期权品种：亚式期权（Asian options）、回望期权（lookback options），障碍期权（barrier options）、阶梯期权（step options）、永续期权（permanent options）、彩虹期权（rainbow options）等奇异期权。

自美国芝加哥期权交易所（CBOE）正式开始交易股票期权以来，交易额出现了爆炸性的增长。风险的定盈化，“开创了在华尔街上，饱读数理化的火箭科学家用数字而不是凭直觉赚钱的新时代”，导致了全球近60万亿美元的金融衍生产品市场的产生和蓬勃发展。正如瑞典皇家科学院在诺贝尔经济学奖嘉奖辞中所说：期权定价理论和公式可以说是25年以来经济学领域中最为重大的突破和最卓越的贡献，带来了金融衍生产品市场近十年来的迅猛发展。

4. 期权定价理论拓展了财务金融学理论

从20世纪70年代以来，期权定价理论的发展日新月异，期权定价理论的应用也紧随其后。由于期权定价理论的应用，传统财务理论的许多难题得以解决，许多局限得以突破，财务理论面貌一新。1997年期权定价理论的两位美国经济学大师获得诺贝尔经济学奖，使得期权定价理论的研究和应用进一步升温。

什么是期权？许多人说期权是一种衍生金融工具，这样说并没有什么错，自标准期权问世以来，期权在金融市场上呼风唤雨，独领风骚，以至于作为衍生金融工具的期权成为人们心目中期权的全部，然而，无论是从实际意义还是从理论意义上讲，期权都远远不止于一种衍生金融工具。

从实际意义上讲，期权是一种客观的选择权。作为一种客观的事物，从古至今，期权是无处不在的，特别是在投资和经营领域。人们目前的决策总是会影响未来一定时间的选择权及其价值的增减，换句话说，人们总是面对各种各样的期权或期权组合。许多人愿意进入前景广阔或机会众多的领域，这实际上就是人们对期权的主动利用。在投资和回报相同的情况下，人们更愿意选择那些有某种灵活性的项目，因为这种灵活性本身就是一种期权，这样的一类期权称为实物期权。

从理论意义上讲，有关期权定价的理论可以说是经济学领域最伟大的发现，从金融期权研究得出的原理、方法和结论可以广泛运用于宏观、微观经济和管理问题的分析和决策，远远不止于证券投资领域。瑞典皇家科学院将1997年度的诺贝尔经济学奖授予舒尔斯和莫顿教授，说明了全世界对期权理论研究和实际应用重要性的认可。

在期权定价理论产生以前，人们无法准确估算面临的大大小小的期权（机会，灵活性等）的价值，在这种情况下，个人的经验无异于碰运气，决策失误也在所难免。期权理论产生以后，对这些实物期权的价值，可以做到定量的估算，而只有从数量上把握这些无形的机会，我们才能更好地利用它。

现代经济理论、金融理论和财务理论历来是相通的，从金融期权研究得出的基本原理和方法，尤其是关于风险和收益的评估，被广泛应用于现代财务理论的研究，在财务方面的应用最为集中地体现了期权理论的应用价值，时至今日，期权理论的应用带来了财务理论中许多方面的突破。

5. 中国金融衍生产品市场的展望

既然金融衍生产品是发达市场的产物，培育发展金融衍生产品市场也就是建立社会主义市场经济的必然要求。近年来，曾开展过一些金融衍生产品交易的试点，但都因时机不成熟而先后停止。这一事实充分显示了金融衍生产品市场的长期性和复杂性。从中国经济的长远发展来看，这种停滞是暂时的，当前应抓紧时间，认真吸取试点中的经验教训，并借鉴国外的一些成功做法，积极创造条件促进金融衍生产品市场的恢复与发展。

世界金融的发展历史表明，衍生产品交易具有回避风险的功能，当经济环境发生变化，市场风险扩大到一定程度后，客观上就要求运用金融衍生手段避险。1979 年以前，中国实行指令性计划经济，金融业处于抑制状态，根本谈不上汇率利率风险，银行企业没有独立的利益和权利，自然不可能产生规避风险要求。改革开放打破这一传统格局，经济金融的国际化进程和金融深化的进程开始启动，投资主体多元化，金融机构企业乃至政府机制、行为模式发生了深刻变化，这些因素决定了发展中国金融衍生产品市场的必然性。另外，在中国的一些外资银行，也把发展金融衍生交易等表外业务作为其占领中国市场的突破口，发展中国金融衍生产品市场才可能锻炼、培育中国银行和其他金融机构从事衍生交易的能力，才能保住足够的国内市场份额。政府发展金融衍生产品市场，首先是出于直接的经济目的即对政府的金融资产进行保值和增值，利用衍生产品市场促进政府债券的顺利发行，其次是为了建立完善的市场体系，促进和保证资源的有效配置。

1.4 本书的目标、结果及结构安排

自从布莱克 - 舒尔斯模型诞生以来，期权定价与应用问题一直是金融理论

研究的一个热点。本书的目标主要有两个。第一，运用统计学和数值计算方法对不同金融环境下三种奇异期权的定价问题和美式期权的定价求解问题进行研究，并通过算例验证所提出算法的有效性和收敛性，试图得到更好的或对金融实践具有指导意义并易于操作计算的结果。第二，致力于将模糊数学、灰色评测、贝叶斯定理结合期权定价理论引入企业战略决策、企业并购、人力资本、新技术项目的定价，具有很好的实践意义和理论价值。以上研究旨在为中国金融衍生产品市场发展和衍生工具的应用提供可借鉴的理论基础和应用策略。

本书的内容安排如下。

第 1 章介绍了金融衍生产品市场及期权的基本概念，综述了期权定价理论研究的历史和现状，指出了研究期权定价的重要意义。

第 2 章讨论了当基础资产遵循跳跃扩散过程时支付股利美式看涨期权定价问题。在等价鞅测度下，导出在风险中性定价模型中，标的股票服从跳跃扩散过程并且在期权有效期支付一次股利时美式看涨期权的解析定价公式，然后将其扩展到期权有效期多次支付股利的美式看涨期权，其价值在期权有效期等间隔支付股利次数趋于无穷时将收敛于连续支付股利的美式看涨期权，在此基础上，提供了便于实践应用的外推加速法以减少计算复杂性。

第 3 章在等价鞅测度下，利用条件期望等知识导出在风险中性定价模型中，标的资产服从跳跃扩散过程时百慕大互换期权的解析定价公式，依此结合理查森两点外推加速法得到美式互换期权近似解。提出的数值算例阐明提前执行特征具有重要经济价值。定价结果可以评估场外交易的金融期权价格尤其是实物期权定价。

第 4 章标的资产遵循分形跳过程构建了延迟期权的评估框架。首先，导出了延展一期的看涨期权解析定价公式，并探讨了公式的一些特殊情形；然后，将定价公式延展到 M 期，该延迟期权价值在 M 趋于无穷极限状态时将收敛于永久延迟期权，提出一种简单有效的两点外推加速法求极限；最后，提供数值结果阐述定价表达式的简单实用。

第 5 章开发出两类幂型奇异期权定价框架，首先，在风险中性假设下推导该类幂型奇异期权的解析定价公式，进而得出了幂型互换期权和选择（幂）

期权的价格公式，并提出了美式和欧式幂型选择期权价格均衡的充分条件。其次，基于伊藤定理和自融资动态策略构建分形跳过程下的幂型亚式期权的偏微分方程，结合边界条件导出到期日前任意执行的幂型几何平均亚式期权的解析定价公式，在此基础上使用蒙特卡罗模拟评价幂型算术平均亚式期权，并通过强有力的数值实证说明算法的有效性，提高了模拟结果的精确度。此研究为处理诸如石油货币或利率等弱交易资产的期权合约提供创新思路。

第 6 章对单个吸收障碍随机移动的反射原理和 Boyle – lau 二项式算法，为单个障碍期权定价进行了阐述和说明，在此基础上探讨了两个吸收障碍随机移动的反射原理，提出了扩展 Boyle – lau 二项式算法，对双重敲出期权进行定价求解；基于布莱克 – 舒尔斯模型的假设条件，利用多维伊藤定理和无套利定价原理，构建了基于两资产支付红利的亚式彩虹期权多因素路径依赖型衍生产品定价模型，结合边界条件，导出几何平均亚式看涨彩虹期权的解析定价公式以及几何平均亚式彩虹期权看涨 – 看跌平价关系式，以此为控制变量模拟计算算术平均亚式彩虹期权，数值实验表明几何平均控制变量法有效提高了蒙特卡罗模拟算术平均亚式彩虹期权定价的精确度。

第 7 章不变方差弹性模型可以阻止布莱克 – 舒尔斯模型中波动率微笑的实证偏差，为此标的资产价格运动用不变方差弹性模型描述，并按照非中心 χ^2 分布余函数导出三值期权的解析定价公式。在此基础上，提出了一种简单有效的算法计算非中心 χ^2 分布余函数，指出当计算精确解有问题时提供该分布余函数近似值可以精确估计上述导出解析定价公式的结果。该研究结果可以推广到依赖时间参数的不变方差弹性奇异期权定价。其次提出了一个三叉树方法对不变方差弹性模型进行近似处理，并利用其为不变方差弹性模型中算术平均亚式期权的不同品种——平均价格型期权和平均执行价格型期权进行定价。最后构建一个三叉树对不变方差弹性模型进行近似处理，借助前向递归程序开发出一种简单有效的算法，并将其应用于不同类型回望期权定价进而得到期权价格准确的评估结果。

第 8 章在模糊框架下，提出了一种启发性的期权方法，根据梯形模糊数估计期望现金流和期望成本的现值，借助模糊数的数学期望值和方差，确定了最佳执行时间，最后就该方法在欧洲日耳曼民族 IT 电讯公司投资战略中进行了实证分析。

第 9 章研发投资是实现科技创新、增强企业国际竞争力的重要环节，对移动通信创新技术研发投资进行科学合理的评价具有重要战略和实践意义。基于研发项目多阶段柔性投资特征分析，考虑项目生命周期内综合风险的波动率变化，立足复合期权原理构建了移动通信技术研发投资定价模型，并通过中国大型移动电话运营商移动支付系统研发投资的案例，研究验证了模型的有效性，项目经理经验推断和客观比较估计具体时段内波动率的可行性。

第 10 章鉴于现金流贴现估价模型的局限性，从期权的角度阐述了存款保险和企业并购、跨国并购的期权特性，从理论和实证两方面分别论述了如何运用布莱克－舒尔斯期权定价模型确定存款保险价格以及运用美式期权定价模型评估企业并购价值、运用二项式期权定价模型决策跨国并购时机选择的问题。另外，运用期权定价理论以及灰色评测方法，建立了一种计量管理型人力资本的新模型；并引入贝叶斯定理和期权理论，构建了一种有效评估新技术项目的新模型，探究创业投资期权评价模型的遗传算法，为企业做出合理的人员评估及项目决策提供了依据。

第 11 章对全书进行了总结，并展望了需要进一步研究的问题。

2 支付股利的跳跃扩散过程下美式看涨期权定价

2.1 引　言

股票期权是最活跃的一种交易衍生证券，在芝加哥期权交易所，纽约证券交易所大量交易，这些交易的股票期权大多数是美式期权且标的股票支付股利或不支付股利，它们比欧式期权具有更大的灵活性，可以在合同到期日之前任何时刻执行。除了不支付股利的美式看涨期权外，美式期权都有可能提前执行，这就涉及期权的最佳执行时间问题，美式看涨期权最佳执行时间及其价格的确定是一个复杂问题，至今仍是财务金融领域中一项重要的研究课题。

Roll 在 *Journal of Financial Economics* 上发表了题为 *An analytic valuation formula for unprotected American call options on stocks with known dividends* 的文章，首先给出了支付离散股利的美式看涨股票期权的解析定价公式。[124] 随后，R. Geske 和 R. E. Whaley 对这个解析公式做了修改，提出了著名的 R－G－W 公式[125-126]；R. Geske 和 H. E. Johnson 将 Roll 思路进行扩展对连续支付股利的美式看涨期权和美式看跌期权定价[127]；Changhyun Kwon 和 T. L. Friesz 将美式期权定价看作是求解线性互补问题并提出梯度投影法求解该线性问题[128]。这些文献研究都是假设标的股票运动在遵循连续扩散过程的前提下考虑美式期权的定价问题；赵巍等通过数值模拟指出标的股票价格波动具有持续性，即未来的波动与过去的波动正相关，并依此分析了长记忆几何布朗运动的期权定价模型避险策略，然而在现实中，一些重大的信息到达会使标的股票价格发生不连续跳跃性变化[129]。1976 年莫顿首次考虑市场中突发事件对股票价格的影响，指出了标的股票收益是由标准几何布朗运动引起的连续扩散变动和泊松过程引起的跳跃共同作用的结果，并依此建立了跳跃扩散模型并给出了在这种模型下的欧式期权解析定价公式。[130] 基于莫顿假设，K. I. Amin 和 D. Bates 分别用二项方法和二次近似法这类数值算法得到了期权价格[131-132]；Santtu Salmi，Jari Toivanen 延续 Changhyun Kwon 和 T. L. Friesz 的思路[133]，在跳跃扩散过程下采用迭代差分法得到了美式期权数值解。而这些数值解计算成本高且不及解析解直观。C. R. Gukhal 给出了当跳跃相对高度期望等于零这种特殊情形下美式期权解析定价公式[134]。很多实证研究[135-138] 也表明跳跃扩散模型能更准确地描述标的股票价格变化，鉴于此，本章研究在标的股票服从跳跃扩散过程且跳跃相对高度服从对数正态分布时支付股利美式看涨期权定价问题，利用风险中性定价原理，导出标的股票服从跳跃扩散过程并且在期权有效期支付一次股利时美式看涨期权的解析定价公式，然后将其扩展到期权有效期多次支付股利的美式看涨期权，其价值在期权有效期等间隔支付股利次数趋于无穷时将收敛于连续支付股利的美式看涨期权，在此基础上，提供了便于实践应用的外推加速法以减少计算的复杂性，并通过算例与美式看涨期权的数值算法比较说明了这一解析定价的有效性和准确性。

2.2 股票价格行为模型

假设标的股票价格过程 S_t 满足随机微分方程：

$$dS_t = (r-\lambda k)S_t dt + \sigma S_t dB_t + (Y-1)S_t dq_t \quad T_0 \leqslant t \leqslant T \quad S_{T_0} = S_0 \qquad (2-1)$$

式中：B_t——标准维纳过程；

Y——随机变量，在泊松随机时刻，发生一个量为 $Y-1$ 的跳跃使得股票价格从 S 变为 S_t，$\ln Y$ 服从正态分布，均值为 $\ln(1+k)-0.5\sigma_J^2$，方差为 σ_J^2；

q_t——泊松过程，B_t，Y 和 q_t 是相互独立的；另外，r，σ，σ_J，k 为常

数，r 为无风险利率；

σ，σ_J——未发生跳和发生跳时股票收益率标准差；

λ——每单位时间泊松随机变量，dq_t 的均值即 $\lambda = E(dq_t)/dt$；

k——跳跃相对高度期望，$k = E(Y-1)$。

Gukhal 假设跳跃相对高度期望等于零，即 $k=0$，使用相同假设虽然可以简化计算结果，但不具有通用性。因此，这里不考虑该假设。

在风险中性条件下，随机微分方程（2-1）的解为

$$S_t = S_0 \exp[(r - \lambda k - 0.5\sigma^2)t + \sigma B_t] Y(n)^{q(t)} \tag{2-2}$$

其中：当 $n=0$ 时，$Y(n) = 1$；当 $n \geqslant 1$ 时，$Y(n) = \prod_{i=1}^{n} Y_i$，$Y_i$ 是相互独立的随机变量且每个随机变量的分布与 Y 的分布相同；n 是参数为 λ 的泊松分布。

令：$x_t = \ln(S_t/S_0)$，由式（2-2）容易得出：x_t 运动过程为

$$dx_t = (r - \lambda k - 0.5\sigma^2)dt + \sigma dB_t + \ln(Y)dq_t \tag{2-3}$$

记 $C_E(S,\tau)$ 为执行价格为 X，到期日为 T 的股票价格过程满足方程（2-1）的欧式看涨期权，若在 $[T_0, T]$ 时段发生 n 次跳跃，根据无套利均衡，可以对股票发生了 n 次跳跃的收益求条件期望的现值来定价，即有

$$C_E(S,\tau) = e^{-r_n\tau}\sum_{n=0}^{\infty}[E(S_T - X)I_{S_T>X} \mid \text{Jump} = n] \times \text{prob}(\text{jump} = n)] \tag{2-4}$$

由文献［128］可知标的股票服从跳跃扩散过程的欧式期权价格为

$$C_E(S,\tau) = \sum_{n=0}^{\infty} \frac{e^{-\lambda'\psi}(\lambda'\tau)^n}{n!}[S_0\Phi(d_1) - Xe^{-r\tau}\Phi(d_2)] \tag{2-5}$$

其中：

$$d_1 = \frac{\ln(S_0/X) + [r_n + 0.5w_n^2]\tau}{w_n\sqrt{\tau}}, \quad d_2 = d_1 - w_n\sqrt{\tau}, \quad \lambda' = \lambda(1+k)$$

$$r_n = r - \lambda k + \frac{n\ln(1+k)}{\tau}, \quad w_n^2 = \sigma^2 + n\sigma_J^2/\tau, \quad \tau = T - T_0$$

$\Phi(\cdot)$ 为标准正态分布函数，S_0 为当前时刻 T_0 的股票价格。

2.3 支付股利的美式看涨期权定价

众所周知，标的股票不支付股利的美式看涨期权提前执行不是最优的，因

此美式看涨期权的价格等于欧式看涨期权的价格，然而当股票支付股利时，美式看涨期权在除息日前一瞬间提前执行有时是最优的，因此美式看涨期权价格可能高于欧式看涨期权的价格。

假设股利是确定的，为避免某种概率和已知支付的股利大于股价，根据Roll 思路并假设除息的股票价格过程服从方程（2－1），在除息日股票价格下跌额等于支付的股利，且在 t 时刻除息的股票价格

$$S_t = P_t - \sum_{t<T_i<T}^{M} e^{-r(T_i-t)} d_i$$

式中：T_i——t 后第 i 个除息日；

M——期权有效期支付股利的次数；

P_t——在 t 时刻累计股利的股票价格；

d_i——第 i 个除息日 T_i 支付的股利且满足 $d_i > X[1-e^{-r(T_{i+1}-T_i)}], i \leqslant M$，即每一股利都高于在下一个股利支付日内的执行价格利息的现值，以保证未来股利的现值总是大于执行价格利息的现值，因此也保证了提前执行概率的非负性；

D_i——期权有效期内未来支付股利在 T_i 时刻的折现值 $D_i = \sum_{j=i}^{M} e^{-r(T_j-T_i)} d_j$。

假设存在一风险中性概率测度且在这个测度下，包括在无风险利率下再投资累计股利的股票价格就是一个鞅[125]。根据鞅的性质，有下式

$$S_t + D_t + \sum_{j=1}^{v(t)} e^{r(t-T_j)} d_j = E_t[e^{-r(s-t)}(S_s + D_s + \sum_{k=1}^{v(s)} e^{r(s-T_k)} d_k)], \quad s>t \qquad (2-6)$$

式中：$T_{v(t)}$——t 之前最后股利支付日；

D_t——期权有效期内未来支付股利在 t 时刻的折现值。

替换 D 并化简易得

$$S_t = e^{-r(s-t)} E_t^Q[S_s] \qquad (2-7)$$

上式表明：除息的股票价格是一个鞅。

具有不支付股利的美式看涨期权只有在到期日执行一次，其在到期日的现金流为 $\max(S_T - X, 0)$，因此其价格就是欧式看涨期权的价格，由下式给出

$$C_{A0}(S_0,X,T_0,T) = C_E(S_0,X,T_0,T) \tag{2-8}$$

具有支付离散股利的美式看涨期权，只有在股票除息日或更确切地是在股票除息日前一瞬间考虑提前执行的可能性，因此执行边界的形式

$$S_t^* = \begin{cases} S_i^*, & t = T_i \quad i = 1,2,\cdots,M \\ \infty & \text{其他} \end{cases} \tag{2-9}$$

除息日 T_i 时刻前一瞬间股票临界价格 S_i^* 是 T_i 时刻支付股利后标的股票价格 S_i 的某个取值（下标 i 表示在 T_i 时刻的变量，如 S_i 表示 T_i 时刻的股票价格）使得持有人执行看涨期权收益 $S_i^* + D_i - X$ 等于持有看涨期权的收益 $C_E(S_i^*,X,T_i,T)$，即 S_i^* 可以通过迭代求解下式得到：

$$C_E(S_1^*,X,T_i,T) = S_i^* + D_i - X \tag{2-10}$$

根据除息的股票价格鞅的性质，可以按照期权有效期内收益期望的现值来定价美式看涨期权。在 $S_1 \geqslant S_1^*$ 的第一个除息日 T_1 执行美式期权是最优的，收益为 $S_1 + D_1 - X$；如果 $S_1 < S_1^*$ 则不执行美式看涨期权，在所有以前除息日当股票价格没有超过临界价格即 $S_j \leqslant S_j^*$（$j=1$，$\cdots$，$i-1$）时，美式买权在某些除息日 T_i 将是有效的，如果在除息日有效，最优执行买权产生收益 $S_i + D_i - X$，如果仍有效，当处于实值状态时$(S_T - X)$到期 T 执行看涨期权。在期权有效期内支付$[T_0,T]$一次股利 d_1 的美式看涨期权的价格 $C_{A1}(S,X,T_0,T)$ 可以表示为：

$$\begin{aligned} C_{A1}(S,X,T_0,T) &= E_{T_0}[\mathrm{e}^{-r\tau_1}(S_1 + d_1 - X)I_{\{S_1 \geqslant S_1^*\}}] + \\ &\quad E_{T_0}[\mathrm{e}^{-r\tau}(S_T - X)I_{\{S_1 < S_1^*\}}I_{\{S_2 \geqslant S_2^* = X\}}] \\ &= E_{T_0}[\mathrm{e}^{-r\tau_1}(S_1 + d_1 - X)I_{\{S_1 \geqslant S_1^*\}}] + \\ &\quad E_{T_0}\{\mathrm{e}^{-r\tau_1}E_{T_1}[\mathrm{e}^{-r(T-T_1)}(S_T - X)I_{\{S_2 \geqslant S_2^* = X\}}]I_{\{S_1 < S_1^*\}}\} \\ &= E_{T_0}[\mathrm{e}^{-r\tau_1}(S_1 + d_1 - X)I_{\{S_1 \geqslant S_1^*\}}] + \\ &\quad E_t[\mathrm{e}^{-r\tau}C_E(S_1,X,T_1,T)I_{\{S_1 < S_1^*\}}] \end{aligned} \tag{2-11}$$

由于标的股票价格的跳跃过程使得上式中期望值的计算变得复杂，可以通过设定在$[T_0,T_1]$和$[T_1,T]$时间段内期望发生跳跃次数分别为 n_1 和 n_2 来解决这个复杂问题。令 $m = n_1 + n_2$ 表示$[T_0,T]$时间段内发生跳跃的总次数，因

此有

$$E_{T_0}[\mathrm{e}^{-r\tau_1}(S_1+d_1-X)I_{\{S_1\geqslant S_1^*\}}]$$

$$=E_{T_0}\{\sum_{n_1=0}^{\infty}[\mathrm{e}^{-r\tau_1}(S_1+d_1-X)I_{\{S_1\geqslant S_1^*\}}\mid \text{jumps}=n_1]\times \text{prob}(\text{jumps}=n_1)\}$$

(2-12)

$$E_{T_0}[\mathrm{e}^{-r\tau}C_{\mathrm{E}}(S_1,X,T_1,T)I_{S_1<S_1^*}]$$

$$=E_{T_0}\left\{\mathrm{e}^{-r\tau_1}E_{T_1}[\mathrm{e}^{-r(T-T_1)}(S_T-X)I_{\{S_2\geqslant S_2^*=X\}}]\,I_{\{S_1<S_1^*\}}\right\}$$

$$=E_{T_0}\left\{\sum_{n_1=0}^{\infty}\left\{\mathrm{e}^{-r\tau_1}E_{T_1}\left\{\sum_{n_2=0}^{\infty}[\mathrm{e}^{-r(T-T_1)}(S_T-X)I_{\{S_2>X\}}\mid \text{jumps}=n_2]\times \text{prob}(\text{jumps}=n_2)\right\}\right.\right.$$

$$\left.\left.I_{\{S_1<S_1^*\}}\mid \text{jumps}=n_1\right\}\times \text{prob}(\text{jumps}=n_1)\right\} \quad (2-13)$$

对换上式中的期望和合计符号并使用泊松分布给出

$$E_{T_0}[\mathrm{e}^{-r\tau_1}(S_1+d_1-X)I_{\{S_1\geqslant S_1^*\}}]$$

$$=\sum_{n_1=0}^{\infty}\frac{\mathrm{e}^{-\lambda'\tau_1}[\lambda(T_1-T_0)]^{n_1}}{n_1!}E_{T_0}[\mathrm{e}^{-r\tau_1}(S_1+d_1-X)I_{\{S_1\geqslant S_1^*\}}\mid \text{jumps}=n_1]$$

(2-14)

$$E_{T_0}[\mathrm{e}^{-r\tau}C_{\mathrm{E}}(S_1,X,T_1,T)I_{\{S_1<S_1^*\}}]$$

$$=\sum_{n_1=0}^{\infty}\sum_{n_2=0}^{\infty}\frac{\mathrm{e}^{-\lambda'\tau_1}(\lambda'\tau_1)^{n_1}}{n_1!}\frac{\mathrm{e}^{-\lambda'(T-T_1)}[\lambda'(T-T_1)]^{n_2}}{n_2!}\times$$

$$E_{T_0}\left\{\mathrm{e}^{-r\tau_1}E_{T_1}[\mathrm{e}^{-r(T-T_1)}(S_T-X)I_{\{S_2>X\}}]I_{S_1<S_1^*}\mid n_1,n_2\right\}$$

$$=\sum_{n_1=0}^{\infty}\sum_{n_2=0}^{\infty}\frac{\mathrm{e}^{-\lambda'\tau_1}(\lambda'\tau_1)^{n_1}}{n_1!}\frac{\mathrm{e}^{-\lambda'(T-T_1)}[\lambda'(T-T_1)]^{n_2}}{n_2!}\times$$

$$E_{T_0}[\mathrm{e}^{-r\tau}(S_T-X)I_{\{S_2>X\}}I_{\{S_1<S_1^*\}}\mid n_1,n_2] \quad (2-15)$$

式中：S_1——发生 n_1 次跳跃和 $m=n_1+n_2$ 次跳跃条件下标的股票价格；

S_T——发生 $m=n_1+n_2$ 次跳跃条件下标的股票价格。

计算上式期望值需要相关标准的两个泊松权数的联合密度，为此借助对数回报率 $x_t=\ln(s_t/s_0)$，对数回报率 x_1 和 x_τ 相关性依赖于在$[T_0,T_1]$和$[T_1,T]$时间段的跳跃次数。在跳跃次数分别为 n_1 和 n_2 条件下，x_1 服从正态分布，均值

$$\mu_{\mathrm{JD}}\tau_1=(r-\lambda k-0.5\sigma^2)\tau_1+n_1[\ln(1+k)-0.5\sigma_{\mathrm{J}}^2]$$

方差

$$\sigma_{JD1}^2\tau_1 = \sigma^2\tau_1 + n_1\sigma_J^2; \quad x_\tau \sim \Phi(\mu_{JD}\tau, \sigma_{JD}^2\tau)$$

其中，$\mu_{JD}\tau = (r - \lambda k - 0.5\sigma^2)\tau + m[\ln(1+k) - 0.5\sigma_J^2]$，$\sigma_{JD}^2\tau = \sigma^2\tau + m\sigma_J^2$，$x_T$ 和 x_{T_1} 相关系数

$$\rho_{1T} = \frac{\mathrm{cov}(x_{T_1}, x_T)}{\sqrt{\mathrm{var}(x_{T_1})\cdot\mathrm{var}(x_T)}}$$

根据式（2－14）和式（2－15）以及 x_T 和 x_{T_1} 正态分布特性分别计算方程式（2－11）中第一个和第二个期望值，得出：

$$E_{T_0}[\mathrm{e}^{-r\tau_1}(S_1 + d_1 - X)I_{\{S_1 \geqslant S_1^*\}}]$$
$$= \sum_{n_1=0}^{\infty}\frac{\mathrm{e}^{-\lambda'\tau_1}(\lambda'\tau_1)^{n_1}}{n_1!}[S_0\Phi(a_1) - (X+d_1)\mathrm{e}^{-r\tau_1}\Phi(a_2)] \tag{2-16}$$

$$E_{T_0}[\mathrm{e}^{-r\tau}C_E(S_1, X, T_1, T)I_{\{S_1 < S_1^*\}}]$$
$$= \sum_{n_1=0}^{\infty}\sum_{n_2=0}^{\infty}\frac{\mathrm{e}^{-\lambda'\tau_1}(\lambda'\tau_1)^{n_1}}{n_1!}\frac{\mathrm{e}^{-\lambda'(T-T_1)}[\lambda'(T-T_1)]^{n_2}}{n_2!}\times$$
$$E_{T_0}\left\{\mathrm{e}^{-r\tau_1}E_{T_1}[\mathrm{e}^{-r(T-T_1)}(S_T - X)I_{\{S_2 \geqslant S_2^* = X\}}]I_{\{S_1 < S_1^*\}} \mid n_1, n_2\right\}$$
$$= \sum_{n_1=0}^{\infty}\sum_{n_2=0}^{\infty}\frac{\mathrm{e}^{-\lambda'\tau_1}(\lambda'\tau_1)^{n_1}}{n_1!}\frac{\mathrm{e}^{-\lambda'(T-T_1)}[\lambda'(T-T_1)]^{n_2}}{n_2!}$$
$$[S_0\Phi_2(-a_1, b_1, -\rho_{1T}) - X\mathrm{e}^{-r\tau}\Phi_2(-a_2, b_2, -\rho_{1T})] \tag{2-17}$$

其中，$a_1 = \dfrac{\ln(S_0/S_1^*) + (\mu_{JD1} + \sigma_{JD1}^2)\tau_1}{\sigma_{JD1}\sqrt{\tau_1}}$，$a_2 = a_1 - \sigma_{JD1}\sqrt{\tau_1}$

$$b_1 = \frac{\ln(S_0/X) + (\mu_{JD} + \sigma_{JD}^2)\tau}{\sigma_{JD}\sqrt{\tau}},\ b_2 = b_1 - \sigma_{JD}\sqrt{\tau} \quad \tau_1 = T_1 - T_0$$

综合上述计算结果进而得出到期日为 T，除息的股票价格服从方程（2－1），在 $T_1 < T$ 支付已知确定的股利 d_1 的美式看涨期权的价值

$$C_{A_1}(S, X, T_0, T) = \sum_{n_1=0}^{\infty}\frac{\mathrm{e}^{-\lambda'\tau_1}(\lambda'\tau_1)^{n_1}}{n_1!}[S_0\Phi(a_1) - (X+d_1)\mathrm{e}^{-r\tau_1}\Phi(a_2)] +$$
$$\sum_{n_1=0}^{\infty}\sum_{n_2=0}^{\infty}\frac{\mathrm{e}^{-\lambda'\tau_1}(\lambda'\tau_1)^{n_1}}{n_1!}\frac{\mathrm{e}^{-\lambda'(T-T_1)}[\lambda'(T-T_1)]^{n_2}}{n_2!}$$

$$[S_0\Phi_2(-a_1,b_1,-\rho_{1T})-Xe^{-rT}\Phi_2(-a_2,b_2,-\rho_{1T})] \tag{2-18}$$

若标的股票没有发生跳跃，即 $\lambda=0$ 时，式（2－18）即文献［124］的结论；若标的股票跳跃相对高度期望等于零，即 $\lambda\neq0$，$k=0$ 时，式（2－18）即文献［124］的结论。

把上述结论推广到在期权有效期内存在多次股利支付的场合，按照同样的思路，确定在每个执行日和到期日的美式看涨期权的现金流，计算这些现金流的折现期望值，并在每个时间间隔设定跳跃次数，最终得到到期日为 T，除息的股票价格满足方程（2－1）并且在期权有效期内 $T_0<T_1<\cdots<T_M<T_{M+1}=T$ 时刻支付 M 个已知确定的股息 d_1，d_2，…，d_M 的美式看涨期权价格为：

$$C_{AM}(S_0,X,T_0,T)=\sum_{j=1}^{M+1}\left\{\sum_{n_1=0}^{\infty}\sum_{n_2=0}^{\infty}\cdots\sum_{n_j=0}^{\infty}\left(\prod_{i=1}^{j}\frac{e^{-\lambda(1+k)(T_i-T_{i-1})}[\lambda(1+k)(T_i-T_{i-1})]^{n_i}}{n_i!}\right)\times\right.$$

$$\left.[S_0\Phi_j(\boldsymbol{a}_{1j}^*,\boldsymbol{R}_j^*)-(X+D_j)e^{-r(T_j-T_0)}\Phi_j(\boldsymbol{a}_{2j}^*,\boldsymbol{R}_j^*)]\right\} \tag{2-19}$$

其中，$D_M=d_M$，$N_j(\boldsymbol{a}_{vj}^*,\boldsymbol{R}_j^*)$ 是 j 维正态积分，积分上限由 j 维向量 $\boldsymbol{a}_{vj}^*$（$v=1$，2）和相关系数矩阵 $\boldsymbol{R}_j^*$ 给出

$$\begin{aligned}\boldsymbol{a}_{vj}^*=[&-a_1(S_1^*,T_1-T_0),-a_1(S_2^*,T_2-T_0),\\&\vdots\\&-a_1(S_{j-1}^*,T_{j-1}-T_0),\\&-a_1(S_j^*,T_j-T_0)],\end{aligned}$$

$\boldsymbol{R}_j^*$ 是 $j\times j$ 的对角矩阵且第 p 个对角元素为相关系数 ρ_{p-1p}，但第一和最后对角元素分别为0和负相关系数 $-\rho_{\{j-1,j\}}$，其他元素为相关系数 $\rho_{\{p-1,s\}}(s=p+1,\cdots,j)$，当 $s=j$ 时为负相关系数 ρ_{pj}，而 $p=1$，$s=0$，…，$p-1$ 时为0。此外，

$$a_1(S_i^*,T_i-T_0)=\frac{\ln(S_0/S_i^*)+(\mu_{JD}+\sigma_{JD}^2)(T_i-T_0)}{\sigma_{JD}\sqrt{T_i-T_0}},\quad i=1,2,\cdots,j$$

通常，除了标的股票不连续支付股利的美式看涨期权，美式期权具有连续执行的可能性（包括标的股票连续支付股利的美式看涨期权），因为在资产价格很小以至于执行利息补偿了由于提前执行期权价值损失的每个时刻，提前执行可能是最优的。一个具有连续执行时间的美式期权可以用一个具有离散或有

限时间的美式期权来近似。随着离散执行时数（股利支付次数）M 增加至无穷，执行时间变得连续，并且在期权有效期内，$T_0 < T_1 < \cdots < T_M < T_{M+1} = T$ 时刻等间隔支付 M 个已知确定的股利，d_1，d_2，…，d_M。因此，近似的期权在极限状态将收敛于美式看涨期权的价格，这样价格 C_{A0}，C_{A1}，C_{A2}，…，C_{AM}，…形成一收敛序列，该序列的极限就是美式看涨期权的价格，即

$$\lim_{M\to\infty} C_{AM}(S_0,X,T_0,T) = C_A(S_0,X,T_0,T) \quad (2-20)$$

然而，随着 M 的增加，将涉及多维正态分布的概念，该极限计算的复杂性急速增加。为降低计算的复杂性，这里采用一种外推加速法[139]，这种方法准许在步长 h 趋于 0 时测定极限值。式（2－20）测定的极限是美式看涨期权价格，步长为支付股利允许执行的时间间隔。在 2.6 节附录中开发出外推加速法，使用一个序列的前三项来求解式（2－20）中序列极限，即其存在性，给出以下三个多项式方程：

$$C_{1,2} = 2C_{A1} - C_E$$

$$C_{1.3} = C_{A2} + 7/2(C_{A2} - C_{A1}) - 1/2(C_{A1} - C_E)$$

$$C_{1,4} = C_{A3} + 29/3(C_{A3} - C_{A2}) - 23/6(C_{A2} - C_{A1}) + 1/6(C_{A1} - C_E)$$

其中，$C_{1,M}$表示使用 C_{A0}，C_{A1}，…，C_{AM}等的外推限度，C_E 和 C_{A1} 分别由式（2－5）和式（2－18）给出，C_{A2}和 C_{A3}很容易由式（2－19）推出。

2.4 算例分析

这是利用两点、三点和四点外推多项式计算跳跃扩散过程下标的资产支付股利美式看涨期权价值的例子。所获得数值结果在于验证外推加速法在不同性质美式看涨期权定价中的准确性。算例中使用的参数来自文献［130］中 S&P500 期权数据：除息后股票价格 $S = 40$ 美元 $r = 0.08$，$\lambda = 3$，$\sigma^2 = 0.15$，$\sigma_{JD}^2 = 0.45$，$k = 0.15$，有效期内每季支付 50 美分股利。表 2－1 针对期权有效期 $T - T_0$ 和执行价格，分别使用两点、三点、四点外推多项式以及文献［130］中 Amin 提出的二项式方法求得跳跃扩散过程下不同特性美式看涨期权价格，此外，表 2－1 中给出了两点、三点、四点外推加速法相对于 Amin 二项

式方法定价偏差。通过与 Amin 二项式方法比较，开发出的两点、三点和四点外推加速法，可以得到跳跃扩散过程下支付股利美式看涨期权准确的近似值。对于虚值期权和平值期权，两点、三点和四点外推加速法计算偏差几乎相同，即采用三种技术都可以得到准确的计算结果，然而包含两个最佳执行定点区间估计双重正态积分的两点外推加速法运算速度比涉及估计三重和四重正态积分的三点和四点外推技术快 6 倍。对于实值期权，虽然两点外推加速法有些低估期权价值，三点和四点外推加速法相比更加精确，但两者偏差相距最大仅 1%；当期权是极实值时，两点外推加速法出现明显的定价偏差，而三点比四点外推加速法定价准确性更高，偏差额度仅 1% ~2%。因此，在绝大多数情况下考虑准确性和计算速度因素，采用两点外推加速法更加适宜，如果在极实值状态，在权衡准确性和运算速度时更偏向采用三点外推加速法，两者运算效率超出 Amin 二项方法的 500 多倍。这是因为 Amin 二项方法要计算大约 150 个临界股票价格，而提出的两点、三点外推多项式仅仅需要计算一个、三个临界股票价格。

表 2－1　不同期权特性下连续支付股利的跳跃扩散过程美式看涨期权价值

(1)	(2)	(3)	(4)	(5)	(6)	(7)	(4) －	(5) －	(6) －
$T-T_0$	X	期权特性	两点外推	三点外推	四点外推	Amin 方法	(7)	(7)	(7)
0.25	30	极实值	11.186	11.258	11.262	11.245	-0.059	0.013	0.017
0.25	35	极实值	7.265	7.375	7.386	7.355	-0.09	0.02	0.031
0.25	40	平值	4.392	4.392	4.392	4.390	0.002	0.002	0.002
0.25	45	虚值	2.582	2.583	2.584	2.592	-0.01	-0.009	-0.008
0.25	50	虚值	1.592	1.593	1.594	1.601	-0.009	-0.008	-0.007
1	30	实值	14.923	14.951	14.948	14.942	-0.019	0.009	0.006
1	35	实值	12.203	12.181	12.189	12.195	0.008	-0.014	-0.006
1	40	平值	9.998	9.999	9.999	9.993	0.005	0.006	0.006
1	45	虚值	8.278	8.279	8.281	8.287	-0.009	-0.008	-0.006
1	50	虚值	7.012	7.012	7.014	7.022	-0.01	-0.01	-0.008

为了对上述理论方法进行进一步验证，将之运用到期权交易市场中。选取的数据来源于芝加哥期权交易所 CBOE 交易最为广泛的四类美式期权，标的资

产分别是通用汽车公司（GM）股票，国际商业有限公司（IBM）股票，Merck公司（MRK）股票以及标准普尔100指数（OEX），采用1978年1月2日至2009年12月30日各股回报来估计股票波动率，所得参数如表2－2所示。在实际计算中可以采用多种方法估计跳跃过程的参数，例如矩方法或广义矩估计方法，累积量拟合法和最小化惩罚函数法等，这里采用Beckers提出的累积量拟合法对跳跃过程的参数进行估计[140]，结合四类期权历史数据，求得跳跃过程参数，如表2－2所示。无风险利率取3.5%，同时采用Gukhal模型、Santtu模型、Amin模型以及本章提出的两点外推加速模型求得四类美式期权价格，如表2－2所示。

表2－2 不同模型下四类美式看涨期权在跳跃扩散过程中的定价结果

	通用汽车公司（GM）期权	国际商业有限公司（IBM）期权	Merck公司（MRK）期权	标准普尔100指数OEX期权
X	42.33	38.52	45.76	56.23
σ^2	0.1432	0.1338	0.1485	0.1875
λ	0.1321	0.1285	0.1364	0.1653
k	0.0978	0.0895	0.1008	0.1115
σ_J^2	0.3852	0.3698	0.3778	0.4438
有效期（年）/分红（季）	0.3338//0.35	0.25/0.28	1.045/0.54	1.252/0.61
实际价格	9.54	10.53	8.72	8.05
Gukhal模型误差	0.87	0.9	0.86	0.78
Santtu模型误差	0.54	0.53	0.54	0.51
Amin模型误差	0.08	0.07	0.09	0.06
两点外推加速误差	0.06	0.06	0.058	0.056

从上表可以看出，采用两点外推加速法和Gukhal模型以及Santtu和Amin提出的数值模型，对美式看涨期权进行定价并与市场实际交易结果进行对比，验证了Gukhal模型以及Santtu提出的数值模型在这四类美式看涨期权定价中效果较差，因为它们未考虑跳跃相对高度。Amin数值模型具有良好的收敛性，而用两点外推加速法近似美式看涨期权具有定价准确性和实用性。

2.5 结束语

自1973年布莱克－舒尔斯和莫顿创立和发展布莱克－舒尔斯期权定价模型之后的30年，支付股利美式期权定价仍是期权定价研究领域中的一大热点，实证研究表明标的股票价格行为过程除了包含纯扩散过程，还包含一个泊松过程。本章研究了跳跃扩散过程下支付股利美式看涨期权定价，利用风险中性定价原理对标的资产发生了跳跃次数的收益求条件期望的现值导出了标的股票具有泊松过程时不连续支付股利的美式看涨期权解析定价公式，借此近似标的股票连续支付红利的美式看涨期权的价格，并开发出简捷有效的外推加速法以便于实际操作，数值模拟表明该方法仅需要计算二重、三重正态积分就可推出连续支付股利美式看涨期权的近似解，这种简单求解技术显著减少了临界股票价格计算量，从而提高了计算效率。使用同样思路还可解决跳跃扩散过程下美式货币期权、远期期权、零息债券等更复杂问题。

2.6 附录 外推加速法求解式（2－20）中序列极限

令 $F(h)$ 为使用一个步长为 h 的利息函数价值，假定 $F(h)$ 表示为以下泰勒级数形式

$$F(h) = F(0) + a_1h^1 + a_2h^2 + a_3h^3 + \cdots + a_{M-1}h^{M-1} + o(h^s)$$

然后外推，分别以 b_1h，b_2h，b_3h，$\cdots$，$b_{M-1}h$ 替换上式中 h，可以得到

$$\begin{bmatrix} F(b_1h) \\ F(b_2h) \\ F(b_3h) \\ \vdots \\ F(b_{M-1}h) \end{bmatrix} = \begin{bmatrix} F(0) \\ F(0) \\ F(0) \\ \vdots \\ F(0) \end{bmatrix} + \begin{bmatrix} a_1b_1 & a_2b_1^2 & a_3b_1^3 & \cdots & a_{M-1}b_1^{M-1} \\ a_1b_2 & a_2b_2^2 & a_3b_2^3 & \cdots & a_{M-1}b_2^{M-1} \\ a_1b_3 & a_2b_3^2 & a_3b_3^3 & \cdots & a_{M-1}b_3^{M-1} \\ \vdots & \vdots & \vdots & & \vdots \\ a_1b_{M-1} & a_2b_{M-1}^2 & a_3b_{M-1}^3 & \cdots & a_{M-1}b_{M-1}^{M-1} \end{bmatrix} \begin{bmatrix} h \\ h^2 \\ h^3 \\ \vdots \\ h^{M-1} \end{bmatrix} + \begin{bmatrix} o(h^s) \\ o(h^s) \\ o(h^s) \\ \vdots \\ o(h^s) \end{bmatrix}$$

其中，$b_{M-1} > \cdots > b_3 > b_2 > b_1 > 1$，$M > 1$。

美式看涨期权 C_{AM}（T_M）涉及计算一个越来越多维数的 M 元标准积分的序列（即维数 =1，2，3，…，M），当 $M>4$ 时，式（2－20）中序列极限的求解在程序设计复杂性和计算机时间需求上是难以承担的，此外，需要 5 个以上临界股票价格而每个都需要解一个非线性方程。因此本章采用两点（$M=2$），三点（$M=3$），四点（$M=4$）外推来近似式（2－20）中的序列极限即求 $F(0)$。

1. 两点外推（$M=2$）

求解上述方程组，替换式中 a_1，求得 $F(0)$ 满足下式：

$$F(0) = F(h) + \frac{1}{b_1 - 1}[F(h) - F(b_1 h)] \qquad (2-A1)$$

使用 $F(b_1h) = C_E$，$F(h) = C_{A1}$，有 $b_1=2$，代入（2－A1）有 $C_{1,2} = 2C_{A1} - C_E$。

2. 三点外推（$M=3$）

求解上述方程组，替换式中 a_1，a_2，求得 F（0）满足下式：

$$F(0) = F(h) + \frac{A}{C}[F(h) - F(b_1h)] - \frac{B}{C}[F(b_1h) - F(b_2h)] \qquad (2-A2)$$

其中：

$$A = b_2^2 - b_2 + b_1 - b_1^2,\quad B = b_1^2 - b_1,$$

$$C = b_2^2(b_1-1) - b_2(b_1^2-1) + b_1^2 - b_1$$

使用 $F(b_2h) = C_E$，$F(b_1h) = C_{A1}$，$F(h) = C_{A2}$，有 $b_1=3/2$，$b_2=3$ 代入（2－A2）有 $C_{1,3} = C_{A2} + 7/2(C_{A2} - C_{A1}) - 1/2(C_{A1} - C_E)$。

3. 四点外推（$M=4$）

求解上述方程组，替换式中 a_1，a_2，a_3，求得 $F(0)$ 满足下式：

$$F(0) = F(h) + \frac{E}{(1-b_1{}^3)H}[F(h) - F(b_1h)] -$$

$$\frac{R}{H}[F(b_1h) - F(b_2h)] + \frac{G}{H}[F(b_2h) - F(b_3h)] \qquad (2-A3)$$

其中，

$$H = XY - WZ; \quad W = (1 - b_3^3)(1 - b_1) - (1 - b_1^3)(1 - b_3),$$

$$G = (b_1^3 - b_1)Z - (b_1^3 - b_1^2)Y$$

$$X = (1 - b_3^3)(1 - b_1^2) - (1 - b_1^3)(1 - b_2);$$

$$Y = (1 - b_2^3)(1 - b_1) - (1 - b_1^3)(1 - b_2)$$

$$Z = (1 - b_2^3)(1 - b_1^2) - (1 - b_1^3)(1 - b_2^2);$$

$$R = (Y - W)(b_1^3 - b_1^2) - (b_1^3 - b_1)(Z - X)$$

使用 $F(b_3h) = C_E, F(b_2h) = C_{A1}, F(b_1h) = C_{A2}, F(h) = C_{A3}$，有

$$b_1 = 4/3, \quad b_2 = 2, \quad b_3 = 4$$

代入（2 - A3）有

$$C_{1,4} = C_{A3} + 29/3(C_{A3} - C_{A2}) - 23/6(C_{A2} - C_{A1}) + 1/6(C_{A1} - C_E)$$

3 跳跃扩散过程下百慕大互换期权定价

3.1 引　　言

互换期权是一种多因素奇异期权，许多金融资产和投资机会都可以解析为互换期权，S. Fischer 用互换期权确定指数债券价格[141]，W. Margrabe 提出公司间股权并购可以解析成互换期权行为，此外保证金账户和备用承诺也可以看作互换期权的事例[142]；S. Lindset 给出养老金合约内嵌入互换期权分析[143]。现实中许多互换机会本质上具有美式期权特征，因为期权持有人可以灵活选择何时执行期权。P. Carr 指出美式互换期权市场价值高于欧式互换期权并强调在时机选择期权、放弃期权等实物期权应用[144]。程志富等阐述中国可转债美式互换期权定价[145]以及梁朝晖等基于美式互换期权模拟风险项目投资环境并估值[146]。百慕大互换期权介于欧式互换期权和美式互换期权之间，期权持有者可能在某个给定执行日行权，最简单情形就是在期权到期前的一个时点或到期日行权，在第一个执行日，期权持有者必须确定继续持有的价值是否超过立即行权的价值，随着执行日数量增加百慕大互换期权越来越类似美式互换期权[147]。

上述文献研究都是假设标的资产运动遵循连续扩散过程前提下考虑互换期权的定价问题；分析一天股票价格运动发现 5% ~10% 是服从扩散模型，这种低概率说明连续扩散模型不能描述资产价格的重要特性，实证研究表明标的资产价格具有不连续跳跃[126]。因此，跳跃扩散过程能更好描述标的资产价格变化，这个过程考虑跳跃不时发生，资产价格除了跳跃还服从扩散过程。包含跳跃扩散过程在实物期权分析中也很重要，R&D 突破通常大大增加项目价值而发现药物不能自行研发的严重负面影响将导致项目价值剧烈下降。鉴于此，研究跳跃扩散过程下互换期权定价对于评价金融期权和实物期权具有重要意义。胡志锋等给出了纯生跳跃扩散型欧式互换期权定价公式，但跳跃扩散过程下百慕大互换期权定价研究不多见。[148]本章研究在标的资产服从跳跃扩散过程且跳跃高度服从对数正态分布时百慕大互换期权定价问题，在等价鞅测度下，利用风险中性定价原理，导出标的资产服从跳跃扩散过程时百慕大互换期权的解析定价公式，依此结合 Richardson 两点外推加速法得到美式互换期权近似解。并通过数值算例说明提前执行特征的重要经济价值。

3.2 经济模型

经济模型服从莫顿跳跃扩散模型中的许多假设[130]：金融市场交易连续发生且无摩擦，风险资产 1 和风险资产 2 价格运动满足随机微分方程

$$dS_i(t) = \mu_i S_i(t)dt + \sigma_i S_i(t)d\boldsymbol{B}_i(t) + dJ_i(t), \quad i = 1,2 \tag{3-1}$$

式中：μ_i——风险资产 i 的瞬时期望收益；

σ_i——确定标的资产波动率函数向量值；

$\boldsymbol{B}_1(t)$ 和 $\boldsymbol{B}_2(t)$——相互独立标准布朗运动向量；

$S_i(t)$——风险资产 i 在 t 时跳跃 $dJ_i(t)$ 发生前一瞬间的价格；

$J_i(t)$定义为：$J_i(t)\sum_{j=1}^{N_i(t)}(Y_i^j - 1)$，其中 Y_i^j是随机变量，$N_i(t)$是参数为 λ_i 的泊松过程，假设跳跃相对高度相互独立并与跳跃数量独立，跳跃数量与经济中其他不确定性独立，跳跃不会影响总体消费，因此跳跃代表异质型可分散风险，其在均衡状态具有零风险市场价格，这样随机变量 Y_1^j，Y_2^j，过程 $N_1(t)$，$N_2(t)$，$B_i(t)$相互独立。随机微分方程（1）的解为[130]

$$S_i(t) = S_i(0)e^{(\mu_i - \|\sigma_i\|^2/2)t + \sigma_i B_i(t)}\prod_{j=1}^{N_i(t)} Y_i^j \tag{3-2}$$

式中：‖ ‖——欧氏范数，假设 $\ln Y_i^j$ 服从正态分布，均值为 $\ln(1+k_i)-\sigma_{iJ}^2/2$，

方差为常数 σ_{iJ}^2，$i=1$，2。

在等价鞅测度 Q 下，风险资产 i 价格 $S_i(t)$ 满足以下运动过程：

$$dS_i(t) = (r-\delta_i-\lambda_i k_i)S_i(t)dt+\sigma_i S_i(t)d\boldsymbol{B}_i(t)+dJ_i(t) \quad i=1,2 \tag{3-3}$$

式中：$\boldsymbol{B}_i(t)$——Q 测度下标准布朗运动的一个向量；

r——无风险利率且假定是常数；

δ_i——收益率；

其中，跳跃相对高度期望 $k_i = E(Y_i^j-1)$。

Gukhal 假设跳跃相对高度期望等于零即 $k_i=0$。[134] 使用相同假设虽然可以简化计算结果，但不具有通用性。因此，这里不考虑该假设。

3.3 百慕大互换期权定价公式

一个百慕大互换期权合约到期损益函数是 $C_T[S_1(T), S_2(T), T] = S_1(T)-XS_2(T)$，当标的资产不支付红利即收益率 $\delta_1=\delta_2=0$ 时，提前执行期权合约不会得到任何盈利，此时百慕大互换期权的市场价值等于欧式互换期权价格。

标的资产价格服从方程（3-3），到期行权的百慕大互换期权在 0 时的市场价格可以表示为：

$$C_E(0,S_1,S_2;T) = e^{-rT}E_Q\left\{\max[S_1(T)-XS_2(T),0]\right\} \tag{3-4}$$

由于标的资产价格的跳跃过程使得很难解除上式中的期望值，但可通过设定标的资产 S_1 和 S_2 的发生跳跃次数 $N_1(T)=n_1$ 和 $N_2(T)=n_2$ 并结合 $N_i(T)$ 的泊松分布来解决这个复杂问题。因此有

$$\begin{aligned}C_E(0,S_1,S_2;T) &= \sum_{n_1=0}^{\infty}\sum_{n_2=0}^{\infty} e^{-(\lambda+\lambda_{21})T}\frac{(\lambda_1 T)^{n_1}(\lambda_2 T)^{n_2}}{n_1!n_2!} \\ &\quad e^{-rT}E_Q\left\{\max[S_1(T)-XS_2(T),0] \mid N_1(T)=n_1, N_2(T)=n_2\right\} \\ &= \sum_{n_1=0}^{\infty}\sum_{n_2=0}^{\infty} e^{-(\lambda+\lambda_{21})T}\frac{(\lambda_1 T)^{n_1}(\lambda_2 T)^{n_2}}{n_1!n_2!}\end{aligned}$$

$$\left\{\mathrm{e}^{-rT}E_{Q}[S_1(T)I_{\{S_1>XS_2\}} \mid N_1(T)=n_1]-\right.$$

$$\left.\mathrm{e}^{-rT}E_{Q}[XS_2(T)I_{\{S_1>XS_2\}} \mid N_2(T)=n_2]\right\} \tag{3-5}$$

定义 $$\frac{\mathrm{d}Q_{S_i}^{n_i}}{\mathrm{d}Q}=\frac{S_i(T)}{E_{Q}[S_i(T)\mid N_i(T)=n_i]}$$

由 Girsanov 定理[149]在 $Q_{S_i}^{n_i}$ 测度下，$S_1(T)$ 和 $S_2(T)$ 由下式给出：

$$S_1(T)=S_1(0)\exp[(r-\delta_1+\|\boldsymbol{\sigma}_1^{n_1}\|^2/2-\lambda_1k_1)T+$$
$$n_1\ln(1+k_1)+\boldsymbol{\sigma}_1^{n_1}B_{Q_{S_1}^{N_1}}(T)] \tag{3-6}$$

$$S_2(T)=S_2(0)\exp[(r-\delta_1-\|\boldsymbol{\sigma}_2^{n_2}\|^2/2+\boldsymbol{\sigma}_1^{n_1}\boldsymbol{\sigma}_2^{n_2}-\lambda_2k_2)T+$$
$$n_1\ln(1+k_1)+\boldsymbol{\sigma}_2^{n_2}B_{Q_{S_2}^{N_2}}(T)] \tag{3-7}$$

其中，$\boldsymbol{\sigma}_1^{n_1}$ 和 $\boldsymbol{\sigma}_2^{n_2}$ 是 $1+n_1+n_2$ 维向量。$\boldsymbol{\sigma}_1^{n_1}$ 向量中第一个元素等于 σ_1，随后的 n_1 个元素都等于 $\sigma_{1J}/\sqrt{T}$，剩余的 n_2 个元素等于0；$\boldsymbol{\sigma}_2^{n_2}$ 向量的第一个元素等于 σ_2，随后的 n_1 个元素都等于0，剩余的 n_2 个元素等于 $\sigma_{2J}/\sqrt{T}$。

因此，式（3-5）写成

$$\sum_{n_1=0}^{\infty}\sum_{n_2=0}^{\infty}\mathrm{e}^{-(\lambda+\lambda_{21})T}\frac{(\lambda_1T)^{n_1}(\lambda_2T)^{n_2}}{n_1!n_2!}$$
$$\left\{S_1(0)\mathrm{e}^{-(\delta_1+\lambda_1k_1)T+n_{11}\ln(1+k_1)}Q_{S_1}^{n_1}[S_1(T)>XS_2(T)]\right.$$
$$\left.-XS_2(0)\mathrm{e}^{-(\delta_2+\lambda_2k_2)T+n_2\ln(1+k_2)}Q_{S_2}^{n_2}[S_1(T)>XS_2(T)]\right\} \tag{3-8}$$

且分别在 $Q_{S_1}^{n_1}$和 $Q_{S_2}^{n_2}$测度下计算 $S_1(T)>XS_2(T)$ 的概率，得到

$$Q_{S_1}^{n_1}[S_1(T)>XS_2(T)]$$
$$=\Phi\left(\frac{\ln\dfrac{S_1(0)(1+k_1)^{n_1}}{XS_2(0)(1+k_2)^{n_2}}+(\delta_2-\delta_1+\|\boldsymbol{\sigma}_1^{n_1}-\boldsymbol{\sigma}_2^{n_2}\|^2/2-\lambda_1k_1+\lambda_2k_2)T}{\|\boldsymbol{\sigma}_1^{n_1}-\boldsymbol{\sigma}_2^{n_2}\|\sqrt{T}}\right)$$
$$=\Phi(d_1)$$

$$Q_{S_2}^{n_2}[S_1(T)>XS_2(T)]$$
$$=\Phi\left(\frac{\ln\dfrac{S_1(0)\ (1+k_1)^{n_1}}{XS_2(0)(1+k_2)^{n_2}}+(\delta_2-\delta_1-\|\boldsymbol{\sigma}_1^{n_1}-\boldsymbol{\sigma}_2^{n_2}\|^2/2-\lambda_1k_1+\lambda_2k_2)T}{\|\boldsymbol{\sigma}_1^{n_1}-\boldsymbol{\sigma}_2^{n_2}\|\sqrt{T}}\right)$$

$= \Phi(d_2')$

其中，Φ 是标准正态分布函数，$\|\boldsymbol{\sigma}_1^{n_1} - \boldsymbol{\sigma}_2^{n_2}\| = \sqrt{(\boldsymbol{\sigma}_1^{n_1})^2 - 2\boldsymbol{\sigma}_1^{n_1}\boldsymbol{\sigma}_2^{n_2} + (\boldsymbol{\sigma}_2^{n_2})^2}$，$(\boldsymbol{\sigma}_1^{n_1})^2 = \sigma_1^2 + n_1\sigma_{1J}^2/T(\boldsymbol{\sigma}_2^{n_2})^2 = \sigma_2^2 + n_2\sigma_{2J}^2/T$；$\boldsymbol{\sigma}_1^{n_1}\boldsymbol{\sigma}_2^{n_2} = \sigma_1\sigma_2$

代入式（3－8），最终得到跳跃扩散过程下到期行权百慕大互换期权价格是

$$C_E(0,S_1,S_2,T) = \sum_{n_1=0}^{\infty}\sum_{n_2=0}^{\infty} e^{-(\lambda+\lambda_{21})T}\frac{(\lambda_1 T)^{n_1}(\lambda_2 T)^{n_2}}{n_1!n_2!}$$

$$[S_1(0)e^{-(\delta_1+\lambda_1 k_1)T+n_{11}\ln(1+k_1)}\Phi(d_1) - XS_2(0)e^{-(\delta_2+\lambda_2 k_2)T+n_2\ln(1+k_2)}\Phi(d_2)] \quad (3-9)$$

如果标的资产 1 和资产 2 都支付红利，即收益率 δ_1，$\delta_2>0$，当 $0\leqslant t\leqslant T$ 时，执行互换期权收益 $S_1(t) - XS_2(t)$ 大于继续持有至到期日 T 的收益 $C_E(t, S_1, S_2, T)$，此时百慕大互换期权提前执行是最优的，否则到期行权。令 $R(t) = S_1(t)/S_2(t)$，则执行期权的临界值 R^* 可以通过迭代求解下式得到

$$C_E(t,S_1,S_2,T) = S_1(t) - XS_2(t) \quad (3-10)$$

根据风险中性定价原理，可以按照期权有效期内收益期望的现值来定价百慕大互换期权。在 $R(t) > R^*$ 的 t 时，则执行百慕大互换期权是最优的，收益为 $S_1(t) - XS_2(t)$；在 $R(t) \leqslant R^*$ 的 t 时，则不执行百慕大互换期权，继续持有当处于实值状态 $S_1(T) - XS_2(T)$ 时到期 T 执行期权。考虑在期权有效期内 $[0, T]$ 可能在 t 时提前执行一次的百慕大互换期权在 0 的价格可以表示为：

$$C_E' = e^{-rt}E_Q\left\{[S_1(t) - XS_2(t)]I_{\{R(t)>R^*\}}\right\} + e^{-rT}E_Q\left\{[C_E(t,S_1,S_2,T)]I_{\{R(t)\leqslant R^*\}}\right\}$$

$$= e^{-rt}E_Q[S_1(t)I_{\{R(t)>R^*\}}] - e^{-rt}E_Q[XS_2(t)I_{\{R(t)>R^*\}}] +$$

$$e^{-rT}E_Q\left\{[S_1(T) - XS_2(T)]I_{\{R(t)\leqslant R^*\}}I_{\{R(T)>X\}}\right\} \quad (3-11)$$

设定标的资产 1 在 $[0, t]$ 和 $[t, T]$ 时间段内期望发生跳跃次数分别为 n_1' 和 n_1''，标的资产 2 在 $[0, t]$ 和 $[t, T]$ 时间段内期望发生跳跃次数分别为 n_2' 和 n_2''，令 $n_1 = n_1' + n_1''$ 表示标的资产 1 在 $[0, T]$ 时间段内发生跳跃的总次数，$n_2 = n_2' + n_2''$ 表示标的资产 2 在 $[0, T]$ 时间段内发生跳跃的总次数，因此，式（3－11）变成：

$$C'_{\mathrm{E}} = \sum_{n'_1=0}^{\infty}\sum_{n'_2=0}^{\infty} \mathrm{e}^{-(\lambda_1+\lambda_2)t} \frac{(t\lambda_1)^{n'_1}(t\lambda_2)^{n'_2}}{n'_1!n'_2!}$$

$$\left\{\mathrm{e}^{-rt}E_{\mathrm{Q}}[S_1(t)I_{\{R(t)>R^*\}} \mid n'_1,n''_1] - \mathrm{e}^{-rt}E_{\mathrm{Q}}[XS_2(t)I_{\{R(t)>R^*\}} \mid n'_1,n'_2]\right\} +$$

$$\sum\sum \mathrm{e}^{-(\lambda_1+\lambda_2)(T-t)} \frac{[\lambda_1(T-t)]^{n''_1}[\lambda_2(T-t)]^{n''_2}}{n''_1!n''_2!}$$

$$\left\{\mathrm{e}^{-rT}E_{\mathrm{Q}}\left\{[S_1(T)]I_{\{R(T)>X\}} \mid n_1,n_2 I_{\{R(t)\leqslant R^*\}} \mid n'_1,n'\right\} - \right.$$

$$\left.\mathrm{e}^{-r(T-t)}E_{\mathrm{Q}}\left\{[XS_2(T)]I_{\{R(T)>X\}} \mid n_1,n_2 I_{\{R(t)\leqslant R^*\}} \mid n'_1,n'\right\}\right\} \qquad (3-12)$$

同理，定义 $\frac{\mathrm{d}Q_{S_i}^{n'_i}}{\mathrm{d}Q} = \frac{S_i(t)}{E_{\mathrm{Q}}[S_i(t) \mid N_i(t) = n'_i]}$。在 $Q_{S_i}^{n'_{ii}}$ 测度下，由 Girsanov 定理给出 $S_1(t)$ 和 $S_2(t)$：

$$S_1(t) = S_1(0)\exp[(r-\delta_1 + \|\boldsymbol{\sigma}_1^{n'_1}\|^2/2 - \lambda_1 k_1)t + n'_1\ln(1+k_1) + \boldsymbol{\sigma}_1^{n'_1}B_{Q_{S_1}^{N_1}}(t)] \qquad (3-13)$$

$$S_2(t) = S_2(0)\exp[(r-\delta_1 - \|\boldsymbol{\sigma}_2^{n'_2}\|^2/2 + \boldsymbol{\sigma}_1^{n'_1}\boldsymbol{\sigma}_2^{n_2} - \lambda_2 k_2)t + n'_1\ln(1+k_1) + \boldsymbol{\sigma}_2^{n'_2}B_{Q_{S_2}^{N_2}}(t)] \qquad (3-14)$$

其中，$\boldsymbol{\sigma}_1^{n'_1}$ 和 $\boldsymbol{\sigma}_2^{n'_2}$ 是 $1+n_1+n_2$ 维的向量。$\boldsymbol{\sigma}_1^{n'_1}$ 向量中第一个元素等于 σ_1，随后的 n'_1个元素都等于 $\sigma_{1\mathrm{J}}/\sqrt{t}$，剩余的 n'_2个元素等于0；$\boldsymbol{\sigma}_2^{n'_2}$ 向量中第一个元素等于 σ_2，随后的 n'_1 个元素都等于0，剩余的 n'_2 个元素等于 $\sigma_{2\mathrm{J}}/\sqrt{t}$；式（3－7）和式（3－8）中 $\boldsymbol{\sigma}_1^{n_1}$ 是 $1+n'_1+n''_1+n_2$ 维向量，$\boldsymbol{\sigma}_2^{n_2}$ 是 $1+n_1+n'_2+n''_2$ 维向量。$\boldsymbol{\sigma}_1^{n_1}$ 向量中第一个元素等于 σ_1，随后的 n'_1 个元素都等于 $\sigma_{1\mathrm{J}}/\sqrt{t}$，$n''_1$ 个元素都等于 $\sigma_{1\mathrm{J}}/\sqrt{T-t}$，剩余的 n_2 个元素等于0；$\boldsymbol{\sigma}_2^{n_2}$ 向量的第一个元素等于 σ_2，随后的 n_1 个元素都等于0，剩余的 n'_2 个元素等于 $\sigma_{2\mathrm{J}}/\sqrt{t}$，$n''_2$ 个元素等于 $\sigma_{2\mathrm{J}}/\sqrt{T-t}$。

故式（3－12）可写成

$$C'_{\mathrm{E}} = \sum_{n'_1=0}^{\infty}\sum_{n'_2=0}^{\infty} \mathrm{e}^{-(\lambda_1+\lambda_2)t} \frac{(t\lambda_1)^{n'_1}(t\lambda_2)^{n'_2}}{n'_1!n'_2!}\left\{S_1(0)\mathrm{e}^{-(\delta_1+\lambda_1k_1)t+n'\ln(1+k_{11})}Q_{S_1}^{n'_1}[R(t)>R^*] - \right.$$

$$\left. XS_2(0)\mathrm{e}^{-(\delta_2+\lambda_2k_2)t+n'_2\ln(1+k_2)}Q_{S_2}^{n'_2}[R(t)>R^*]\right\} +$$

$$\sum \sum e^{-(\lambda_1+\lambda_2)(T-t)} \frac{[\lambda_1(T-t)]^{n_1''}[\lambda_2(T-t)]^{n_2''}}{n_1''!n_2''!}$$

$$\Big\{S_1(0)e^{-(\delta_1+\lambda_1 k_1)T+n_1\ln(1+k_{11})} Q_{S_1}^{n_1}[R(t)\leqslant R^*, R(T)>X] -$$

$$XS_2(0)e^{-(\delta_2+\lambda_2 k_2)T+n_2\ln(1+k_2)} Q_{S_2}^{n_2}[R(t)\leqslant R^*, R(T)>X]\Big\} \tag{3-15}$$

分别在 $Q_{S_1}^{n_1'}$ 和 $Q_{S_2}^{n_2'}$ 测度下计算 $R(t) > R^*$ 的概率，得到

$$Q_{S_1}^{n_1'}[R(t)>R^*]$$

$$= \Phi\left(\frac{\ln \dfrac{R(0)(1+k_1)^{n_1'}}{R^*(1+k_2)^{n_2'}} + (\delta_2-\delta_1+\|\boldsymbol{\sigma}_1^{n_1'}-\boldsymbol{\sigma}_2^{n_2'}\|^2/2-\lambda_1 k_1+\lambda_2 k_2)t}{\|\boldsymbol{\sigma}_1^{n_1'}-\boldsymbol{\sigma}_2^{n_2'}\|\sqrt{t}}\right)$$

$$= \Phi(d_1')$$

$$Q_{S_2}^{n_2'}(R(t)>R^*)$$

$$= \Phi\left(\frac{\ln \dfrac{R(0)(1+k_1)^{n_1}}{R^*(1+k_2)^{n_2'}} + (\delta_2-\delta_1-\|\boldsymbol{\sigma}_1^{n_1}-\boldsymbol{\sigma}_2^{n_2'}\|^2/2-\lambda_1 k_1+\lambda_2 k_2)t}{\|\boldsymbol{\sigma}_1^{n_1'}-\boldsymbol{\sigma}_2^{n_2'}\|\sqrt{t}}\right)$$

$$= \Phi(d_2')$$

其中，$\|\boldsymbol{\sigma}_1^{n_1'}-\boldsymbol{\sigma}_2^{n_2'}\| = \sqrt{(\boldsymbol{\sigma}_1^{n_1'})^2-2\boldsymbol{\sigma}_1^{n_1'}\boldsymbol{\sigma}_2^{n_2'}+(\boldsymbol{\sigma}_2^{n_2'})^2}$，$(\boldsymbol{\sigma}_1^{n_1'})^2 = \sigma_1^2+n_1'\sigma_{1J}^2/t$；$(\boldsymbol{\sigma}_2^{n_2'})^2 = \sigma_2^2+n'_2\sigma_{2J}^2/t$；$\boldsymbol{\sigma}_1^{n'_1}\boldsymbol{\sigma}_2^{n'_2} = \sigma_1\sigma_2$

其次，分别在 $Q_{S_1}^{n_1}$ 和 $Q_{S_2}^{n_2}$ 测度下计算 $R(t)\leqslant R^*, R(T)>X$ 的联合概率，因为 $R(t)\leqslant R^*, R(T)>X$ 分别由随机变量 $\ln R(t)$ 和随机变量 $\ln R(T)$ 决定，使用伊藤公式计算两个随机变量的相关系数

$$\rho = \frac{\|\boldsymbol{\sigma}_1^{n_1'}-\boldsymbol{\sigma}_2^{n_2'}\|^2\sqrt{t}}{\|\boldsymbol{\sigma}_1^{n_1'}-\boldsymbol{\sigma}_2^{n_2'}\|\cdot\|\boldsymbol{\sigma}_1^{n_1}-\boldsymbol{\sigma}_2^{n_2}\|\sqrt{T}}$$

进而得到

$$Q_{S_1}^{n_1}[R(t)\leqslant R^*, R(T)>X] = \Phi\Big\{\Big[\ln\frac{R^*(1+k_2)^{n_2'}}{R(0)(1+k_1)^{n_1'}} -$$

$$(\delta_2-\delta_1+\|\boldsymbol{\sigma}_1^{n_1'}-\boldsymbol{\sigma}_2^{n_2'}\|^2/2-\lambda_1 k_1+\lambda_2 k_2)t/\|\boldsymbol{\sigma}_1^{n_1'}-\boldsymbol{\sigma}_2^{n_2'}\|\sqrt{t}\Big],$$

$$\Big[\ln\frac{S_1(0)(1+k_1)^{n_1}}{XS_2(0)(1+k_2)^{n_2}} + (\delta_2-\delta_1+\|\boldsymbol{\sigma}_1^{n_1}-\boldsymbol{\sigma}_2^{n_2}\|^2/2-\lambda_1 k_1+\lambda_2 k_2)T/$$

$$\|\boldsymbol{\sigma}_1^{n_1}-\boldsymbol{\sigma}_2^{n_2}\|\sqrt{T};-\rho\Big]\Big\} = \Phi(-d_1', d_3;-\rho)$$

$$Q_{S_2}^{n_2}[R(t)\leqslant R^*,R(T)>X]=\Phi\Big\{\Big[\ln\frac{R^*(1+k_2)^{n_2'}}{R(0)(1+k_1)^{n_1'}}-$$

$$(\delta_2-\delta_1-\|\boldsymbol{\sigma}_1^{n_1'}-\boldsymbol{\sigma}_2^{n_2'}\|^2/2-\lambda_1k_1+\lambda_2k_2)t/\|\boldsymbol{\sigma}_1^{n_1'}-\boldsymbol{\sigma}_2^{n_2'}\|\sqrt{t}\Big],$$

$$\Big[\ln\frac{S_1(0)(1+k_1)^{n_1}}{XS_2(0)(1+k_2)^{n_2}}+(\delta_2-\delta_1-\|\boldsymbol{\sigma}_1^{n_1}-\boldsymbol{\sigma}_2^{n_2}\|^2/2-\lambda_1k_1+\lambda_2k_2)T/$$

$$\|\boldsymbol{\sigma}_1^{n_1}-\boldsymbol{\sigma}_2^{n_2}\|\sqrt{T};-\rho\Big]\Big\}=\Phi(-d_2',d_4;-\rho)$$

其中，$\|\boldsymbol{\sigma}_1^{n_1}-\boldsymbol{\sigma}_2^{n_2}\|=\sqrt{(\boldsymbol{\sigma}_1^{n_1})^2-2\boldsymbol{\sigma}_1^{n_1}\boldsymbol{\sigma}_2^{n_2}+(\boldsymbol{\sigma}_2^{n_2})^2}$，$(\boldsymbol{\sigma}_1^{n_1})^2=\sigma_1^2+n_1'\sigma_{1J}^2/t+n_1''\sigma_{1J}^2/(T-t)$；$(\boldsymbol{\sigma}_2^{n_2})^2=\sigma_2^2+n_2'\sigma_{2J}^2/t+n_2''\sigma_{2J}^2/(T-t)$；$\boldsymbol{\sigma}_1^{n_1'}\boldsymbol{\sigma}_2^{n_2'}=\sigma_1\sigma_2$

综合上述计算结果得出到期日为 T，标的资产价格服从方程（3－3），标的资产 1 和 2 支付红利率 $\delta_1\delta_2$ 大于 0 在期权有效期［0，T］内可能在 t 时执行的百慕大互换期权的价值是

$$C_E'=\sum_{n_1'=0}^{\infty}\sum_{n_2'=0}^{\infty}e^{-(\lambda_1+\lambda_2)t}\frac{(t\lambda_1)^{n_1'}(t\lambda_2)^{n_2'}}{n_1'!n_2'!}[S_1(0)e^{-(\delta_1+\lambda_1k_1)t+n'\ln(1+k_{11})}\Phi(d_1')-$$

$$XS_2(0)e^{-(\delta_2+\lambda_2k_2)t+n_2'\ln(1+k_2)}\Phi(d_2')]+$$

$$\sum\sum e^{-(\lambda_1+\lambda_2)(T-t)}\frac{[\lambda_1(T-t)]^{n_1''}[\lambda_2(T-t)]^{n_2''}}{n_1''!n_2''!}$$

$$\Big[S_1(0)e^{-(\delta_1+\lambda_1k_1)T+n_1\ln(1+k_{11})}\Phi(-d_1',d_3;-\rho)-$$

$$XS_2(0)e^{-(\delta_2+\lambda_2k_2)T+n_2\ln(1+k_2)}\Phi(-d_2',d_4;-\rho)\Big]\tag{3-16}$$

其中，Φ（·）为标准正态分布函数。

百慕大互换期权持有者可能在某个给定执行日行权，确定继续持有的价值是否超过立即行权的价值，随着执行日数量增加百慕大互换期权价值接近美式互换期权价值。Gukhal 使用外推加速法给出了跳跃扩散过程下美式期权定价的近似公式，这里拓展此法到美式互换期权定价得到其价格

$$C_A=2C_E'-C_E\tag{3-17}$$

3.4 算例分析

这部分阐述式（3－3）至式（3－9）、式（3－14）至式（3－15）的数

值模拟结果。为了比较算例中包含了连续扩散过程的百慕大互换期权市场估值 C_E^D（文献［3-7］结果拓展），使用的基本参数是：$r=0.5$，$S_1(0)=S_2(0)=100$，$X=1$，$\delta_1=0.2$，$\delta_2=0.1$，$\sigma_1=0.2$，$\sigma_2=0.3$，$\rho=0.5$；$\sigma_{1J}=0.5$，$\sigma_{2J}=0.3\ln(1+k_i)=\sigma_{iJ}^2/2$，$\lambda_1=\lambda_2=1$，$T=1$。表3-1中跳跃扩散过程下百慕大互换期权及美式互换期权价格高于连续扩散过程下的期权价格，其原因是带跳随机波动率以及非跳跃波动率构成跳跃扩散过程下的波动率数值大于连续扩散过程下的波动率，此外，泊松跳跃过程的强度越高，期望跳跃越大，也会增加跳跃总的波动率，引入标的资产价格与利率的负相关性同样增加期权价格。表3-1中使用 $t=0.25T$ 或 $t=0.5T$ 两个可能的提前执行日，计算结果表明随着标的资产收益率的增加，提前执行的可能性增加，但百慕大互换期权和美式互换期权价格减少，而百慕大互换期权价格高于欧式互换期权价格，小于美式互换期权价格。表3-2中的参数设定同表3-1，只是 λ 逐渐减少趋于0，说明跳跃概率消失，跳跃扩散过程下百慕大互换期权价格收敛于连续扩散过程下的百慕大互换期权价格。

表3-1 跳跃扩散过程下百慕大互换期权和美式互换期权定价结果

变化的参数	跳跃扩散过程 $t=0.25T$			跳跃扩散过程 $t=0.5T$		连续扩散过程 $t=0.5T$	
	C_E	C_E'	C_A	C_E'	C_A	$C_E'^D$	C_A^D
$S_1=110$	25.631	27.627	29.631	28.139	30.125	19.929	20.798
$S_1=90$	9.752	10.768	11.784	10.015	11.143	1.148	1.568
$\delta_1=0.12$	16.471	17.342	18.213	16.901	17.894	6.115	6.534
$\delta_1=0.03$	20.570	20.801	21.032	20.913	21.168	7.125	7.549
$\rho=-0.4$	21.991	22.602	23.213	23.198	23.865	13.576	14.318
$\lambda_1=2$	23.818	24.367	24.916	24.715	25.297	6.714	7.147
$\lambda_1=0.6$	14.167	14.723	15.259	15.097	15.575	6.714	7.147
$\lambda_2=2$	20.577	20.997	21.417	21.229	21.787	6.714	7.147
$\lambda_2=0.6$	16.584	17.238	17.892	17.562	18.102	6.714	7.147
$\sigma_{1J}=0.7$	22.463	22.975	23.487	23.246	23.775	6.714	7.147
$\sigma_{1J}=0.2$	13.463	13.894	14.325	14.146	14.694	6.714	7.147
$\sigma_{2J}=0.6$	21.643	22.219	22.795	22.584	23.019	6.714	7.147
$\sigma_{2J}=0.15$	15.574	15.943	16.312	16.154	16.702	6.714	7.147
$T=2$	23.663	24.215	24.767	25.014	25.512	7.1947	8.657
$T=0.5$	12.321	12.912	13.503	13.436	13.600	5.416	5.625

表 3-2 跳跃扩散过程下百慕大互换期权收敛结果

变化的参数	$\lambda_1=\lambda_2=10^0$	$\lambda_1=\lambda_2=10^{-1}$	$\lambda_1=\lambda_2=10^{-2}$	$\lambda_1=\lambda_2=10^{-3}$	$\lambda_1=\lambda_2=10^{-4}$	$C_E^{;D}$
$S_1=110$	30.563	20.609	19.768	19.659	19.648	19.847
$S_1=90$	10.876	2.984	1.968	1.857	1.847	1.846
$\delta_1=0.12$	18.643	8.379	7.178	7.048	7.032	7.031
$\delta_1=0.03$	21.987	10.821	8.985	8.887	8.876	8.874
$\rho=-0.4$	22.118	14.045	13.125	13.009	12.998	12.996
$\sigma_{1J}=0.7$	23.773	9.109	7.343	7.186	7.148	7.146
$\sigma_{1J}=0.2$	14.478	7.895	7.107	6.975	6.968	6.965
$\sigma_{2J}=0.6$	23.216	9.243	7.514	7.327	7.311	7.309
$\sigma_{2J}=0.15$	16.478	8.187	7.254	7.165	7.155	7.154
$T=2$	25.513	10.853	8.884	8.682	8.659	8.658
$T=0.5$	13.600	6.484	5.712	5.634	5.625	5.624

3.5 本章小结

本章导出了跳跃扩散过程下到期日行权以及提前执行一次的百慕大互换期权解析定价公式并依此得到美式互换期权的近似解。数值模拟结果表明跳跃过程增加了标的资产波动率，从而使得跳跃环境中的百慕大互换期权价格高于纯扩散过程，并且随着泊松跳跃强度减少，跳跃扩散过程中的百慕大互换期权价格收敛于连续扩散过程中的百慕大互换期权价格，提前执行可能性使得百慕大互换期权价格高于欧式互换期权，随着执行数量增加至无穷。借助两点外推加速法可以得到美式互换期权价格。本章的结论可用于评估场外交易奇异期权价格以及项目投资决策内嵌入实物期权价值。

4 跳分形过程下延迟期权定价研究

4.1 引　言

延迟期权是复合期权的一种扩展形式，期权持有者在期权到期日可以选择延长执行期限，但这需要支付额外的费用。这种奇异期权被广泛应用于房地产、垃圾债券、执行价格变化的认股权证以及股权抵押等金融领域，为此许多学者开展了对延迟期权定价理论模型的研究。

M. T. Brennan 等和 A. L. Ananthanarayanan 等提出了可赎回以及延迟债券评价模型[150-151]，F. A. Longstaff 在此基础上开发出一系列更多种类延迟期权的定价模型。[152]这些文献研究都是假设资产价格运动是在遵循几何布朗运动的前提下考虑延迟期权的定价问题。但在现实中，一些重大信息的到达，会使标的资产价格发生跳跃性变化，1976 年 R. C. Merton 首次用带跳的几何布朗运动来刻画资产价格变化过程并导出了跳跃扩散过程下欧式期权定价公式。[130] M. A. G. Dias 和 K. M. C. Rocha 在石油特许权出现跳跃情形下探讨了延迟期权定价问题[153]，Gukhal 给出跳跃扩散模型下延迟期权定价公式[134]。近年来，对资本市场的大量实证研究表明，金融资产的对数收益率并非服从正态分布而是一种“尖峰厚尾”分布，而且金融资产价格之间并非随机游走而是存在长期相关性。E. Peters 在分析不同资本市场（如股票收益率和汇率）后提出[154]，分形布朗运动由于具有自相似性和长期自相关性，从而使其能更好地描述资产价格演进。从此，一些研究人员包括 T. E. Duncan，C. Necula，Y. Hu，

E. Bayraktar 和 L. Meng 开始用分形几何布朗运动刻画标的资产价格变动过程，并借助分形－伊藤－积分给出完美期权市场分形定价模型。[155-159] 尤其是 W. L. Xiao 等发现将分形运动与泊松跳跃相结合与有效市场（市场中主要信息是随机且不经常抵达）相匹配[160]，由此运用跳分形过程为货币期权定值。刘东艳导出跳分形布朗运动环境中选择期权价格。然而却很少有人触及跳分形过程下延迟期权定价问题。[161]

本章旨在研究具有跳跃特性的分形布朗运动下的延迟期权定价。首先描述跳分形过程评估框架，然后运用风险中性测度原理导出仅延迟一次看涨期权解析定价公式并将定价公式延迟到 M 期，该延迟期权价值在 M 趋于无穷极限状态时将收敛于永久延迟期权。提出一种简单有效的两点外推加速法求极限。最后，提供数值结果阐述了定价表达式的简单实用特性。

4.2 评估框架

为了导出带跳分形市场中延迟期权定价公式，做出如下假设：

（1）无交易成本和税收且所有证券完全可分；

（2）证券交易是连续的；

（3）不存在无风险套利机会；

（4）短期利率 r，波动率 σ 是已知的常数；

（5）标的资产价格 S 满足如下随机微分方程：

$$dS_t = (r-\lambda k)S_t + \sigma S_t dB_t^H + (Y-1)S_t dq_t$$
$$T_0 \leqslant t \leqslant T \quad S_{T_0} = S_0 \tag{4-1}$$

式中：S_t——股票的动态价格；

r——无风险利率；

σ——股票收益率标准差；

B_t^H——分形布朗运动，它是连续高斯过程：均值 $E(B_t^H)=0$，协方差 $\mathrm{cov}(B_t^H B_s^H) = (|t|^{2H} + |s|^{2H} - |t-s|^{2H})$，Hurst 指数 $H \in (0, 1)$；

q_t——参数为 λ 的泊松过程；

$Y-1$——由于跳跃股票价格相对变化且 $k=E(Y-1)$，对数跳跃高度 $\ln Y$ 服从均值为 $\ln[1+k]-0.5\sigma_J^2$，方差为 σ_J^2 的正态分布，B_t，Y 和 q_t 相互独立。

在风险中性条件下，随机微分方程（4－1）的解为：

$$S_t = S_0\exp[(r-\lambda k)t-0.5\sigma^2 t^{2H}+\sigma B_t^H]Y(n)^{q(t)} \tag{4-2}$$

其中，当 $n=0$ 时，$Y(n)=1$；当 $n\geqslant 1$ 时，$Y(n)=\prod_{i=1}^{n} Y_i$。

式中：Y_i——相互独立的随机变量且每个随机变量的分布与 Y 的分布相同；

n——参数为 λt 的泊松分布。

令：$x_t=\ln(S_t/S_0)$，由引理易得 x_t 的运动过程为：

$$dx_t = (r-\lambda k-H\sigma^2 t^{2H-1})dt+\sigma dB_t^H+\ln(Y)dq_t \tag{4-3}$$

考虑到期日为 T，执行价格 X 除息的股票价格服从方程（4－1）的欧式看涨期权，由文献［162］可知标的股票服从跳分形过程的期权价格为

$$C_E(S_0,X,T-T_0)=\sum_{n=0}^{\infty}\frac{e^{-\lambda'\tau}[\lambda'(T-T_0)]^n}{n!}[S_0\Phi(d_1)-Xe^{-r\tau}\Phi(d_2)] \tag{4-4}$$

其中：

$$d_1=\frac{\ln(S_0/X)+r_n(T-T_0)+0.5[\sigma^2(T^{2H}-T_0^{2H})+n\sigma_J^2]}{\sqrt{\sigma^2(T^{2H}-T_0^{2H})+n\sigma_J^2}}$$

$$d_2=d_1-\sqrt{\sigma^2(T^{2H}-T_0^{2H})+n\sigma_J^2}$$

$$\lambda'=\lambda(1+k)r_n=r-\lambda k+\frac{n\ln(1+k)}{T-T_0}$$

$\Phi(\cdot)$ 是标准正态分布函数。

4.3 延迟期权定价公式推导

本部分探讨标的资产价格遵循跳分形过程即方程（4－1）的延迟看涨期权定价公式推导，采用同样思路可以导出该类型看跌期权价格。

记 $EC(S_0,X_1,T_0,T_1)$ 为延迟看涨期权当前价格并假设该期权到期执行不延迟，则其在到期日 T_1 的现金流为 $\max(S_{T_1}-X_1，0)$，因此其价格就是欧式看

涨期权价格，由式（4－5）给出：

$$EC_0(S_0, X_1, T_0, T_1) = C_E(S_0, X_1, T_1 - T_0) \tag{4-5}$$

其中，$C_E(S_0, X_1, T_1 - T_0)$ 由式（4－4）给出，EC_0 下标0表示延迟期数为0，即期权到期执行不延迟。

延迟一期的看涨期权的价格取决于 T_1 时刻的现金流，当期权在 T_1 时刻立即执行的价格大于延迟到 T_2 时刻按约定价格 X_2 执行的价格，当然延迟执行还需支付费用 A_1，$S_{T_1} - X_1 \geqslant C_E(S_{T_1}, X_2, T_2 - T_1) - A_1$，则不延迟到 T_2 而是在 T_1 时刻执行最优；相反则延迟执行最优且延迟价格大于零即 $C_E(S_{T_1}, X_2, T_2 - T_1) - A_1 > 0$。临界价格 $S_{T_1}^*$ 和 $S_{T_1}^\#$ 分别是执行和延迟权衡和延迟后是否在延迟期执行的价格。因此临界价格 $S_{T_1}^*$ 和 $S_{T_1}^\#$ 可以通过迭代求解下式得到

$$S_T^* - X_1 = C_E(S_{T_1}^*, X_2, T_2 - T_1) - A_1 \tag{4-6}$$

和

$$C_E(S_{T_1}^\#, X_2, T_2 - T_1) = A_1 \tag{4-7}$$

容易说明当 $A_1 \leqslant S_{T_1}^\# \leqslant A_1 + X_2 e^{-r(T_2 - T_1)}$ 且 $A_1 = 0$，$S_{T_1}^\# = 0$ 以及当 $S_{T_1}^\# \geqslant X_1$ 这种特殊情形下期权不会延迟，该延迟期权无价值，此时不需要考虑评价问题。这里强调 $S_{T_1}^\# < X_1$ 情形，满足 $S_{T_1}^\# < X_1$ 的充要条件是 $A_1 < X_1 - X_2 e^{-r(T_2 - T_1)}$，必要条件是 $A_1 < X_1$。当 $S_{T_1}^\# < X_1$ 时，公式（4－5）表示 $X_1 < S_{T_1}^* \leqslant \infty$。如果 $A_1 < X_1 - X_2 e^{-r(T_2 - T_1)}$，那么 $S_{T_1}^* = \infty$。

总之，T_1 时刻的最优行为是：当 $S_{T_1} > S_{T_1}^*$ 时，延迟看涨期权现金流是 $S_{T_1} - X_1$；当 $S_{T_1}^\# < S_{T_1} < S_{T_1}^*$ 时，延迟看涨期权现金流是 $C_E(S_{T_1}, X_2, T_2 - T_1) - A_1$，因此仅延迟一期 T_2 的看涨期权价格是

$$\begin{aligned}
EC_1(S_0, X_1, T_0, T_1) &= E_{T_0}[e^{-r(T_1 - T_0)}(S_{T_1} - X_1) I(S_{T_1} > S_{T_1}^*)] + \\
&\quad E_{T_0}\left\{e^{-r(T_1 - T_0)}[C_E(S_{T_1}, X_2, T_2 - T_1) - A_1] I_{\{S_{T_1}^\# \leqslant S_{T_1} \leqslant S_{T_1}^*\}}\right\} \\
&= E_{T_0}[e^{-r(T_1 - T_0)}(S_{T_1} - X_1) I_{\{S_{T_1} > S_{T_1}^*\}}] + \\
&\quad E_{T_0}\left\{e^{-r(T_1 - T_0)}[C_E(S_{T_1}, X_2, T_2 - T_1) - A_1](I_{\{S_{T_1} \geqslant S_{T_1}^\#\}} - I_{\{S_{T_1} \geqslant S_{T_1}^*\}})\right\}
\end{aligned} \tag{4-8}$$

由于标的股票价格的跳跃过程使得式（4－8）中期望值的计算变得复杂，

可以通过设定在 $[T_0, T_1]$ 和 $[T_1, T_2]$ 时间段内期望跳跃次数分别为 n_1 和 n_2 来解决这个复杂问题。令 $m = n_1 + n_2$ 表示 $[T_0, T_2]$ 时间段内发生跳跃的总次数，使用泊松分布概率，因此有

$$
\begin{aligned}
& E_{T_0}[\mathrm{e}^{-r(T_1-T_0)}(S_{T_1} - X_1)I_{\{S_{T_1} > S_{T_1}^*\}}] \\
&= \sum_{n_1=0}^{\infty} \frac{\mathrm{e}^{-\lambda'(T_1-T_0)}[\lambda(T_1 - T_0)]^{n_1}}{n_1!} E_{T_0}[\mathrm{e}^{-r(T_1-T_0)1}(S_{T_1} - X_1)I_{\{S_{T_1} \geqslant S_{T_1}^*\}} \mid n_1]
\end{aligned} \quad (4-9)
$$

$$
\begin{aligned}
& E_{T_0}\left\{\mathrm{e}^{-r(T_1-T_0)}[C_{\mathrm{E}}(S_{T_1},X_2,T_2 - T_1) - A_1](I_{\{S_{T_1} \geqslant S_{T_1}^{\#}\}} - I_{\{S_{T_1} \geqslant S_{T_1}^*\}})\right\} \\
&= E_{T_0}\left\{\mathrm{e}^{-r(T_1-T_0)}E_{T_1}[\mathrm{e}^{-r(T_2-T_1)}(S_{T_2} - X_2)I_{\{S_{T_2} > S_{T_2}^* = X_2\}}](I_{\{S_{T_1} \geqslant S_{T_1}^{\#}\}} - I_{\{S_{T_1} \geqslant S_{T_1}^*\}})\right\} - \\
& E_{T_0}[\mathrm{e}^{-r(T_1-T_0)}A_1(I_{\{S_{T_1} \geqslant S_{T_1}^{\#}\}} - I_{\{S_{T_1} \geqslant S_{T_1}^*\}})] \\
&= \sum_{n_1=0}^{\infty}\sum_{n_2=0}^{\infty} \frac{\mathrm{e}^{-\lambda'(T_1-T_0)1}[\lambda'(T_1 - T_0)]^{n_1}}{n_1!} \frac{\mathrm{e}^{-\lambda'(T_2-T_1)}[\lambda'(T_2 - T_1)]^{n_2}}{n_2!} \times \\
& E_{T_0}[\mathrm{e}^{-r(T_2-T_0)}(S_{T_2} - X_2)I_{\{S_{T_2} > S_{T_2}^*\}}I_{\{S_{T_1} \geqslant S_{T_1}^{\#}\}} \mid n_1, n_2] - \\
& \sum_{n_1=0}^{\infty}\sum_{n_2=0}^{\infty} \frac{\mathrm{e}^{-\lambda'(T_1-T_0)1}[\lambda'(T_1 - T_0)]^{n_1}}{n_1!} \frac{\mathrm{e}^{-\lambda'(T_2-T_1)}[\lambda'(T_2 - T_1)]^{n_2}}{n_2!} \times \\
& E_{T_0}[\mathrm{e}^{-r(T_2-T_0)}(S_{T_2} - X_2)I_{\{S_{T_2} > S_{T_2}^* = X_2\}}I_{\{S_{T_1} \geqslant S_{T_1}^*\}} | n_1, n_2] - \\
& \sum_{n_1=0}^{\infty} \frac{\mathrm{e}^{-\lambda'(T_1-T_0)}[\lambda(T_1 - T_0)]^{n_1}}{n_1!} E_{T_0}[\mathrm{e}^{-r(T_1-T_0)1}A_1(I_{\{S_{T_1} \geqslant S_{T_1}^{\#}\}} \mid n_1 - I_{\{S_{T_1} \geqslant S_{T_1}^*\}} \mid n_1)]
\end{aligned} \quad (4-10)
$$

计算式（4－9）和式（4－10）中期望值需要相关标准的两个泊松权数的联合密度，为此借助对数回报率 $x_t = \ln(S_t/S_0)$。对数回报率 x_{τ_1} 和 x_{τ_2} 相关性依赖于在 $[T_0, T_1]$ 和 $[T_1, T_2]$ 时间段的跳跃次数。在跳跃次数分别为 n_1 和 n_2 的条件下，x_{τ_1} 服从正态分布，均值 $\mu_{\mathrm{JD}}(T_1 - T_0) = (r - \lambda k)\tau_1 - 0.5\sigma^2(T_1^{2H} - T_0^{2H}) + n_1[\ln(1 + k) - 0.5\sigma_{\mathrm{J}}^2]$；

方差 $\sigma_{\mathrm{JD}}^2(T_1 - T_0) = \sigma^2(T_1^{2H} - T_0^{2H}) + n_1\sigma_{\mathrm{J}}^2$；$x_{\tau_2} \sim \Phi[\mu_{\mathrm{JD}}, (T_2 - T_0)\sigma_{\mathrm{JD}}^2(T_2 - T_0)]$。其中，$\mu_{\mathrm{JD}}(T_2 - T_0) = (r - \lambda k)\tau_2 - 0.5\sigma^2(T_2^{2H} - T_0^{2H}) + m[\ln(1 + k) - 0.5\sigma_{\mathrm{J}}^2]$，$\sigma_{\mathrm{JD}}^2\tau = \sigma^2\tau + m\sigma_{\mathrm{J}}^2$，$\sigma_{\mathrm{JD1}}^2(T_2 - T_0) = \sigma^2(T_2^{2H} - T_0^{2H}) + m\sigma_{\mathrm{J}}^2$，$x_T$ 和 x_{T_1} 的相关系数为

$$
\rho_{12} = \frac{\mathrm{cov}(x_{\tau_1}, x_{\tau_2})}{\sqrt{\mathrm{var}(x_{\tau_1}) \times \mathrm{var}(x_{\tau_2})}}
$$

综合式（4－9）和式（4－10）计算结果进而得出如下结论。

推论1：到期日 T_1 时约定价格 X_1，资产价格过程服从式（4－1），到期时能延迟至 T_2 时刻且支付费用 A_1，新约定价格 X_2 的延迟期权价格为

$$
\begin{aligned}
&\mathrm{EC}_1(S_0,X_1,T_0,T_1) = \sum_{n_1=0}^{\infty}\frac{\mathrm{e}^{-\lambda'\tau_1}[\lambda'(T_1-T_0)]^{n_1}}{n_1!} \\
&\left\{S_0\Phi[a_1(S_{T_1}^*,T_1-T_0)] - X_1\mathrm{e}^{-r(T_1-T_0)}\Phi[a_2(S_{T_1}^*,T_1-T_0)]\right\} + \\
&\sum_{n_1=0}^{\infty}\sum_{n_2=0}^{\infty}\left\{\frac{\mathrm{e}^{-\lambda(T_1-T_0)}[\lambda'(T_1-T_0)]^{n_1}}{n_1!}\frac{\mathrm{e}^{-\lambda'(T_2-T_1)}[\lambda'(T_2-T_1)]^{n_2}}{n_2!}\right\} \\
&\left\{S_0\Phi_2[b_1(S_{T_1}^{\#},T_1-T_0),a_1(S_{T_2}^*,T_2-T_0);\rho_{12}] - \right. \\
&\left. X_2\mathrm{e}^{-r(T_2-T_0)}\Phi_2[b_2(S_{T_1}^{\#},T_1,-T_0),a_2(S_{T_2}^*,T_2-T_0;\rho_{12}]\right\} - \\
&\sum_{n_1=0}^{\infty}\sum_{n_2=0}^{\infty}\frac{\mathrm{e}^{-\lambda(T_1-T_0)}[\lambda'(T_1-T_0)]^{n_1}}{n_1!}\frac{\mathrm{e}^{-\lambda'(T_2-T_1)}[\lambda'(T_2-T_1)]^{n_2}}{n_2!} \\
&\left\{S_0\Phi_2[a_1(S_{T_1}^*,T_1-T_0),a_1(S_{T_2}^*,T_2-T_0);\rho_{12}] - \right. \\
&\left. X_2\mathrm{e}^{-r(T_2-T_0)}\Phi_2[a_2(S_{T_1}^*,T_1-T_0),a_2(S_{T_2}^*(T_2-T_0);\rho_{12}]\right\} - \\
&\sum_{n_1=0}^{\infty}\frac{\mathrm{e}^{-\lambda'\tau_1}[\lambda'(T_1-T_0)]^{n_1}}{n_1!}A_1\mathrm{e}^{-r(T_1-T_0)} \\
&\left\{\Phi[b_2(S_{T_1}^{\#},T_1-T_0)] - \Phi[a_2(S_{T_1}^*,T_1-T_0)]\right\}
\end{aligned}
\tag{4-11}
$$

其中，

$$a_1(S_{T_i}^*,T_i-T_0) = \frac{\ln(S_0/S_{T_i}^*) + (\mu_{\mathrm{JD}} + \sigma_{\mathrm{JD}}^2)(T_i-T_0)}{\sqrt{\sigma_{\mathrm{JD}}^2(T_i-T_0)}}$$

$$a_2(S_{T_i}^*,T_i-T_0) = a_1(S_{T_i}^*,T_i-T_0) - \sqrt{\sigma_{\mathrm{JD}}^2(T_i-T_0)},\quad i=1,2$$

$$b_1(S_{T_j}^*,T_j-T_0) = \frac{\ln(S_0/S_{T_j}^{\#}) + (\mu_{\mathrm{JD}} + \sigma_{\mathrm{JD}}^2)(T_j-T_0)}{\sqrt{\sigma_{\mathrm{JD}}^2(T_j-T_0)}}$$

$$b_2(S_{T_j}^{\#},T_j-T_0) = b_1(S_{T_j}^{\#},T_j-T_0) - \sqrt{\sigma_{\mathrm{JD}}^2(T_j-T_0)},\quad j=1$$

其中，$\Phi_2(x,y,\rho) = \mathrm{prob}(X<x,Y<y)$ 是关于 X 和 Y 相关系数为 ρ 的二维正态分布函数。式（4－11）中第一项和第二项的和为约定价格 X_1 到期日 T_1 的欧式看涨期权价格，剩余项是可延迟权价值。式（4－10）存在许多特例，比如，当 $S_{T_1}^{\#}\rightarrow X_1$ 时，可延迟权价值趋于0，则延迟看涨期权价格等于欧式看

涨期权价格 $C_E(S_0,X_1,T_0,T_1)$，即式（4－11）为式（4－4）的结论。当 $A_1=0$ 且 $X_2\to\infty$ 或 $S_{T_1}^{\#}>0$ 且 $S_{T_1}^{*}=\infty$ 时，该延迟期权价格为支付 A_1 得到到期日 T_2-T_1 约定价格 X_2 的欧式看涨期权的复合期权价格，当 Hurst 参数等于 0.5，$\lambda\neq 0$，且 $k=0$ 时，式（4－10）就是 Gukhal 得出的推论 2。此外，当 $\lambda=0$ 时，资产价格服从分形布朗运动过程

$$dS_t = rS_t dt + \sigma S_t dB_t^H \tag{4-12}$$

并且式（4－11）可以简化为分形过程下延迟期权价格。

引理 1　到期日 T_1 约定价 X_1，到期可以延迟到 T_2，此时约定价 X_2 并支付费用 A_1 资产价格服从方程（4－12）的延迟期权价格是

$$\begin{aligned}EC_1(S_0,X_1,T_0,T_1) &= S_0\Phi(a_1) - X_1 e^{-r(T_1-T_0)}\Phi(a_2) + S_0\Phi_2(b_1,c_1;\rho_{12}) - \\ &X_2 e^{-r(T_2-T_0)}\Phi_2(b_2,c_2;\rho_{12}) - [S_0\Phi_2(a_1,c_1;\rho_{12}) - X_2 e^{-r(T_2-T_0)}\Phi_2(a_2,c_2;\rho_{12})] - \\ &A_1 e^{-r(T_1-T_0)}\{\Phi[b_2(S_{T_1}^{\#},T_1-T_0)] - \Phi[a_2(S_{T_1}^{*},T_1-T_0)]\}\end{aligned} \tag{4-13}$$

其中，

$$a_1 = \frac{\ln(S_0/S_{T_1}^{*}) + r(T-T_0) + 0.5\sigma^2(T_1^{2H}-T_0^{2H})}{\sigma\sqrt{T_1^{2H}-T_0^{2H}}}, a_2 = a_1 - \sigma\sqrt{(T_1^{2H}-T_0^{2H})}$$

$$b_1 = \frac{\ln(S_0/S_{T_1}^{\#}) + r(T_1-T_0) + 0.5\sigma^2(T_1^{2H}-T_0^{2H})}{\sigma\sqrt{T_1^{2H}-T_0^{2H}}}, b_2 = b_1 - \sigma\sqrt{(T^{2H}-T_0^{2H})}$$

$$c_1 = \frac{\ln(S_0/X_2) + r(T_2-T_0) + 0.5\sigma^2(T_2^{2H}-T_0^{2H})}{\sigma\sqrt{T_2^{2H}-T_0^{2H}}}, c_2 = c_1 - \sigma\sqrt{(T_2^{2H}-T_0^{2H})}$$

注意，当 $H=0.5$ 时式（4－13）与 Gukhal 给出的引理 3 结论一致，该式前两项之和等于约定价 X_1 到期日 T_1 的欧式看涨期权价格，剩余项之和给出了支付 A_1 得到到期日 T_2-T_1 约定价 X_2 且资产价格服从分形过程的欧式看涨期权的复合期权价格。

把上述结论推广到 M，按照同样的思路，确定在每个执行日和到期日的看涨期权的现金流，计算这些现金流的折现期望值，并在每个时间间隔设定跳跃次数，最终得到如下结论。

引理 2　到期日为 T_1，资产价格满足方程（4－1）并且在到期日延迟多期 T_2，T_3，…，T_{M+1}，每个延迟期对应新约定价格 X_2，X_3，…，X_{M+1} 且支付费

用 A_1, A_2, …, A_{M+1} 的延迟看涨期权价格为

$$EC_M(S_0, X_1, T_0, T_1) =$$

$$\sum_{j=1}^{M+1}\left\{\sum_{n_1=0}^{\infty}\sum_{n_2=0}^{\infty}\cdots\sum_{n_j=0}^{\infty}\left[\prod_{i=1}^{j}\frac{e^{-\lambda(1+k)(T_i-T_{i-1})}[\lambda(1+k)(T_i-T_{i-1})]^{n_i}}{n_i!}\right]\times\right.$$

$$[S_0\Phi_j(\boldsymbol{a}_{1j}^*, \boldsymbol{R}_j^*) - X_j e^{-r(T_j-T_0)}\Phi(\boldsymbol{a}_{2j}^* \ \boldsymbol{R}_j^*)] -$$

$$\sum_{n_1=0}^{\infty}\sum_{n_2=0}^{\infty}\cdots\sum_{n_{j-1}=0}^{\infty}\left[\prod_{i=1}^{j-1}\frac{e^{-\lambda(1+k)(T_i-T_{i-1})}[\lambda(1+k)(T_i-T_{i-1})]^{n_i}}{n_i!}\right]\times$$

$$A_{j-1}e^{-r(T_j-T_0)}[\Phi(b_{2j-1}^*, \boldsymbol{R}_{-1j}^*) - \Phi(a_{2j-1}^*, \boldsymbol{R}_{-1j}^*)] -$$

$$\sum_{n_1=0}^{\infty}\sum_{n_2=0}^{\infty}\cdots\sum_{n_j=0}^{\infty}\left[\prod_{i=1}^{j}\frac{e^{-\lambda(1+k)(T_i-T_{i-1})}[\lambda(1+k)(T_i-T_{i-1})]^{n_i}}{n_i!}\right]\times$$

$$\left.[S_0\Phi_j(c_{1j}^*, \boldsymbol{R}_j^*) - X_j e^{-r(T_j-T_0)}\Phi(c_{2j}^*, \boldsymbol{R}_j^*)]\right\} \qquad (4-14)$$

其中，$S_0=0$，$\Phi_j(\boldsymbol{a}_{vj}^*, \boldsymbol{R}_j^*)$ 是 j 维正态分布的积分，积分上限由 j 维向量 $\boldsymbol{a}_{vj}^*$（$v=1$, 2）和相关系数矩阵 $\boldsymbol{R}_j^*$ 给出，$\boldsymbol{a}_{vj}^*=[-a_1(S_1^*, T_1-T_0), -a_1(S_2^*, T_2-T_0), \cdots, -a_1(S_{j-1i}^*, T_{j-1}-T_0), a_1(S_j^*, T_j-T_0)]$，$\boldsymbol{R}_j{}^*$ 是 $j\times j$ 的对角矩阵且第 p 个对角元素为相关系数 ρ_{p-1p}，当第一个和最后一个对角元素分别为 0 和负相关系数 $-\rho_{j-1,j}$ 时，其他元素为相关系数 $\rho_{p-1,s}$（$s=p+1,\cdots,j$），当 $s=j$ 时，其他元素为负相关系数 $-\rho_{pj}$，当 $p=1$，$s=0$，…，$p-1$ 时，其他元素为 0。

引理 3　到期日为 T_1，资产价格满足方程（4－12）并且在到期日延迟多期 T_2，T_3，…，T_{M+1}，每个延迟期对应新约定价格 X_2，X_3，…，X_{M+1} 且支付费用 A_1，A_2，…，A_{M+1} 的延迟看涨期权价格为

$$EC_M(S_0, X_1, T_0, T_1)$$

$$=\sum_{j=1}^{M+1}\left\{[S_0\Phi_j(\hat{\boldsymbol{a}}_{1j}, \boldsymbol{R}_j^*) - X_j e^{-r(T_j-T_0)}\Phi(\hat{\boldsymbol{a}}_{2j}, \boldsymbol{R}_j^*)] -\right.$$

$$[S_0\Phi_j(\hat{c}_{1j}, \boldsymbol{R}_j^*) - X_j e^{-r(T_j-T_0)}\Phi(\hat{c}_{2j} \ \boldsymbol{R}_j^*)] -$$

$$\left.A_1 e^{-r(T_j-T_0)}[\Phi(\hat{b}_{2j}, R_{-1j}^*) - \Phi(\hat{a}_{2j}, R_{-1j}^*)]\right\} \qquad (4-15)$$

EC_0，EC_1，EC_2，…形成一收敛序列，该序列的极限就是永久延迟期权的价格，即

$$\lim_{M\to\infty} \mathrm{EC}_M(S_0,X_1,T_0,T_1) = \mathrm{EC}(S_0,X_1,T_0,T_1) \tag{4-16}$$

然而随着 M 增加，将涉及多维正态分布的概念，该极限计算的复杂性急速增加。为降低计算的复杂性，这里采用一种外推加速法，这种方法准许在步长 h 趋于 0 时极限值的测定。式（4－16）测定的极限是延迟期权价格，步长 h 为允许延迟执行的时间间隔。这里开发出外推加速法，此法允许当步长 h（即执行时点的间距）趋于零时确定永久延迟看涨期权价格的极限值。

令 $F(h)$ 为使用一个步长 h 的利息函数价值，求 $F(0)$。

假定 $F(h)$ 表示为以下泰勒级数形式

$$F(h) = F(0) + d_1 h^{\eta} + o(h^{\theta}) \quad \theta > \eta \tag{4-17}$$

以 q 替代上式中的 d_1，求解方程（4－17）可以得到 $F(0)$

$$F(0) = F(h) + [F(h) - F(qh)]/(q-1) \tag{4-18}$$

其中，$q>1$。

使用 $F(qh) = \mathrm{EC}_0$，$F(h) = \mathrm{EC}_1$，有 $q = 2$。如果扩展泰勒级数 $F(h)$ 并通过降阶有 $\eta=1$，代入式（4－18）得到：$\mathrm{EC}_{10} = 2\mathrm{EC}_1 - \mathrm{EC}_0$。

4.4 算例分析

表 4－1 列出了利用前面描述的两点外推多项式计算跳分形过程下延迟看涨期权价值的例子。无风险利率 $r=0.06$，标的收益方差 $\sigma^2=0.04$，跳跃即时波动率 $\sigma_J^2=0.05$，期权到期日 $T_1=0.2$ 年，延迟至 $T_2=1$ 年，最初时刻约定价格 $X_1=10$ 美元，延迟支付费用和约定价格分别取 $A=5$ 美分，$X_2=13$ 美元，或 $A=0.04$，$X_2=12$，或 $A=0.03$，$X_2=11$；在标的资产变化时采用不同定价模型计算结果如表 4－1 所示。定价模型分别对应于纯生跳跃扩散模型，简称 PJD（$H=0.5$ $\lambda=5$，$k=0.$），以及上文提出的分形模型，简称 FBM（$H=0.65$ $\lambda=0$），以及跳分形模型，简称 JFBM。模型 1 中采用参数 $H=0.65$，$\lambda=1.25$，$k=0.0007$；模型 2 中采用参数 $\lambda=6.25$，$k=-0.0007$。

从表 4－1 可以看出，随着 Hurst 参数的增加，延迟期权在纯生跳跃扩散模型中的价格高于其在分形模型和跳分形模型中的价格。此外，延迟看涨期权价格随着延迟费用和延迟约定价格的上升而下降，这是因为延迟期权价格 EC 是 H 和 A_1，X_2 的减函数。而且分形模型和跳分形模型 1 中给出的期权价格很接近，其原因在于条约参数非常小以至于可以忽略它。分形模型中的价格低于跳分形模型 1 中的价格，而考虑高跳跃参数的纯生跳跃扩散模型和跳分形模型 2 中的价格却超过了跳分形模型 2 的价格。表中还能比较出在不同模型中分别采用解析公式（4－11）和外推加速法计算得到的延迟期权价格处于虚值期权，两者计算结果差别要高于实值期权，主要原因是延迟期权比普通虚值期权对资产价格的变动更敏感，而对价格敏感度不及普通实值期权。

表 4－1　延迟期权定价结果

延迟费用	延迟后约定价	资产价格	跳跃扩散模型 PJD		分形模型 FBM		跳分形模型 JFBM			
			EC_1	$EC_{0,1}$	EC_1	$EC_{0,1}$	EC_1	$EC_{0,1}$	EC_1	$EC_{0,1}$
0.05	13	12	0.4057	0.5541	0.1534	0.3576	0.1674	0.3934	0.2814	0.4501
		13	1.2063	1.2538	0.9859	1.0478	0.9836	1.0601	1.1357	1.1673
		14	1.9734	1.9985	1.7258	1.7647	1.7218	1.7564	1.9231	1.9378
0.04	12	11	0.4897	0.6515	0.2612	0.4581	0.2672	0.4921	0.3795	0.5412
		12	1.3056	1.3614	1.0923	1.1583	1.0948	1.1584	1.2269	1.2587
		13	2.0681	2.0943	1.8396	1.8753	1.8375	1.8678	2.0198	2.0428
0.03	11	10	0.5618	0.7423	0.3475	0.5628	0.3468	0.5622	0.4736	0.6404
		11	1.4158	1.4703	1.2007	1.2731	1.2028	1.2706	1.3274	1.3592
		12	2.1843	2.1932	1.9538	1.9732	1.9512	1.9703	2.1243	2.1532

4.5　本章小结

分形布朗运动是一种强自相关随机过程并且条约是金融市场非常重要的事件，两者结合能充分描述高频率金融收益，展示其潜在的跳跃、长记忆性、波动率微笑和尖峰厚尾性，从而成为刻画金融资产价格变化过程的良好工具。本章应用跳分形布朗运动表达标的资产变动行为，构建了评估框架，其次在风险中性环境对标的资产发生跳跃次数的收益求条件期望现值，导出了延迟一期的看涨期权解析定价公式，并探讨了公式的一些特殊情形。进而将定价公式延迟到 M 期，该延迟期权价值在 M 趋于无穷极限状态时将收敛于永久延迟期权。提出一种简单有效的两点外推加速法求极限。最后，提供数值结果阐述了定价表达式的简单实用性。

5 幂型奇异期权定价研究

5.1 引　　言

选择期权和幂期权是两种奇异期权，S. Fisher、W. Margrabe 和魏正元给出了标准选择期权解析定价公式[141-142,149]，这种多因素期权在经理股票期权激励设计上有广泛应用，例如 S. A. Johnson 和 Y. S. Tian 指出经理股票期权补偿依赖于公司股票标准指数的相关效率最优值[163]；Zhang 和 R. G. Tompkins 给出幂期权的定价结果并探讨了该种奇异期权在对冲非线性风险中的几种应用[164-165]。比如那些来自期权隐含波动率的变化导致期权头寸的发生。

本章构造了一种幂型选择期权，它实质上是由选择期权和幂期权组合派生出的一种奇异金融衍生产品，其到期收益取决于两个标的资产在合约有效期内某段时间的幂价格基础上的最大值，通过设置参数可以增强经理股票期权的合约灵活性，减少风险，但该类期权定价问题不多见，鉴于此，本章中将选择期权和幂期权定价方法进行扩展，采用风险中性定价法推导该类奇异期权的解析定价公式，进而得出幂型互换期权和选择期权的价格公式，最后提出了美式和欧式幂型选择期权价格均衡的充分条件。

在动荡的金融市场中，各种各样的奇异期权接踵而至，亚式期权和幂期权是其中两种成功的奇异期权，广泛应用于股票、商品、能源和外汇领域。A. G. Z. Kemna 和 A. C. F. Vorst 使用偏微分方程 PDE 方法提出几何平均亚式期权解析表达式[168]，依此作为蒙特卡罗模拟法（P. P. Boyle）[123]中的控制变量，获得算术平均亚式期权满意的解答。K. W. Chen，Y. D. Lyuu 用几何平均近似算术平均方法导出算术平均亚式期权近似解[169]，该法与蒙特卡罗模拟法一样能取得很好的算法结果，但对于高波动率和长到期日情形定价精确性仍存在质疑。此外，J. C. Hull 和 E. Neave 采用二叉树格方法处理亚式期权定价问题，可是因为需要考虑大量可能实现的收益，此法耗费了很高计算成本。上述亚式期权最常用的定价方法中，蒙特卡罗方法执行起来相当简单且可提供估计计量质量的标准误差，进而提高控制变量技术在解决更复杂的算术平均亚式期权方面达到令人满意的精度水平（P. Boyle，M. Broadie，P. Glasserman）[170]。同时控制变量技术中几何平均亚式期权是必不可少的，PDE 偏微分方程法（B. Alziary，J. P. Décamps，P. F. Koehl 和 J. Zhang）为几何平均亚式期权提供了准确的计算结果[171-172]，当偏微分方程只有 3 个或 4 个变量时可以减少计算强度。就幂期权而言，L. P. Blenman 和 S. P. Clark[173]在等价鞅测度下解得幂型互换期权的解析解，他们指出当另一个资产幂为零时，幂型互换期权价格就是幂期权价格，而两个资产幂为 1 时，幂型互换期权价格等同于互换期权价格。

上述关于奇异期权的学术研究都假设标的资产遵循连续扩散过程。这意味着标的资产对数回报是标准正态随机变量，然而，许多实证研究结果（P. Jorion；D. S. Bates；J. Pan；M. Chernov 等；B. Eraker）表明当重要新信息或突发事件发生时资产价格呈现不连续跳跃，跳跃扩散过程广泛应用于描述资产价格运动[136,174-177]，R. C. Merton 和 C. R. Gukhal 将跳跃扩散过程引入期权价格评估[130-134]。近年来，资本市场实证研究还表明金融资产对数回报不服从正态分布，而是服从过度尖峰厚尾分布，且金融资产价格系列不是随机运动而是长期依赖。Peters 发现在股票和汇率市场存在的分形结构和非周期现象[154]，并提出分形市场假设。作为高斯过程的分形布朗运动具有自相似性和长期依赖性，可以满意地描述基础资产运动。鉴于分形布朗运动既不是马尔科夫过程，又不是半鞅，Duncan 构建分形 - 伊藤 - 积分对此进行了分析[155]。此外，Y. Hu 证明服从分形布朗运动的期权市场是完美的，没有套利空间，使用 Wick 组合可以给出任意时间欧式期权定价公式[157]。事实上，一些作者使用分形布朗运动捕获基础资产的行为，获得分形布莱克 - 舒尔斯公式期权定价，包括

Necula，Bayraktar 和 Meng。[156,158,159]

为了更好地描述基础资产价格的运动过程，这里引入泊松跳和分形维纳过程的结合。跳分形过程更吻合有效市场，主要信息不经常来临且随机。此外，跳分形过程能概括实证观察的资产价格变化分布，相比正态分布的尖峰厚尾、长记忆性特征，提供了布莱克－舒尔斯期权定价模型波动率微笑效应的合理解释，即随着到期日变化的隐含波动率。一些学者研究基础资产价值服从跳分形过程时的期权定价问题，W. L. Xiao 等导出货币期权的定价模型，对于开发的幂型亚式期权这类幂型奇异期权[160]，其在跳分形环境中定价更为复杂，该类期权收益依赖标的资产几何和算术平均的幂，具有亚式期权和幂期权的共同特征，它们在风险管理和激励合约设计中发挥重要作用。[165]幂期权潜入平均特征使得幂型亚式期权可以避免价格操作，从而对冲来自改变隐含波动率水平和平滑股票价格内在随机性的期权头寸引发的非线性风险，这样可以更有效评估经理股票期权和薪酬激励设计。尽管许多学者探讨了亚式期权定价问题，但很少顾及幂型亚式期权定价问题。本章旨在研究几何和幂型算术平均亚式期权定价，用跳分形过程描述基础资产行为运动并遵循控制变量技术，具有高精确性和有效性。结构安排如下：用偏微分方程 PDE 方法导出几何平均亚式期权的解析解，以此为控制变量，借助蒙特卡罗模拟法得到幂型算术平均亚式期权的精确模拟价格，并通过数值模拟验证结果的有效可行性，最后是本章小结。

5.2 幂型选择期权定价

5.2.1 标的资产行为模型

令 $(\Omega,F_t,P,\{F_t\}_{t\geqslant 0})$ 为带滤子概率空间，市场含有两个风险资产 S_1，S_2 和一个无风险债券 S_0，这些资产满足以下随机偏微分方程：

$$dS_i(t) = (\mu_i - q_i)S_i(t)dt + \sigma_i S_i(t)dW_i(t),\quad t \in [0,T] \quad i = 1,2 \tag{5-1}$$

$$dS_0(t) = rdt,\quad r \in R^+ \quad t \in [0,T] \tag{5-2}$$

式中：μ_i，σ_i 和 q_i——S_i（$i=1$，2）预期收益率、波动率和红利率；

$dW_1(t)$，$dW_2(t)$——相关系数为 ρ 的两个标准的维纳过程，即 $dW_1(t)dW_2(t)=\rho dt$，通过下列关系式将 $dW_1(t)$ 和 $dW_2(t)$ 两个相关的维纳过程转换为两个独立的维纳过程 $dB_1(t)$ 和 $dB_2(t)$，即 $dB_1(t)dB_2(t)=0$

$$dS_1(t) = (\mu_1 - q_1)S_1(t)dt + \sigma_1 S_1(t)dB_1(t) \tag{5-3}$$

$$dS_2(t) = (\mu_2 - q_2)S_2(t)dt + \sigma_2\rho S_2(t)dB_1(t) + \sigma_2\sqrt{1-\rho^2}S_2(t)\,dB_2(t),\quad t\in[0,T] \tag{5-4}$$

众所周知，在等价鞅测度 Q 市场环境中不存在套期保值机会，此时 $S_i/S_0(i=1,2)$ 是一个鞅。在概率空间 $(\Omega,F_t,Q,\{F_t\}_{t\geqslant 0})$，式（5-3）变成

$$dS_1(t) = (r - q_1)S_1(t)dt + \sigma_1 S_1(t)d\hat{B}_1(t) \tag{5-5}$$

$$dS_2(t) = (r - q_2)S_2(t)dt + \sigma_2\rho S_2(t)d\hat{B}_1(t) + \sigma_2\sqrt{1-\rho^2}S_2(t)d\hat{B}_2(t),\quad t\in[0,T] \tag{5-6}$$

其中，

$$dB_1(t) = dB_1(t) + [(\mu_1 - q_1 - r)/\sigma_1]dt$$

$$dB_2(t) = dB_2(t) + \left\{[\mu_2 - q_2 - r - \rho(\sigma_1/\sigma_2)(\mu_1 - q_1 - r)]/\sigma_2\sqrt{1-\rho^2}\right\}dt$$

存在无摩擦环境交易，此时空头销售没有限制，标的资产和期权买卖以零成本交易。

通过金融市场环境的一个投资组合，这里构建一个三维随机过程 $(R_0(-),R_1(-),R_2(-))$，其中 $R_0(-),R_i(-),(i=1,2)$ 是 $\{F_t\}_{t\geqslant 0}$ 自适度渐进过程满足可积性要求，R_0 代表投资组合中持有债券的市场价值，R_i 代表持有风险资产 S_i 头寸的市场价值。

5.2.2 定价结果

命题1 设 $a>0$，$b>0$，$\theta_i>0$，$i=1$，2，标的资产 S_1，S_2 遵循随机偏微分方程（5-5）至（5-6），到期收益函数为 $\varphi[S_1(T),S_2(T),T]=\max[aS_1^{\theta_1}(T),bS_2^{\theta_2}(T),T]$ 的欧式幂型选择期权，当 $0\leqslant t\leqslant T$ 时，价格为

$$f_t^{\mathrm{E}} = a\lambda_1(t,S_1,r,q_1,\theta_1,\sigma_1;T)\Phi(d_1) - b_1\lambda_2(t,S_2,r,q_2,\theta_2,\sigma_2;T)\Phi(d_2) \quad (5-7)$$

其中，

$$\lambda_i = S_i^{\theta_i}(t)\exp\left\{[(\theta_i - 1)(r + \theta_i\sigma_i^2/2) - \theta_i q_i](T - t)\right\};i = 1,2$$

$$d_1 = \frac{1}{\delta\sqrt{T-t}}\left\{\ln\frac{aS_1^{\theta_1}(t)}{bS_2^{\theta_2}(t)} + [\theta_1(r - q_1) - \theta_2(r - q_2) - \theta_1(1 - \theta_1)\sigma_1^2/2] + \theta_2(1 - \theta_2)\sigma_2{}^2/2\right\} + \frac{1}{2}\delta\sqrt{T-t},$$

$$d_2 = \delta\sqrt{T-t} - d_1 \quad \delta = \sqrt{\theta_1^2\sigma_1^2 + \theta_2^2\sigma_2^2 - 2\theta_1\theta_2\sigma_1\sigma_2\rho}$$

$\Phi(\cdot)$ 是标准正态分布函数。

证明 以 $S_2^{\theta_2}$ 为计价资产，定义 $Q^{(\theta_2)}$ 是与 Q 等价的鞅测度。由 Radon－Nikodym 导数知

$$\mathrm{d}Q^{(\theta_2)}/\mathrm{d}Q = \frac{S_2^{\theta_2}(T)}{E_{\mathrm{Q}}[S_2^{\theta_2}(T)]}$$

其中，

$$S_2^{\theta_2}(T) = S_2^{\theta_2}(t)\exp\left\{[\theta_2(r - q_2) - \theta_2\sigma_2^2/2](T - t) + \theta_2\sigma_2\rho[B_1(T) - B_1(t)] + \theta_2\sigma_2\sqrt{1-\rho^2}[B_2(T) - B_2(t)]\right\}$$

且 $E_{\mathrm{Q}}[S_2^{\theta_2}(T)] = S_2^{\theta_2}(t)\exp\left\{[\theta_2(r - q_2) - \theta_2\sigma_2^2/2 + \theta_2^2\sigma_2^2/2](T - t)\right\}$

因此，

$$\mathrm{d}Q^{\theta_2}/\mathrm{d}Q = \exp\left\{-\theta_2^2\sigma_2^2/2(T - t) + \theta_2\sigma_2\rho[B_1(T) - B_1(t)] + \theta_2\sigma_2\sqrt{1-\rho^2}[B_2(T) - B_2(t)]\right\}$$

由等价鞅测度定价理论[138]，欧式未定权益 $\max[aS_1^{\theta_1}(T),bS_2^{\theta_2}(T)]$ 幂型选择期权在 t 时无套期保值价格为

$$\begin{aligned} f_t^E &= \mathrm{e}^{-r(T-t)}E_{\mathrm{Q}}\left\{\max[aS_1^{\theta_1}(T),bS_2^{\theta_2}(T)]\right\} \\ &= \mathrm{e}^{-r(T-t)}E_{\mathrm{Q}}\left\{[aS_1^{\theta_1}(T) - bS_2^{\theta_2}(T)]^+ + bS_2^{\theta_2}(T)\right\} \\ &= \mathrm{e}^{-r(T-t)}E_{\mathrm{Q}}\left\{bS_2^{\theta_2}(T)[aS_1^{\theta_1}(T)/bS_2^{\theta_2}(T) - 1]^+ + bS_2^{\theta_2}(T)\right\} \end{aligned}$$

$$= e^{-r(T-t)}E_Q[bS_2^{\theta_2}(T)]E_Q\left\{bS_2^{\theta_2}(T)/E_Q[bS_2^{\theta_2}(T)]\right\}$$
$$[aS_1^{\theta_1}(T)/bS_2^{\theta_2}(T)-1]^+ + e^{-r(T-t)}E_Q[bS_2^{\theta_2}(T)]$$
$$= e^{-r(T-t)}E_Q[bS_2^{\theta_2}(T)]\left\{E_Q(\theta_2)\{[aS_1^{\theta_1}(T)/bS_2^{\theta_2}(T)-1]^+\}+1\right\}$$
$$= e^{-r(T-t)}bS_2^{\theta_2}(t)\exp\left\{[\theta_2(r-q_2)-\theta_2\sigma_2^2/2+\theta_2^2\sigma_2{}^2/2](T-t)\right\}\times$$
$$\left\{E_Q(\theta_2)\{[aS_1^{\theta_1}(T)/bS_2^{\theta_2}(T)-1]^+\}+1\right\} \tag{5-8}$$

下面计算式（5－8）中条件期望 $E_Q(\theta_2)\left\{[aS_1^{\theta_1}(T)/bS_2^{\theta_2}(T)-1]^+\right\}$，令 $Y^{\theta_2}=\ln(S_1^{\theta_1}(T)/S_2^{\theta_2}(T))$，由伊藤公式[178] Y^{θ_2}满足

$$dY^{\theta_2}=[\theta_1(r-q_1)-\theta_1\sigma_1^2/2-\theta_2(r-q_2)+\theta_2\sigma_2^2/2-\theta_2^2\sigma_2^2+\theta_1\theta_2\sigma_1\sigma_2\rho]dt+$$
$$(\theta_1\sigma_1-\theta_2\sigma_2\rho)d\hat{B}_1^{\theta_2}(t)-\theta_2\sigma_2\sqrt{1-\rho^2}d\hat{B}_2^{\theta_2}(t) \tag{5-9}$$

其中，Girsanov 定理在 Q^{θ_2}测度下，$d\hat{B}_1^{\theta_2}(t)=-\theta_2\sigma_2\rho dt+d\hat{B}_1(t)$ 和 $d\hat{B}_2^{\theta_2}(t)=-\theta_2\sigma_2\sqrt{1-\rho^2}dt+d\hat{B}_2(t)$ 是 Brown 运动，因为 $d\hat{B}_1^{\theta_2}(t)$ 和 $d\hat{B}_2^{\theta_2}(t)$ 相互独立，故定义布朗运动 $dW^{\theta_2}(t)=\delta^{-1}[(\theta_1\sigma_1-\theta_2\sigma_2\rho)d\hat{B}_1^{\theta_2}(t)-\theta_2\sigma_2\sqrt{1-\rho^2}d\hat{B}_2^{\theta_2}(t)]$

因此，式（5－9）变为

$$dY^{\theta_2}=[\theta_1(r-q_1)-\theta_1\sigma_1^2/2-\theta_2(r-q_2)+\theta_2\sigma_2^2/2-\theta_2^2\sigma_2^2+\theta_1\theta_2\sigma_1\sigma_2\rho]dt+$$
$$\sqrt{\theta_1^2\sigma_1^2+\theta_2^2\sigma_2^2-2\theta_1\theta_2\sigma_1\sigma_2\rho}\,dW^{\theta_2}(t)$$

那么 $S_1^{\theta_1}(T)/S_2^{\theta_2}(T)$ 的 Dolanse-Dade 解为

$$S_1^{\theta_1}(T)/S_2^{\theta_2}(T)=S_1^{\theta_1}(t)/S_2^{\theta_2}(t)\exp[\theta_1(r-q_1)-\theta_1\sigma_1^2/2-\theta_2(r-q_2)+\theta_2\sigma_2^2/2-$$
$$\theta_2^2\sigma_2^2+\theta_1\theta_2\sigma_1\sigma_2\rho](T-t)+\sqrt{\theta_1^2\sigma_1^2+\theta_2^2\sigma_2^2-2\theta_1\theta_2\sigma_1\sigma_2\rho}[W^{\theta_2}(T)-W^{\theta_2}(t)] \tag{5-10}$$

令 $z=W^{\theta_2}(T)-W^{\theta_2}(t)$，$\tau=T-t$，则 $E_Q(\theta_2)[aS_1^{\theta_1}(T)/bS_2^{\theta_2}(T)-1]^+=$

$$\int_{-\infty}^{+\infty}\left\{aS_1^{\theta_1}(t)/bS_2^{\theta_2}(t)\exp\{[\theta_1(r-q_1)-\theta_1\sigma_1^2/2-\theta_2(r-q_2)+\theta_2\sigma_2^2/2-\theta_2^2\sigma_2^2+\right.$$
$$\left.\theta_1\theta_2\sigma_1\sigma_2\rho]\tau+\delta z\}-1\right\}^+\frac{1}{\sqrt{2\pi\tau}}e^{-\frac{z^2}{2\tau}}dz.$$

当 $aS_1^{\theta_1}(t)/bS_2^{\theta_2}(t)\exp\left\{[\theta_1(r-q_1)-\theta_1\sigma_1^2/2-\theta_2(r-q_2)+\theta_2\sigma_2^2/2-\theta_2^2\sigma_2^2+\right.$ $\left.\theta_1\theta_2\sigma_1\sigma_2\rho]\tau+\delta z\right\}>1$ 时，

$$z>\ln[aS_1^{\theta_1}(t)/bS_2^{\theta_2}(t)]-\{[\theta_1(r-q_1)-\theta_1\sigma_1^2/2-\theta_2(r-q_2)+\theta_2\sigma_2^2/2-\theta_2^2\sigma_2^2$$
$$+\theta_1\theta_2\sigma_1\sigma_2\rho]\tau\}/\delta=z'$$

故上式写成

$$\int_z^{+\infty} aS_1^{\theta_1}(t)/bS_2^{\theta_2}(t)\exp\Big\{[\theta_1(r-q_1)-\theta_1\sigma_1^2/2-\theta_2(r-q_2)+$$

$$\theta_2\sigma_2^2/2-\theta_2^2\sigma_2^2+\theta_1\theta_2\sigma_1\sigma_2\rho]\tau+\delta z\Big\}\frac{1}{\sqrt{2\pi\tau}}e^{-\frac{z^2}{2\tau}}dz-\int_z^{+\infty}\frac{1}{\sqrt{2\pi\tau}}e^{-\frac{z^2}{2\tau}}dz$$

设 $y=S_1^{\theta_1}(t)/S_2^{\theta_2}(t)$，上式中第一个和第二个积分分别作变量代换 $z=-y\sqrt{\tau}+\delta\tau$ 和 $z=-y\sqrt{\tau}$，从而

$$E_Q(\theta_2)[aS_1^{\theta_1}(T)/bS_2^{\theta_2}(T)-1]^+$$

$$=\Phi(d_1)\exp[\theta_1(r-q_1)-\theta_1\sigma_1^2/2-\theta_2(r-q_2)+$$

$$\theta_2\sigma_2^2/2+\theta_1^2\sigma_1^2/2-\theta_2^2\sigma_2^2/2](T-t)-\Phi(-d_2)$$

将上述表达式代入式（5-8），经化简后得到命题1的结果。

对于 $\theta_1=\theta_2=1$，$a=b=1$，式（5-7）结果与 S. Fisher[141] 和 W. Margrabe[142] 推导选择期权定价结果类同。对于 $\theta_2=0$，或 $\theta_1=0$，式（5-7）拓展了 P. G. Zhang[164] 和 R. G. Tompkins[165] 幂期权定价结果。

命题2　设 $a>0$，$b>0$，$\theta_i>0$，$i=1$，2，标的资产 S_1，S_2 遵循随机偏微分方程（5-5）和方程（5-6），到期收益函数为 $\min[aS_1^{\theta_1}(T),bS_2^{\theta_2}(T)]$ 的欧式幂型选择期权以及到期收益函数为 $\max[aS_1^{\theta_1}(T)-bS_2^{\theta_2}(T),0]$ 的欧式幂型互换期权在 $0\leq t\leq T$ 时的价格分别是

$$C_t^E=a\lambda_1(t,S_1,r,q_1,\theta_1,\sigma_1;T)\Phi(-d_1)-b_1\lambda_2(t,S_2,r,q_2,\theta_2,\sigma_2;T)\Phi(-d_2)$$

$$H_t^E=a\lambda_1(t,S_1,r,q_1,\theta_1,\sigma_1;T)\Phi(d_1)-b_1\lambda_2(t,S_2,r,q_2,\theta_2,\sigma_2;T)\Phi(-d_2)$$

证明　定价公式（5-7）中

$$\lambda_i=S_i^{\theta_i}(t)\exp\Big\{[(\theta_i-1)(r+\theta_i\sigma_i^2/2)-\theta_iq_i](T-t)\Big\}$$

$$=e^{-r(T-t)}S_i^{\theta_i}(t)\exp\Big\{[\theta_i(r-q_i)-\theta_i\sigma_i^2/2+\theta_i^2\sigma_i^2/2](T-t)\Big\}$$

$$=e^{-r(T-t)}E_Q[S_i^{\theta_i}(T)],i=1,2 \tag{5-11}$$

可以解析为在 T 时刻交割远期合约 $S_i^{\theta_i}$ 在 t 时的风险中性价格；并且幂型选择期权到期收益函数为

$\min[aS_1^{\theta_1}(T),bS_2^{\theta_2}(T)]=aS_1^{\theta_1}(T)+bS_2^{\theta_2}(T)-\max[aS_1^{\theta_1}(T),bS_2^{\theta_2}(T)]$；幂

型互换期权到期收益函数为

$$\max[aS_1^{\theta_1}(T)-bS_2^{\theta_2}(T),0]=\max[aS_1^{\theta_1}(T),bS_2^{\theta_2}(T)]-bS_2^{\theta_2}(T)$$

命题 3 到期日为 $T>t$，价格满足式（5－7）欧式幂型选择期权空头对冲组合如下

$$[R_0(t),R_1(t),R_2(t)]$$

$$=[f_t^{\mathrm{E}}-a\theta_1\lambda_1(t)\Phi(d_1)+b\theta_2\lambda_2(t)\Phi(d_2),a\theta_1\lambda_1(t)\Phi(d_1),b\theta_2\lambda_2(t)\Phi(d_2)]$$

证明 对于 $i=1$, $R_1(t)=S_1(t)\dfrac{\partial}{\partial S_1}f_t^{\mathrm{E}}=S_1(t)\dfrac{a\lambda_1\theta_1\Phi(d_1)}{S_1(t)}=a\lambda_1\theta_1\Phi(d_1)$;

$$i=2,R_2(t)=S_2(t)\frac{\partial}{\partial S_2}f_t^{\mathrm{E}}=S_2(t)\frac{-b\lambda_2\theta_2\Phi(d_2)}{S_2(t)}=-b\lambda_2\theta_2\Phi(d_2)$$

因此，完美的对冲组合是持有一份价值为 $a\lambda_1\theta_1\Phi(d_1)$ 的 S_1 多头和一份价值 $b\lambda_2\theta_2\Phi(d_2)$ 的 S_2 空头以及非零头寸的无风险资产 R_0。同样，根据式（5－11），幂型选择期权对冲组合是持有一份 $S_1^{\theta_1}$ 远期合约价值为 $\theta_1\Phi(d_1)$ 多头并持有一份 $S_2^{\theta_2}$ 远期合约价值为 $\theta_2\Phi(d_2)$ 空头以及一份无风险资产头寸 $f_t^{\mathrm{E}}-R_1(t)-R_2(t)$。

命题 4 如果 $\theta_2\leqslant 1$, $\theta_1(r-q_1)\geqslant r$, $\theta_2(r-q_2)\leqslant r$, 那么到期日 $T<\infty$ 的美式幂型选择期权提前执行不是最优的，其价值等于欧式幂型选择期权价值。

证明 Karatzas 和 Shreve 充分说明折现收益 $\mathrm{e}^{-rt}\{\max[aS_1^{\theta_1}(t),bS_2^{\theta_2}(t)]\}$ 是 Q－鞅，对于 $0\leqslant t\leqslant s\leqslant T$

$$E_Q\left\{\mathrm{e}^{-rs}\max[aS_1^{\theta_1}(s),bS_2^{\theta_2}(s)]\right\}$$

$$\geqslant\left\{aE_Q[\mathrm{e}^{-rs}S_1^{\theta_1}(s)]-bE_Q[\mathrm{e}^{-rs}S_2^{\theta_2}(s)]\right\}^{+}+bE_Q[\mathrm{e}^{-rs}S_2^{\theta_2}(s)]$$

$$=\left\{a\mathrm{e}^{[r(\theta_1-q_1)-r]s}E_Q[\mathrm{e}^{\theta_1(q_1-r)s}S_1^{\theta_1}(s)]-b\mathrm{e}^{[r(\theta_2-q_2)-r]s}E_Q[\mathrm{e}^{\theta_2(q_2-r)s}S_2^{\theta_2}(s)]\right\}^{+}+$$

$$b\mathrm{e}^{[r(\theta_2-q_2)-r]s}E_Q[\mathrm{e}^{\theta_2(q_2-r)s}S_2^{\theta_2}(s)]$$

$$\geqslant[a\mathrm{e}^{[r(\theta_1-q_1)-r]s}\mathrm{e}^{\theta_1(q_1-r)t}S_1^{\theta_1}(t)-b\mathrm{e}^{[r(\theta_2-q_2)-r]s}\mathrm{e}^{\theta_2(q_2-r)t}S_2^{\theta_2}(t)]^{+}+b\mathrm{e}^{[r(\theta_2-q_2)-r]s}\mathrm{e}^{\theta_2(q_2-r)t}S_2^{\theta_2}(t)$$

$$=\left\{a\mathrm{e}^{[r(\theta_1-q_1)-r](s-t)}[\mathrm{e}^{-rt}S_1^{\theta_1}(t)]-b\mathrm{e}^{[r(\theta_2-q_2)-r](s-t)}[\mathrm{e}^{-rt}S_2^{\theta_2}(t)]\right\}^{+}+$$

$$b\mathrm{e}^{[r(\theta_2-q_2)-r](s-t)}[\mathrm{e}^{-rt}S_2^{\theta_2}(t)]$$

$$\geqslant\left\{\mathrm{e}^{-rt}[aS_1^{\theta_1}(t)-bS_2^{\theta_2}(t)]\right\}^{+}+bS_2^{\theta_2}(t)$$

$= e^{-rt}\max[aS_1^{\theta_1}(t), bS_2^{\theta_2}(t)]$

上式中第一个不等式是使用Jensen不等式得到的，第二、第三行推导依据的是当 $i=1$，2 时，$e^{(q_i-r)t}S_i(t)$ 是 Q－鞅并且鞅的凸（凹）函数是下（上）鞅，最后一行结果基于命题本身假设 $e^{[r(\theta_1-q_1)-r]t}\geqslant 1$ 和 $e^{[r(\theta_2-q_2)-r]t}\leqslant 1$ 得到。

5.3 幂型亚式期权定价

5.3.1 估值模型

考虑一个复杂灵活的金融经济环境中信息连续和间断地到达，估值模型包含"尖峰厚尾不对称"和"长期记忆"连续特性和资产价格不连续异常波动。假定基础资产支付股息，价格过程指定为连续和不连续的叠加，具体可表达为：

$$dS_t = (\mu_t - q_t)S_t + \sigma S_t(dB_t^H + dN_t) \tag{5-12}$$

式中：μ_t——依赖时间的参数，表示期望收益率；

q_t——依赖时间的参数，表示股息支付率；

σ——波动率；

$B^H t_t$——分形布朗运动，赫兹参数 $H\in(0, 1)$，是均值为0，协方差为 $\mathrm{cov}(B_t^H B_s^H) = (|t|^{2H} + |s|^{2H} - |t-s|^{2H})$ 的中心高斯分布；

Q_t——依赖 B_t^H 具有强度 λ 的泊松过程；

N_t 泊松补偿过程等于 $Q_t - \lambda t$。

定理1 设 $W_t = B_t^H + N_t, f(t,\varphi) \in C^{1,2}(R_+\times R\to R)$ 且 $f(t,W_t), \int_0^t \frac{\partial f}{\partial \tau}(\tau, W_\tau)d\tau, \int_0^t \frac{\partial^2 f}{\partial \varphi^2}(\tau, W_\tau)d\tau$，且 $\int_0^t \frac{\partial^2 f}{\partial \varphi^2}(\tau, W_\tau)\tau^{2H-1}d\tau$ 属于 $L^2(P)$，则

$$f(t,W_t) = f(0,0) + \int_0^t\left[\frac{\partial f}{\partial \tau}(\tau, W_\tau) + (H\tau^{2H-1} + 0.5\lambda)\frac{\partial^2 f}{\partial \varphi^2}(\tau, W_\tau)\right]d\tau + \int_0^t \frac{\partial f}{\partial \varphi}(\tau, W_\tau)\,dW_\tau \tag{5-13}$$

证明：

设 t_i 为 [0, t] 内跳跃时数，i 为跳跃次数，$W_t = B_t^H + Q_t - \lambda t$，当 $i = 1$ 时，使用分形伊藤公式可得

$$f(t_1, W_{t_{1-}}) = f(0,0) + \int_0^{t_1}\left[\frac{\partial f}{\partial \tau}(\tau, W_\tau) + H\tau^{2H-1}\frac{\partial^2 f}{\partial \varphi^2}(\tau, W_\tau) - \lambda\frac{\partial f}{\partial \varphi}\right]\mathrm{d}\tau + \int_0^{t_1}\frac{\partial f}{\partial \varphi}(\tau, W_\tau)\mathrm{d}B_t^H$$

$$f(t, W_t) = f(t_1, W_{t_1}) + \int_{t_1}^{t}\left[\frac{\partial f}{\partial \tau}(\tau, W_\tau) + H\tau^{2H-1}\frac{\partial^2 f}{\partial \varphi^2}(\tau, W_\tau) - \lambda\frac{\partial f}{\partial \varphi}\right]\mathrm{d}\tau + \int_{t_1}^{t}\frac{\partial f}{\partial \varphi}(\tau, W_\tau)\mathrm{d}B_t^H$$

$f(t, W_t)$ 在时间 t_1 的变化等于 $f(t_1, W_{t_1}) - f(t_1, W_{t_1})$，因此有

$$f(t, W_t) = f(0,0) + \int_0^{t}\left[\frac{\partial f}{\partial \tau}(\tau, W_\tau) + H\tau^{2H-1}\frac{\partial^2 f}{\partial \varphi^2}(\tau, W_\tau) - \lambda\frac{\partial f}{\partial \varphi}\right]\mathrm{d}\tau + \int_0^{t}\frac{\partial f}{\partial \varphi}(\tau, W_\tau)\mathrm{d}B_t^H + f(t_1, W_{t_1}) - f(t_1, W_{t_{1-}})$$

考虑在时间间隔 [0, t] 内跳跃次数遵循泊松过程，从而有

$$f(t, W_t) = f(0,0) + \int_0^{t}\left[\frac{\partial f}{\partial \tau}(\tau, W_\tau) + H\tau^{2H-1}\frac{\partial^2 f}{\partial \varphi^2}(\tau, W_\tau) - \lambda\frac{\partial f}{\partial \varphi}\right]\mathrm{d}\tau + \int_0^{t}\frac{\partial f}{\partial \varphi}(\tau, W_\tau)\,\mathrm{d}B_t^H + \sum_{\tau \leqslant t}\left[f(\tau, W_{\tau_1}) - f(\tau, W_{\tau-})\right]$$

令 $g(\varphi) \in C^2(R \to R)$，并结合 $(\mathrm{d}Q_t, \mathrm{d}Q_t) = \lambda \mathrm{d}t$，用通常的伊藤公式 $g(Q_t)$，可得到

$$\sum_{\tau \leqslant t}\left[g(Q_\tau) - g(Q_{\tau-})\right] = \int_0^t g'(Q_t)\mathrm{d}Q_t + \frac{1}{2}\lambda\int_0^t g''(Q_t)\mathrm{d}t$$

注意到 $W_t = B_t^H + Q_t - \lambda t$，因此

$$\sum_{\tau \leqslant t}\left[f(\tau, W_{\tau_1}) - f(\tau, W_{\tau-})\right] = \int_0^t \frac{\partial f}{\partial \varphi}(\tau, W_\tau)\mathrm{d}Q_\tau + \frac{1}{2}\lambda\int_0^t \frac{\partial^2 f}{\partial \varphi^2}(\tau, W_\tau)\mathrm{d}\tau$$

定理 2 随机微分方程（5－12）的解等于

$$S_t = S_0\exp\left[\int_0^t(\mu_\tau - q_\tau)\mathrm{d}\tau - \sigma^2 t^{2H}/2 - \lambda\sigma^2 t/2 + \sigma W_t\right] \quad (5-14)$$

证明：

令 $f(t,W_t)=S_0\exp\left[\int_0^t(\mu_\tau-q_\tau)\mathrm{d}\tau-\sigma^2t^{2H}/2-\lambda\sigma^2t/2+\sigma W_t\right]$，则 $\mathrm{d}S_t=\mathrm{d}f(t,W_t)$，结合定理 1 可以证明此定理。

定理 3　考虑一个幂型亚式期权，未定权益过程

$V(S_t,I_t)\in C^{1,2}(R_+\times R\to R)$，标的风险资产运动过程服从公式（5－12），跳分形环境中偏微分方程为

$$\frac{\partial V}{\partial t}+(r_t-q_t)S_t\frac{\partial V}{\partial S_t}+\frac{\ln S_t^\alpha-\ln I_t}{t}I_t\frac{\partial V}{\partial I_t}+(H\sigma^2t^{2H-1}+\lambda\sigma^2/2)S_t^2\frac{\partial^2V}{\partial S_t^2}=r_tV \tag{5-15}$$

证明：因为幂型亚式期权是路径依赖型期权，其价格除了与时间和标的资产有关，还与路径因子有关，所以引入一个新变量

$$I(t)=\exp\left[\frac{1}{t}\int_0^t\ln S_\tau^\alpha\mathrm{d}\tau\right],\quad \alpha>1$$

令期权在 $0\leqslant t\leqslant T$ 时的价格为 $V(S_tI_t,t)$，依赖路径 I_t，运用定理 1 和定理 2 可以导出基础资产运动服从方程（5－1）。

$$\mathrm{d}V(S_t,I_t,t)=\left[\frac{\partial V}{\partial t}(S_t,I_t,t)+(\mu_t-q_t)S_t\frac{\partial V}{\partial S_t}(S_t,I_t,t)+\frac{\ln S_t^\alpha-\ln I_t}{t}I_t\frac{\partial V}{\partial I_t}(S_t,I_t,t)\right]\mathrm{d}t$$
$$+(H\sigma^2t^{2H-1}+\lambda\sigma^2/2)S_t^2\frac{\partial^2V}{\partial S_t^2}(S_t,I_t,t)\mathrm{d}t+\sigma S_t\frac{\partial V}{\partial S_t}(S_t,I_t,t)(\mathrm{d}W_t^H+\mathrm{d}N_t)$$

用风险资产 S_t 和债券 B_t 构建套期保值资产组合复制期权，具有无风险利率 r，θ_t^0 和 θ_t^1 代表风险资产头寸和组合中持有的无风险资产，那么财富过程 $V=\theta_t^0B_t+\theta_t^1S_t$ 使用自融资的动态交易策略

$$\mathrm{d}V=\theta_t^rB_tt\theta_t^{\mathrm{d}S}q_t\theta_t^1S_t\mathrm{d}t$$

因此可以获得定理 3 的结论。

5.3.2　幂型几何平均亚式期权解析定价公式

鉴于基础资产几何平均变量仍是伊藤公式，这里定价到期日 T 执行价格 K 的欧式幂型亚式期权。求解偏微分方程（5－15），结合看涨期权边界条件：

$$V(S_T, I_T, K, T) = \max(I_T - K, 0) \tag{5-16}$$

令

$$x = \frac{t\ln I_t + (T - t)\ln S_t^{\alpha}}{T} \tag{5-17}$$

$$V(S_t, I_t, t) = F(x, t) \tag{5-18}$$

代入式（5-15）和式（5-16）得

$$\frac{\partial F}{\partial t} + (H\sigma^2 t^{2H-1} + \lambda\sigma^2/2)\alpha^2\left(\frac{T-t}{t}\right)^2\frac{\partial^2 F}{\partial x^2} +$$

$$(r_t - q_t - H\alpha\sigma^2 t^{2H-1} - \lambda\alpha\sigma^2/2)\alpha\left(\frac{T-t}{t}\right)\frac{\partial F}{\partial x} = r_t F \tag{5-19}$$

$$F(x, T) = \max(\mathrm{e}^x - K, 0) \tag{5-20}$$

式（5-19）进行适当变量转换成为古典热方程，然后进行以下变量转换

$$y = x + \int_t^T \alpha(r_\tau - q_\tau)\frac{T-\tau}{T}\mathrm{d}\tau - \alpha^2\sigma^2[\lambda(T-t)^2/4T - (T^{2H} - t^{2H})/2] -$$

$$\alpha^2\sigma^2 H(T^{2H+1} - t^{2H+1})/T(2H+1) \tag{5-21}$$

和

$$z = \alpha^2\sigma^2\lfloor\lambda(T-t)^3/6T^2 - (T^{2H} - t^{2H})/2\rfloor + 2\alpha^2\sigma^2 H(T^{2H+1} - t^{2H+1})/T(2H+1)$$

$$- \alpha^2\sigma^2 H(T^{2H+2} - t^{2H+2})/T^2(2H+2) \tag{5-22}$$

$$F(x, t) = U(y, z)\exp\left(-\int_0^T r_\tau \mathrm{d}\tau\right) \tag{5-23}$$

代入方程（5-19）和方程（5-20）可得

$$\frac{\partial U}{\partial z} = \frac{\partial^2 U}{\partial y^2} \tag{5-24}$$

$$U(0, y) = \max(\mathrm{e}^y - K, 0) \tag{5-25}$$

用格林函数求解方程（5-24）和（5-25），获得下面表达式

$$U(y, z) = \mathrm{e}^{y=z}\Phi\left(\frac{y + 2z - \ln K}{\sqrt{2z}}\right) - K\Phi\left(\frac{y - \ln K}{\sqrt{2z}}\right) \tag{5-26}$$

其中，Φ(·) 表示标准正态分布函数。因此，方程（5-15）和方程（5-16）的解可写成

$$V(S_t,I_t,t)=U(y,z)\exp\left(-\int_0^T r_\tau \mathrm{d}\tau\right) \tag{5-27}$$

其中，函数 $U(y,\ z)$ 由式（5-26）给出，且

$$y=\frac{t}{T}\ln I_t+\frac{(T-t)\ln S_t^{\alpha}}{T}+\int_t^T \alpha(r_\tau-q_\tau)\frac{T-\tau}{T}\mathrm{d}\tau-$$

$$\alpha^2\sigma^2[\lambda(T-t)^2/4T-(T^{2H}-t^{2H})/2+H(T^{2H+1}-t^{2H+1})/T(2H+1)]$$

通过一些运算，得到方程（5-15）和方程（5-16）的解，进而可以表达以下结论。

推论 1 到期日 T，执行价格 K，路径因子 I_t，幂 α，标的资产运动过程满足方程（5-12）的欧式幂型几何平均亚式看涨期权解析定价公式，通过求解方程（5-15）和方程（5-16）获得如下表达式

$$V(S_t,I_t,t)=S_t^*\Phi\left\{\frac{\ln\dfrac{I_t^{t/T}S_t^{\alpha(T-t)/T}}{K}+[r^*+(\sigma_\lambda^*)^2](T-t)+(\sigma_H^*)^2(T^{2H}-t^{2H})}{\sqrt{(\sigma_\lambda^*)^2(T-t)+\sigma_H^*(T^{2H}-t^{2H})}}\right\}$$

$$-K\Phi\left(\frac{\ln\dfrac{I_t^{t/T}S_t^{\alpha(T-t)/T}}{K}+r^*(T-t)}{\sqrt{\sigma_\lambda^*(T-t)+(\sigma_H^*)^2(T^{2H}-t^{2H})}}\right) \tag{5-28}$$

其中，

$$S_t^*=I_t^{t/T}S_t^{\alpha(T-t)/T}\exp\left[r^*(T-t)-\int_t^T r(\tau)\mathrm{d}\tau+\frac{(\sigma_H^*)^2(T^{2H}-t^{2H})+(\sigma_\lambda^*)^2(T-t)}{2}\right]$$

$$r^*=\frac{\int_t^T \alpha(r_\tau-q_\tau)\frac{T-\tau}{T}\mathrm{d}\tau}{T-t}-\alpha\sigma^2\frac{\lambda(T-t)^2+2T(T^{2H}-t^{2H})}{4T(T-t)}+\frac{H\alpha\sigma^2(T^{2H+1}-t^{2H+1})}{(2H+1)T(T-t)}$$

$$\sigma_\lambda^*=\frac{\alpha\sigma\sqrt{\lambda}}{\sqrt{3}}\frac{T-t}{T}$$

$$\sigma_H^*=\alpha\sigma\sqrt{1-\frac{4H(T^{2H+1}-t^{2H+1})}{(2H+1)T(T^{2H}-t^{2H})}+\frac{H(T^{2H+2}-t^{2H+2})}{(H+1)T^2(T^{2H}-t^{2H})}}$$

上述结果可以推广到远期开始计算幂型几何平均亚式期权，使用的时间参数如下：期权开始时刻为 0，t 为期权评估日，T_0 为计算平均值的开始日，T 为期权到期日或计算平均值的结束日。假设 $0\leqslant t\leqslant T_0<T$，对于远期开始计

算平均值，时间间隔为 $[T_0, T]$，方法是确定期权在 T_0 的期权价格并通过积分评估在 t 时的期望折现值，最终结果如下所述。

引理1 开始日 T_0，到期日 T，执行价格 K，路径因子 I_t，幂 α，标的资产运动过程满足方程（5-12）的远期开始计算平均值的幂型欧式几何平均亚式看涨期权解析定价公式为

$$V(S_t,K,t) = S_t^*\left\{\frac{\ln\frac{S_t^\alpha}{K}+[r^*+(\sigma_\lambda^*)^2](T-t)+(\sigma_H^*)^2(T^{2H}-t^{2H})}{\sqrt{(\sigma_\lambda^*)^2(T-t)+\sigma_H^*(T^{2H}-t^{2H})}}\right\}-$$

$$K\Phi\left(\frac{\ln\frac{S_t^\alpha}{K}+r^*(T-t)}{\sqrt{\sigma_\lambda^*(T-t)+\sigma_H^*(T^{2H}-t^{2H})}}\right) \tag{5-29}$$

其中，

$$S_t^* = S_t^\alpha \exp\left[r^*(T-T_0)-\int_{T_0}^T r(\tau)\mathrm{d}\tau+\frac{(\sigma_H^*)^2(T^{2H}-T_0^{2H})+(\sigma_\lambda^*)^2(T-T_0)}{2}\right]$$

$$r^* = \frac{1}{T}\int_0^T \alpha(r_\tau-q_\tau)\frac{T-\tau}{T}\mathrm{d}\tau-\frac{\alpha\sigma^2(\lambda+2T^{2H-1})}{4}+\frac{H\alpha\sigma^2T^{2H-1}}{2H+1}$$

$$\sigma_\lambda^* = \sqrt{\lambda}\alpha\sigma\sqrt{1-\frac{2}{3}\frac{T-T_0}{T-t}}$$

$$\sigma_H^* = \alpha\sigma\sqrt{1-\frac{H(2H+3)}{(H+1)(2H+1)}\frac{T^{2H}-T_0^{2H}}{T^{2H}-t^{2H}}}$$

证明：对于 $0\leqslant T_0\leqslant t\leqslant T$，可以引用推论 1 的标准定价公式。推论 1 提供 $t=T_0$ 时的期权价格如下

$$V(S_t,K,T_0) = S_t^*\left\{\frac{\ln\frac{S_t}{K}+[r^*+(\sigma_\lambda^*)^2](T-T_0)+(\sigma_H^*)^2(T^{2H}-T_0^{2H})}{\sqrt{(\sigma^\lambda)(T-T_0)+(\sigma_H^*)^2(T^{2H}-T_0^{2H})}}\right\}-$$

$$K\Phi\left(\frac{\ln\frac{S_t}{K}+r^*(T-T_0)}{\sqrt{\sigma_\lambda^*(T-T_0)+\sigma_H^*(T^{2H}-T_0^{2H})}}\right)$$

其中，

$$S_t^* = S_t\exp\left[r^*(T-T_0)-\int_{T_0}^T r(\tau)\mathrm{d}\tau+\frac{(\sigma_H^*)^2(T^{2H}-T_0^{2H})+(\sigma_\lambda^*)^2(T-T_0)}{2}\right]$$

$$r^* = \frac{1}{T}\int_0^T \alpha(r_\tau - q_\tau)\frac{T-\tau}{T}\mathrm{d}\tau - \frac{\alpha\sigma^2(\lambda + 2T^{2H-1})}{4} + \frac{H\alpha\sigma^2 T^{2H-1}}{2H+1}$$

$$\sigma_\lambda^* = \frac{\sqrt{\lambda}\alpha\sigma}{\sqrt{3}};\sigma_H^* = \frac{\alpha\sigma}{\sqrt{(2H+1)(H+1)}}$$

因此，期权在 $t < T_0$ 时的价格简化为 t 时的价值，通过上式可确定 T_0 到期的价值，即 $f(S) = V(S,T_0)$。

通过求解下面积分可以获得期权价格

$$V(S,K,t) = \mathrm{e}^{-r(T_0-t)}\int_{-\infty}^{\infty} f(S\mathrm{e}^{\sigma(y)\sqrt{T_0-t}+\int_0^t(r_\tau-q_\tau)\mathrm{d}\tau-\frac{\sigma^2}{2}(T_0^{2H}-t^{2H})-\frac{\lambda\sigma^2}{2}(T_0-t)})\Phi(y)\mathrm{d}y$$

式中：Φ（·）——正态分布密度函数，经某些代数运算，可得到引理 1 的结论。

凭借推论 1 类似方法可以得到看跌情形下幂型亚式期权解析定价公式，基于边界条件 $P(S_T,I_T,K,T) = \max(K - I_T,0)$，解方程（5－15）可获得幂型亚式看跌期权价格 $P(S_t,I_t,t)$。

推论 2　到期日 T，执行价格 K，路径因子 I_t，幂 α，标的资产运动过程满足方程（5－12）的幂型几何平均亚式看跌期权解析定价公式为

$$P(S_t,I_t,t) = -S_t^*\Phi\left\{\frac{\ln\frac{K}{I_t^{t/T}S_t^{\alpha(T-t)/T}} - [r^* + (\sigma_\lambda^*)^2](T-t) - (\sigma_H^*)^2(T^{2H}-t^{2H})}{\sqrt{(\sigma_\lambda^*)^2(T-t) + \sigma_H^*(T^{2H}-t^{2H})}}\right\} +$$

$$K\Phi\left(\frac{\ln\frac{K}{I_t^{t/T}S_t^{\alpha(T-t)/T}} - r^*(T-t)}{\sqrt{\sigma_\lambda^*(T-t) + (\sigma_H^*)^2(T^{2H}-t^{2H})}}\right) \quad (5-30)$$

其中，S_t^*，I_t，r^*，σ_λ^*，σ_H^* 定义与推论 1 相同。同理，可导出远期开始计算平均值的幂型几何平均亚式看跌期权价格表达式。

引理 2　开始日 T_0，到期日 T，执行价格 K，路径因子 I_t，幂 α，标的资产运动过程满足方程（5－12）的远期开始计算平均值的欧式幂型几何平均亚式看跌期权解析定价公式为

$$P(S_t,K,t) = -S_t^*\Phi\left\{\frac{\ln(K/S_t^\alpha) - [r^* + (\sigma_\lambda^*)^2](T-t) - (\sigma_H^*)^2(T^{2H}-t^{2H})}{\sqrt{(\sigma_\lambda^*)^2(T-t) + (\sigma_H^*)^2(T^{2H}-t^{2H})}}\right\} +$$

$$K\Phi\left(\frac{\ln(K/S_t^\alpha) - r^*(T-t)}{\sqrt{(\sigma_\lambda^*)^2(T-t) + (\sigma_H^*)^2(T^{2H}-t^{2H})}}\right) \quad (5-31)$$

其中，S_t^*，I_t，r^*，σ_λ^*，σ_H^* 与引理 1 中的定义相同。

简单验证式（5 - 25）至式（5 - 30）在特殊情形下可获得熟悉的定价公式，例如 $H=0.5$，$\alpha=1$，式（5 - 28）至式（5 - 30）就成为固定执行价格为 K 的幂型几何平均亚式看涨和看跌期权在跳跃扩散过程中的价格公式，而且当 $\lambda=0$ 时，q 和 r 是常数，式（5 - 28）至式（5 - 30）简化为标准布朗运动条件下几何平均亚式期权定价公式，与 Kemna 和 Vorst 结果相同。

5.3.3　幂型算术平均亚式期权模拟价格

欧式路径依赖型期权的定价总是可以使用简单高效的蒙特卡罗模拟法实现，尤其对于幂型算术平均亚式期权无法获得解析定价公式时，这种方法成为有效解决途径，因为基础资产算术平均值不再遵从伊藤过程。执行模拟方法的一个重要问题是计算期权价格的准确性，它是通过样本方差及其负相关性来衡量，也就是说，期权定价准确性随着估计方差的减少而提高。模拟运行数取决于准确性。通常，只有通过大量的模拟运行才会获得精确的模拟价格而无须调整采样方法。因此在可行的模拟运行次数范围内，为降低方差并取得高精度的幂型算术平均亚式期权定价结果，在传统蒙特卡罗法中采用控制变量技术是必要的。控制变量必须模拟金融衍生品正相关且能求出其解析解的金融衍生品。几何平均不但可以作为算术平均下界，而且作为蒙特卡罗模拟法中的控制变量，因此推论 1 和推论 2 导出的几何平均幂型亚式期权解析定价公式在模拟幂型算术平均亚式期权价格中是必不可少的，因为这些公式在控制变量技术中扮演关键角色。这里关注的是初始时刻（$t=0$）时期权价格，用 $\mathrm{AV}(S_0,K,0,T)$ 表示到期日为 T 的欧式幂型算术平均亚式看涨期权价格，在后面模拟过程中，$[0,\ T]$ 区间算术平均简化为：

$$A(T) = \int_0^T S_\tau^\alpha \mathrm{d}\tau / T \tag{5-32}$$

为执行模拟运算，必须进行离散化近似处理，定义如下：

$$A(T) = \sum_{j=0}^{n} \frac{S^\alpha(T_j)}{n+1} \tag{5-33}$$

其中，$T_j=j(T/n)$ 且 $T_0=0$，$T_n=T$，$j=1,2,\cdots,n$。

依据 Cox 和 Ross 的风险中性估值论断，欧式幂型算术平均亚式期权的价格一般可表示为

$$\mathrm{CAV}(S,K,0,T)=e^{-\int_0^T r_\tau d\tau}E_Q\left\{\max[A(T)-K,0]\right\} \tag{5-34}$$

式中：E_Q——风险中性世界中期望值（Harrison 和 Kreps；Harrison 和 Pliska）。[138,178]

假设当前时刻 T_0，到期日 $T_n=T$，那么两次观察到的采样间隔是 $\Delta T=(T_n-T_0)/n$，这样 $T_j=T_0+j\times\Delta T$，$j=1,2,\cdots,n$。

设 $R(T_j)=\ln[S^\alpha(T_j)/S^\alpha(T_{j-1})]$，根据定理 2，有

$$R(T_j)=\int_0^T\alpha(\mu_\tau-q_\tau)d\tau-\frac{\alpha}{2}\lambda\sigma^2(T_j-T_{j-1})-\frac{\alpha}{2}\sigma^2(T_j^{2H}-T_{j-1}^{2H})+\alpha\sigma[(T_j)-(T_{j-1})] \tag{5-35}$$

风险中性概率测度可用即时无风险利率。

r 替代漂移系数 μ，因此 $R(T_j)$ 服从正态分布，均值 $\int_0^T\alpha(r_\tau-q_\tau)d\tau-\frac{\alpha}{2}\lambda\sigma\frac{T-T_0^2}{n}-\frac{\alpha}{2}\sigma^2\frac{T^{2H}-T_0^{2H}}{n}$，方差 $\alpha^2\lambda\sigma^2\frac{T-T_0}{n}+\alpha^2\sigma^2\frac{T^{2H}-T_0^{2H}}{n}$，这样根据方程（5-36）可产生随机序列 $S^\alpha(T_1),S^\alpha(T_2),\cdots,S^\alpha(T_n)$

$$\ln S^\alpha(T_j)=\ln S^\alpha(T_{j-1})+\int_0^T\alpha(r_\tau-q_\tau)d\tau-0.5\alpha\sigma^2\left(\lambda\frac{T-T_0}{n}+\frac{T^{2H}-T_0^{2H}}{n}\right)+\alpha\sigma\sqrt{\left(\lambda\frac{T-T_0}{n}+\frac{T^{2H}-T_0^{2H}}{n}\right)}k_j \tag{5-36}$$

其中，k_j 服从标准正态分布，因此 k_1，k_2，…，k_n 是从标准正态分布抽取的相互独立的一维系列。这里共执行 M 次模拟运算，每次运算可以获得一维序列，并且每次模拟期权价格可计算如下

$$X(T)=e^{-\int_0^T r_\tau d\tau}\left\{\max[A(T)-K,0]\right\} \tag{5-37}$$

式（5-34）中期权价格模拟估值 $E[X(T)]$ 简化为 M 次模拟运算 $X(T)$

期望值，具体表示如下

$$\overline{X}(T) = \frac{1}{M}e^{-\int_0^T t_\tau d\tau}\sum_{j=1}^{M}X_j(T) \tag{5-38}$$

$X(T)$ 方差表示为

$$s^2 = \frac{1}{M}\sum_{j=1}^{M}[X_j(T) - \bar{X}(T)]^2 \tag{5-39}$$

当然，衍生市场愿意提供尽可能公平的衍生产品价格，在波动市场，幸运的是通过使用控制变量技术可以取得更准确的模拟估计价格。为将控制变量技术运用于幂型算术平均亚式看涨期权价格估计 $CAV(S,K,0,T)$，应获得随机变量 $Y(T)$，其与式（5－37）中随机变量 $X(T)$ 一样服从随机序列 $S^\alpha(T_1)$，$S^\alpha(T_2)$，…，$S^\alpha(T_n)$，且两者近似，但 $Y(T)$ 的期望值 $E[Y(T)]$ 有解析表达式，因此这里选择以下随机变量作为控制变量。

$$Y(T) = e^{-\int_0^T r_\tau d\tau}\left\{\max[G(T) - K,0]\right\} \tag{5-40}$$

其中，G 进行离散化近似，即

$$G(T) = [\prod_{j=0}^{n}S^\alpha(T_j)]^{\frac{1}{n+1}} \tag{5-41}$$

易于发现 $E[Y(T)]$ 是幂型几何平均亚式看涨期权的期望价格，它的解析解已经由推论 1 给出。期望价格 $E[Y(T)]$ 模拟估计值可表示为

$$\overline{Y}(T) = \frac{1}{M}e^{-\int_0^{Tt} t_\tau d\tau}\sum_{j=1}^{M}Y_j(T) \tag{5-42}$$

下面运行模拟获得 $E[X(T)-Y(T)]$ 的估计值。因为 $X(T)$ 和 $Y(T)$ 是密切相关的随机变量，所以 $X(T)$ 和 $Y(T)$ 在模拟期间发生的估计偏差与控制很好的模拟测试应非常类似，因此，$E[X(T) - Y(T)]$ 造成估计偏差很小。为获得看涨期权价格，我们总和 $E[X(T) - Y(T)]$ 模拟结果，$E[Y(T)]$ 解析价值从推论 1 获得。值得提及的是，因离散化取样，$E[Y(T)]$ 的解析值与估计值之间存在不可避免的小偏差。不过这个偏差可通过模拟的 $E[X(T) - Y(T)]$ 中类似的 $E[X(T)]$ 偏差抵消。从严格意义上说，使用控制变量估计的 $E[X(T)]$ 是连续时间类型且降低方差，由于具有与 $E[X(T) - Y(T)]$ 同样小的估计偏差，故更准确的算术亚式幂看涨期权价格由下式给出

$$CAV(S,K,0,T) = E[X(T)] = [\bar{X}(T) - \bar{Y}(T)] + V \tag{5-43}$$

以 $Y(T)$ 作为控制变量的 $X(T)$ 方差计算结果是

$$\hat{s}^2 = \frac{1}{M}\sum_{j=1}^{M}\Big\{[X(T) - Y(T)] + E[Y(T)] - \Big[\frac{1}{M}\sum_{j=1}^{M}X_j(T) - \frac{1}{M}\sum_{j=1}^{M}Y_j(T)\Big] - E[Y(T)]\Big\}^2$$

$$= \frac{1}{M}\sum_{j=1}^{M}\Big\{[X(T) - Y(T)] - \Big[\frac{1}{M}\sum_{j=1}^{M}X_j(T) - \frac{1}{M}\sum_{j=1}^{M}Y_j(T)\Big]\Big\}^2$$

$$= \hat{s}^2 < s^2 \tag{5-44}$$

其中 $\hat{s}^2$ 是随机变量 $X(T) - Y(T)$ 的方差，s^2 模拟运行总数超过 $\hat{s}^2$，若 $\hat{s}^2 = s^2$，也就是说蒙特卡罗模拟法中不采用控制变量技术与采用控制变量技术获得精确模拟价格，前者比后者所耗模拟运行次数高，后者比前者运算效率高。总之，使用控制变量技术可以获得更准确的模拟结果，提高了蒙特卡罗模拟法的运算效率。

到期收益为 $\max[K - A(T),0]$ 的看跌期权价格通过式（5-43）对应的看跌期权情形获得并可表达为

$$PAV(S,K,0,T) = E[X(T)] = [\bar{X}'(T) - \bar{Y}'(T)] + P \tag{5-45}$$

其中，$\bar{X}'(T)$ 和 $\bar{Y}'(T)$ 同式（5-38）和式（5-42）定义。$X(T)$ 和 $Y(T)$ 分别用 $X'(T)$ 和 $Y'(T)$ 替代且为式（5-37）和式（5-40）的看跌情形；P 由推论 2 给出。

表 5-1 列示了上述描述蒙特卡罗模拟中采用控制变量技术定价跳分形过程下幂型算术平均亚式看涨期权的例子，表的焦点在于检验控制变量技术在跳分形环境奇异亚式期权定价中的有效性和准确性。假设期权合约从现在开始，平均期是至到期日的完整日，资产目前价格为 40 美元，到期日为 4 个月或 1/3 年，红利率是每年 0.005，使用著名而简单的 R-S 分析方法（Peter）和累积模拟法（S. Beckers）[179] 分别估计参数赫兹指数 H 为 0.65，跳跃强度 λ 为 0.5136；幂 $\alpha = 1/2$，时间步长 $n = 88$，模拟运行次数 $M = 10\,000$，其他各种输入的数比如无风险利率 r、即期波动率 σ 和执行价格 K 来自文献 Kemna 和 Vorst，[168] 第三列 V 是由推论 1 导出的幂型几何平均亚式看涨期权的解析解；

第四列 $\overline{X}$ 展示用蒙特卡罗模拟法得到的幂型算术平均亚式期权的模拟价格；第五列 s 代表模拟价格 $\overline{X}$ 的标准差；第六列 CAV 和第七列 s' 分别表示幂型算术平均亚式期权模拟估计价格以及蒙特卡罗模拟中采用控制变量技术模拟 CAV 的标准差，最后两列是对解析解 V 和模拟价格 CAV 进行比较，展示两者的标准差 $\hat{s}$。

表 5 - 1　跳分形过程下幂型亚式期权定价结果

σ	K	V	$\overline{X}$	s	CAV	s'	CAV - V	$\hat{s}$
$r=0.03$								
0.2	35	5.017632	5.035502	0.024259	5.065995	0.000355	0.048363	0.000355
	40	1.062326	1.048939	0.015694	1.074776	0.000358	0.01245	0.000358
	45	0.033861	0.036987	0.003176	0.036541	0.000298	0.00268	0.000298
0.4	35	5.338798	5.378407	0.043085	5.406478	0.001547	0.06768	0.001547
	40	2.093466	2.075383	0.032875	2.116426	0.001585	0.02296	0.001585
	45	0.605341	0.622643	0.018453	0.612331	0.001586	0.00699	0.001586
$r=0.05$								
0.2	35	5.113351	5.152631	0.025972	5.164421	0.000402	0.05107	0.000402
	40	1.125681	1.173367	0.016795	1.140231	0.000401	0.01455	0.000401
	45	0.034595	0.037792	0.003198	0.042745	0.000308	0.00815	0.000308
0.4	35	5.406175	5.415923	0.044135	5.483565	0.001614	0.07739	0.001614
	40	2.143631	2.131265	0.034081	2.174781	0.001652	0.03115	0.001652
	45	0.613368	0.590859	0.016893	0.633378	0.001513	0.02001	0.001513

表 5 - 1 的结果说明在蒙特卡罗模拟法中运行可行的模拟次数，使用控制变量技术可获得更精确的幂型算术平均亚式期权的价格。相比没有使用控制变量技术，使用几何平均价格 V 作为控制变量模拟估计的幂型算术平均亚式期权价格在实值、虚值和平值三种形态的标准差 s' 更低。至于时效方面，控制变量技术可以提高蒙特卡罗方法的运算速度，采用传统蒙特卡罗法需远远超过 10 000 次模拟运行才能得到精确的模拟估计结果，而在传统蒙特卡罗法中采用控制变量技术则仅需 10 000 次模拟运行就可获得相同的准确模拟估计价格，

显然实质性控制变量在幂型算术平均亚式期权模拟估值中起着至关重要的作用。模拟价格准确性随着无风险利率和波动率提升而增加，例如，表5-1中输入的参数为$\sigma=0.4$，$K=35$美元，$r=0.03$和0.05时，未使用控制变量技术估计的期权价格标准差从0.043085和0.044135降至0.001547和0.001614，这意味着使用控制变量技术使得估计价格标准差下降53和54倍。上述参数仍保持不变，但$\sigma=0.2$，此时使用控制变量和未使用控制变量模拟估计幂型算术平均亚式期权价格的标准差分别为0.000355，0.000402和0.024259，0.025972，可见使用控制变量技术模拟估计的标准差下降了64倍和65倍。此外，表5-1中还表明幂型算术平均亚式期权价格CAV总是超出几何平均幂型亚式期权价格V，两者差随着参数K从35增加至45而减少。然而，两者差随着波动率和无风险利率增加而逐渐攀升，表明波动率和无风险利率减少，离散时间几何平均和算术平均的模拟估计偏差很低，也就是说，幂型算术平均亚式期权模拟价格与几何平均幂型亚式期权的解析解之间的差额很低，而未采用控制变量技术增加了上述两者的估值偏差，进而使用控制变量技术模拟估计的幂型算术平均亚式期权价格和几何平均亚式期权的解析解之间偏差增大，未使用控制变量技术模拟估值的标准差$\hat{s}$与使用控制变量技术模拟估值的标准差s'相同，这验证了式（5-44）。

表5-2给出的数值实验主要用来阐述基础资产服从三种不同动态过程时，幂型算术平均亚式期权的理论价格比较：这些基础资产动态运动过程包括跳跃扩散过程（$H=0.5$，$\lambda=0.5136$，英文简称J-D），分形布朗运动过程（$H=0.65$，$\lambda=0$，英文简称FBM）和本章估值模型跳分形过程（$H=0.65$，$\lambda=0.5136$，简称JFBM1或$\lambda=6.25$，简称JFBM2），无风险利率r等于0.05，即期波动率σ等于0.4。

表5-2　不同动态过程中幂型算术平均亚式期权价格比较

α	K	$T=1/3$，$t=0$				$T=2$，$t=0$			
		J-D	FBM	JFBM1	JFBM2	J-D	FBM	JFBM1	JFBM2
1/2	35	5.562942	5.385347	5.433565	5.725482	8.19586	7.686874	7.790765	10.11685
	40	2.230312	2.155984	2.174781	2.428634	5.143763	4.765934	4.896076	7.661433
	45	0.749854	0.629659	0.633378	0.854321	3.214738	2.849832	3.098857	5.039127

续表

α	K	T=1/3，t=0				T=2，t=0			
		J-D	FBM	JFBM1	JFBM2	J-D	FBM	JFBM1	JFBM2
1	35	5.838963	5.684593	5.703281	5.919863	8.464971	7.946875	8.017985	10.32176
	40	2.594938	2.459854	2.476934	2.708945	5.415489	5.015431	5.175623	7.924365
	45	0.904174	0.81329	0.880521	0.985487	3.520346	3.145933	3.387642	5.548921
3/2	35	6.179845	6.008753	6.098531	6.267908	8.788554	8.127695	8.245872	10.67532
	40	3.10278	2.998675	3.019853	3.248752	5.74529	5.305648	5.414487	8.237612
	45	1.147651	0.999887	1.007643	1.218435	3.799944	3.334465	3.524789	5.809439

表5-2中列示了J-D，FBM，JFBM1和JFBM2四种基础资产动态运动过程在期权到期日分别为1/3和2年情形中，幂型算术平均亚式期权价格进行比较，结果表明跳跃扩散J-D过程，分形布朗运动FBM和跳分形运动过程JFBM获得的幂型算术平均亚式期权模拟价格近似，这是因为跳参数非常小，其中分形布朗运动FBM过程给出的估计价格最低，显然跳分形过程JFBM2中模拟估计的幂型算术平均亚式期权价格最高，主要原因是看涨期权价格是赫兹指数 H 的减函数，跳跃参数 λ 的增函数。此外，还观察到J-D，FBM，JFBM2三种估值模型中计算得到的期权价格之间的差额随着高的跳跃参数和长的到期日相应增加，且到期日 $T=2$ 年的情形虚值期权价格差异率规模更高，同时发现跳跃扩散J-D过程，分形布朗运动FBM和跳分形运动过程JFBM三种评估模型中获得的幂型算术平均亚式期权价格与幂参数 α 正相关。当 $\alpha=1$ 时，可获得跳分形过程中标准亚式期权的价格，从而扩展Kemna和Vorst的研究结果。

5.4 本章小结

财务经理减轻财务困境成本的方法之一就是使用奇异衍生产品，从而使得奇异衍生产品与风险管理紧密结合，成为现代公司提高价值增值的重要手段。

本章提出两种新的金融衍生产品，构架幂型亚式期权、选择期权，在金融市场发挥重要作用，其定价问题是财务金融领域亟待解决的热点问题。在风险中性假设下推导该类奇异期权的解析定价公式，进而得出幂型互换期权和幂型选择期权的价格公式，并提出了美式和欧式幂型选择期权价格均衡的充分条件。实证研究说明资产价格运动过程中不仅包含跳跃还包含分形的内容，研究控制变量技术评价跳分形过程中幂型算术平均亚式期权的价格，特别是扩展 KeMna 偏微分方程为跳分形过程并导出到期前任意时刻执行的几何平均幂型亚式期权解析定价公式，然后用传统蒙特卡罗模拟定价幂型算术平均亚式期权，用数值实证阐述并验证借助幂型几何平均亚式期权的解析定价公式为控制变量，改善了模拟价格的精确度和模拟效果。高无风险利率和低波动率使得模拟估计精确度高，模拟估计结果总是略高于幂型几何平均亚式期权价格，而且提供的数值结果也说明幂能调节期权价格以满足对冲风险，相比跳跃扩散过程和分形维纳过程，当到期日和跳充分高时，跳分形过程将更能有效为幂型亚式期权定价。

6 路径依赖型期权及其衍生产品定价研究

随着市场一体化、金融全球化的快速发展，以及金融机构和非金融机构对风险管理的高度重视，促使“奇异期权”金融创新工具在全世界范围内被广泛应用，且无论是数量还是复杂性都随之快速发展，出现了一些奇异期权的衍生产品。一般而言在任何一种创新工具中都可以增加路径依赖型期权特征，从而为原衍生工具带来奇异特性。路径依赖型期权也因此被誉为组建复杂金融工具的基石。实际上由其构建的衍生产品综合了构成成分的各奇异期权的特点，故在投资成本和对冲风险的能力方面都比较适当，较受市场的欢迎，但其定价较为复杂，成为国内外财务金融学者研究的良好素材。本章试图对路径依赖型期权、双重障碍期权定价问题给出合理的解答，并探究路径依赖型期权与多因素期权的衍生产品——亚式彩虹期权定价。

6.1 双重障碍期权定价

欧式双重敲出期权是与路径相关的奇异期权，其收益依赖于标的资产在一特定时期是否达到了某个特定水平（敲出障碍），该期权设置了上下两个障碍，当标的资产到期前触及上障碍或下障碍期权时失效，否则期权到期收益与标准欧式期权相同。Kunimoto - Ikeda 和 Geman - Yor 在布莱克 - 舒尔斯分析的基本假设前提之上[180-181]，提出了连续时间情形下采用的精确算法，解决了这些期权的定价问题，这两个模型都是基于连续观察期权合约的假设，这意味着在期权有效期内任何时刻可以检验合约以核对是否标的资产价格已触及障碍。

然而，在许多情况下，这个假设是不现实的，不连续观察期权合约是可能的，为此，需要一个离散时间算法以给出障碍期权定价问题的正确答案。

这里提出了一种离散时间算法为欧式双重敲出期权新型定价，在这个框架下，标的资产过程是一个具有两吸收障碍的随机移动，期权价格在风险概率测度下依据到期日期权收益的折现值来确定，为了计算其价格，需要考虑触及上下两个障碍或其中一个障碍的轨线数，它可以通过反复使用 W. Feller 介绍的反射原理计算得到[182]。此外，仍需要选择一个合适的时间步长数对期权进行评估。事实上，正如 Boyle－lau 指出的[77]，直接采用传统的 Cox－Ross－Rubinstein 算法当时间步长数较大时会导致明显较大的障碍期权定价误差[73]。本书在欧式双重敲出期权情况下，提出了一种计算时间步长数和轨线数的新型方法，由此计算出期权价格并将其与使用 Kunimoto－Ikeda 和 Geman－Yor 算法获得的结果相比较，以验证该方法是有效可行的。

本节的结构如下：第二部分阐述了单个吸收障碍随机移动的反射原理，第三部分说明了 Boyle－lau 二项式算法为单个障碍期权定价；第四部分讨论两吸收障碍随机移动的反射原理；最后将 Boyle－lau 二项式算法推广到欧式双重敲出期权上并提供数值计算结果。

6.1.1 单个吸收障碍随机移动的反射原理

我们考虑一微粒，其在时间 t 的价值为 $S(t)=S$，一个时期后在时间 $t+1$，微粒的价值从 S 运动到 $S(t+1)=S+1$ 和 $S(t-1)=S-1$ 中的一个，第一种情况（S 到 $S+1$）可以解析为上升运动，第二种情况（S 到 $S-1$）可以解析为下降运动，n 期以后在时间 $t+n$，微粒价值有 $n+1$ 种可能：

$$S(t+n)=S+(n-2i) \tag{6-1}$$

表示在时间 $t+n$，微粒的第 i 个可能值，其中 $i=0, 1, 2, \cdots, n$，用这种方法可以构造一个二项式网格，其节点代表每期末微粒价值。

为简单起见，设 $t=0$，$S=0$，且用 P 标记为原点（0，0），此外用 $P^*\equiv(n, 2j-n)$ 表示微粒经过 j 次上升，$n-j$ 次下降后的位置，从 P 到 P^* 的路径数是二项式系数

$$N_{n,j} = \binom{n}{j} \tag{6-2}$$

根据 Mohanty 采用的方法[183]，回顾反射原理，考虑图 6－1 中所描述的二项式网格，障碍 L 从点 $P_1 \equiv (0, -m)$（m 为正整数）开始且平行于 X 轴，而且假设点 P^* 位于障碍以上，目标是计算从 P 到 P^* 触及障碍的路径数（图 6－1 中：$m=1$ 且 $P^* = (7,1)$）。

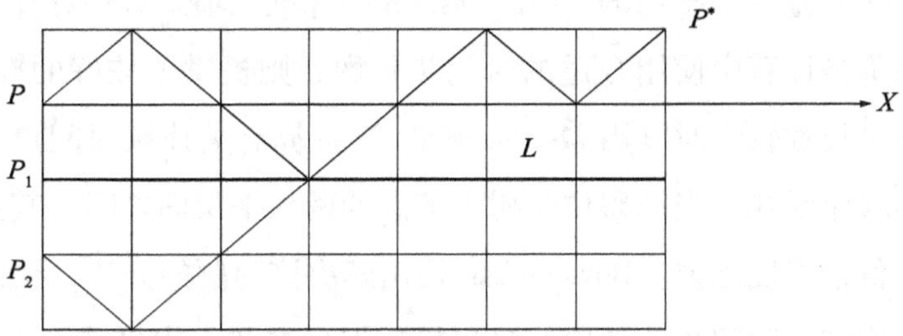

图 6－1 单吸收障碍随机移动的反射原理

令 A 表示从 P 到 P^* 触及障碍的路径集合，$N^i_{n,j}$是集合 A 中的元素数目，用反射原理可以计算出 $N^i_{n,j}$。事实上，从 P 到 P^* 触及障碍的每条路径可以分成以下两个不同部分。

一部分为从 P 到障碍，一部分为从障碍到 P^* 令 $P_2 \equiv (0, -2m)$ 是关于障碍与 P 对称的点，容易证实对于从点 P 到障碍上一点的每条轨线，存在一条且仅存在一条从点 P_2 到障碍上相同点的轨线，换句话说，到 P^* 触及障碍的轨线数问题可以归于计算从 P_2 到 P^* 触及障碍的轨线数问题。可以断定，从 P 到 P^* 触及障碍的路径数等于从 P_2 到 P^* 触及障碍的路径数，这些是跨越时间步长数 n 且经过 $j+m$ 次上升的路径，因此从 P_2 到 P^* 触及障碍的路径数等于二项式系数 $\binom{n}{j+m}$ 即

$$N^i_{n,j} = \binom{n}{j+m} \tag{6-3}$$

进而从 P 到 P^* 未触及障碍的路径数可以由 $N_{n,j}$ 和 $N^i_{n,j}$的差获得：

$$N_{n,j}^{m} = N_{n,j} - N_{n,j}^{i} \tag{6-4}$$

6.1.2 离散价格确定的 Boyle - Lau 方法

下面考虑障碍为 L 的欧式下降敲出买权，这个合约类似于标准欧式买权，但是，一旦标的资产价格触及障碍，该期权失效。令 $S(t) = S$ 为标的资产在时间 t 的价值，K 为敲定价格，T 为到期日，r 为无风险利率，σ 为波动率。Boyle - Lau 强调通过 Cox - Ross - Rubinstein 的标准二项式方法计算这种期权的价格，如果价格计算中使用合适的时间步长数，则提供了较好的准确性标准。的确当时间步长数较大时，用 Merton 模型[184]计算有关连续时间价值可能发生定价误差，其原因在于当障碍位于树上节点的两水平层面之间，其到障碍的距离越远，定价精确度越差。Boyle - Lau 提出解决该问题的方法，诀窍就是将二项式栅极分成许多时间步长数以使障碍接近但仅在树上水平节点层面上。令 d 为二叉树中价格下降的大小，众所周知收敛于连续时间价值需要 $d = e^{-\sigma\sqrt{h}}$其中 $h = \frac{T-t}{n}$，n 为价格计算中使用的时间步长数。障碍 L 位于树上两水平节点之间，上节点位于低于初始时刻标的资产价格连续下降 m 次的位置，下节点位于连续下降 $m+1$ 次的位置，为减少障碍到水平节点的距离，需要构造时间步长数 n 等于比 $f(m)$ 小的最大整数，其中

$$f(m) = \frac{m^2\sigma^2(T-t)}{\ln^2(L/S)} \tag{6-5}$$

一旦计算出 n 再借助反射原理可以计算出期权价格，回顾第二部分阐述的结论，跨越时间步长数且未触及障碍经过 j 次上升运动的路径数为

$$N_{n,j}^{m} = N_{n,j} - N_{n,j}^{i} \tag{6-6}$$

式中：m——初始时刻标的资产价格触及障碍连续下降的次数。

欧式下降敲出障碍期权的价值为

$$\mathrm{Doc}(t) = e^{-r(T-t)} \sum_{j=0}^{n} N_{n,j}^{m} p^j q^{n-j} \max(Su^j d^{n-j} - K, 0) \tag{6-7}$$

$p = (e^{rh} - d)/(u - d)$ 为上升的风险中性概率，$q = 1 - p, u = 1/d$。

对于欧式下降敲入障碍买权（$K > L$）的价值，我们可以使用相同的方法

计算得到

$$\mathrm{DIc}(t) = \mathrm{e}^{-r(T-t)} \sum_{j=0}^{n} N_{n,j}^{i} p^{j} q^{n-j} \max(Su^{j} d^{n-j} - K, 0) \tag{6-8}$$

其中，$N_{n,j}^{i} = \binom{n}{j+m}$

6.1.3 两吸收障碍随机移动的反射原理

考虑一微粒从 $P \equiv (0,0)$ 开始并且移动，正如前节中构造的二项式网格，现在我们考虑平行于 X 轴的两个吸收障碍的情况，上障碍标记为 U 从点 $P_1 \equiv (0,m_1)$ 开始，下障碍标记为 L 从点 $P_2 \equiv (0,m_2)$ 开始（m_1 和 m_2 是正整数），设 $m = m_1 + m_2$，在图 6－2 中，$m_1 = 2$，$m_2 = 1$。

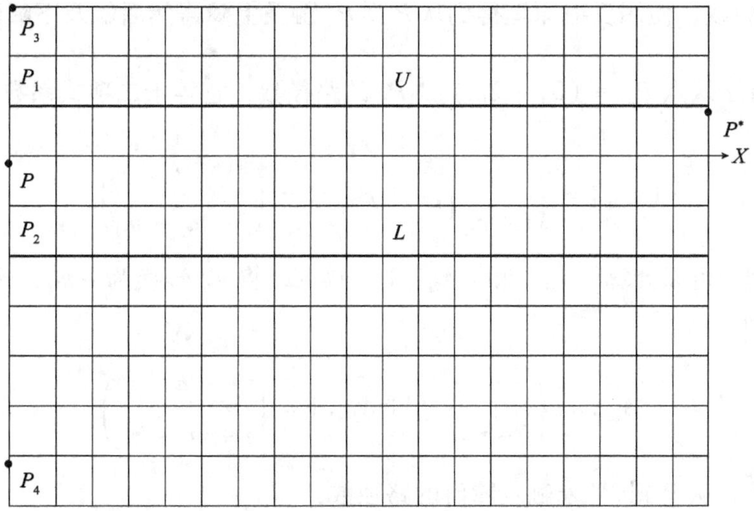

图 6－2　两吸收障碍随机移动的反射原理

令 P^* 为微粒跨越时间步长数 n 经过 j 次上升运动后的位置，且假设 P^* 位于 U 和 L 之间，我们的目标是计算从 P 到 P^* 触及其中一个或两个障碍的路径数，还是用 $N_{n,j}^{i}$ 表示这个路径数。令 A_1 为从 P 到 P^* 触及下障碍的路径集合；A_2 为先触及 L 然后触及 U 的路径集合。A_i 为 i 时刻从 P 到 P^* 按确定顺序触及 L，U，L，…（$i \geqslant 1$）的路径数集合。同理，用 B_i（$i \geqslant 1$）表示 i 时刻从 P 到

P^* 按确定顺序触及 U，L，U，…的路径数集合。$A_i \subseteq A_j$ 且 $B_i \subseteq B_j$（$i>j$）$|A_i|$ 和 $|B_i|$ 分别表示集合 A_i 和 B_i 中的元素。为计算 $N^i_{n,j}$，人们试图合计从 P 到 P^* 触及下障碍 $|A_1|$ 和上障碍 $|B_1|$，但这并不是问题的正确答案。的确，集合 A_1 和 B_1 可能包含从 P 到 P^* 重复触及障碍的相同轨线，为计算 $N^i_{n,j}$ 需要使用内涵－外延引理，其满足：

$$N^i_{n,j} = \sum_{i=1}^{\lceil n/m \rceil} (-1)^{i+1}(|A_i| + |B_i|) \tag{6-9}$$

其中 $\lceil x \rceil$ 表示大于等于 x 的最小整数，为确定 $|A_1|$ 和 $|B_1|$，我们需要重复使用反射原理，例如，从 P 到 P^* 触及上障碍然后触及下障碍的路径数 $|B_2|$ 通过两次使用反射原理可计算得到。

首先，计算触及上障碍的路径数，图 6－2 中这些路径是从 $P_3 \equiv (0, 2m_1)$ 到 P^* 的轨线，使用反射原理得到从 P 到 P^* 触及上障碍然后触及下障碍的路径数，它等于从点 $P_4 \equiv (0, -2m)$ 到 P^* 的路径数，它等于二项式系数 $\binom{n}{j+m}$。

$$|B_{2i}| = \binom{n}{j+m_i}, \quad |B_{2i+1}| = \binom{n}{j-m_i-m_1} \tag{6-10}$$

同理，可以计算 $|A_{2i}|$ 和 $|A_{2i+1}|$，$i \geqslant 1$，将 m_i 转换为 $-m_i$，m_1 转换为 $-m_2$，则

$$|A_{2i}| = \binom{n}{j-m_i}, \quad |A_{2i+1}| = \binom{n}{j+m_i+m_2} \tag{6-11}$$

显然，从 P 到 P^* 未触及障碍的路径数：

$$N^m_{n,j} = N_{n,j} - N^i_{n,j} \tag{6-12}$$

6.1.4 推广 Boyle－Lau 方法获得定价结果

考虑一欧式双重敲出买权，到期时间为 T，敲定价格为 K，标的资产 t 时刻的价格 $S(t)=S$，下障碍为 L，上障碍为 U，波动率为 σ，无风险利率为 r，我们的目标是将二项式分成许多时间步长数以使上障碍接近但仅在水平节点层面以上，下障碍接近但仅在水平节点层面以下，根据 6.1.3 节的程序，可以看

到对于上障碍的条件暗示时间步长数等于比$f(m_1)$小的最大整数

$$f(m_1) = \frac{m_1\sigma^2(T-t)}{\ln(U/S)} \tag{6-13}$$

同样地，对于下障碍的条件暗示时间步长数等于比$f(m_2)$小的最大正整数。

$$f(m_2) = \frac{m_2\sigma^2(T-t)}{\ln(L/S)} \tag{6-14}$$

$[x]$ 表示小于x的最大整数，通常$[f(m_1)]$和$[f(m_2)]$可描述为m_1和m_2的函数。在m_1和m_2的不同价值之间，需要根据$[f(m_1)] = [f(m_2)]$选择这些价值，$[f(m_1)] = [f(m_2)]$的共同价值表示在价格计算中使用的时间步长数n。

正如后面将看到的，不能根据$[f(m_1)] = [f(m_2)]$得到m_1和m_2的值，而是使$[f(m_1)]$和$[f(m_2)]$差的绝对值即$|[f(m_1)]-[f(m_2)]|$尽可能小的方法选择m_1和m_2，随后设期权评价的时间步长数等于$[f(m_1)]$和$[f(m_2)]$的最小值，数值计算结果说明这种情况不会对评价方法准确性产生重大影响。

一旦计算出期权评价的时间步长数，仍要计算在二项式算法中须考虑的上升次数。的确，可以考虑到期标的资产价值大于L小于U的路径数，这些路径必须至少有a次上升，（其中a为大于$\ln(L/Sd^n)/\ln(u/d)$的最小整数），最多有b次上升，（其中b为小于$\ln(U/Sd^n)/\ln(u/d)$的最大整数）。

欧式双重敲出买权的价格由下式给出：

$$D_{\mathrm{KOUT}}(t) = e^{-r(T-t)}\sum_{j=a}^{b} N_{n,j}^{m}p^{j}q^{n-j}\max(Su^{j}d^{n-j}-K,0) \tag{6-15}$$

其中$N_{n,j}^{m}$为从$(t,s(t))$开始跨越时间步长数n经过j次上升运动且未触及任一障碍的路径数，反复使用第4节中阐述的反射原理计算得到

$$N_{n,j}^{m} = \binom{n}{j} - \binom{n}{j+m} \tag{6-16}$$

表6-1至表6-3展示了欧式双重敲出障碍买权的价格，它是采用修改后的二项式方法计算出来的，为了与 Kunimoto - Ikeda 和 Geman - Yor 的算法相

比较，选择以下参数：标的资产当前价格 $S=2$，敲定价格分别为 1.75 和 2，有效期限 $T-t=1$ 年，无风险利率 $r=0.05$，波动率 $\sigma=0.5$，上障碍 U 分别为 2.5 和 3，下障碍 L 分别为 1，1.5。

表 6-1　欧式双重敲出障碍买权的价格（$K=2$，$L=1.5$，$U=2.5$）

m_1	$[f(m_1)]$	m_2	$[f(m_2)]$	n	D_{KOUT}
14	157	18	156	156	0.0407
17	232	22	233	232	0.0410
31	771	40	773	771	0.0411
精确价格 Kunimoto - Ikeda = 0.0411　Geman - Yor = 0.0411					

注：最后一栏是用 Kunimoto - Ikeda 和 Geman - Yor 的连续情形下定价方法计算的结果，三种方法的结果基本吻合。

表 6-2　欧式双重敲出障碍买权的价格（$K=2$，$L=1.5$，$U=3$）

m_1	$[f(m_1)]$	m_2	$[f(m_2)]$	n	D_{KOUT}
7	74	5	75	74	0.0179
24	875	17	872	872	0.0179
31	1461	22	1462	1461	0.0178
精确价格　Kunimoto - Ikeda = 0.0179　Geman - Yor = 0.0178					

注：最后一栏是用 Kunimoto - Ikeda 和 Geman - Yor 的连续情形下定价方法计算的结果，三种方法的结果基本吻合。

表 6-3　欧式双重敲出障碍买权的价格（$K=2$，$L=1$，$U=3$）

m_1	$[f(m_1)]$	m_2	$[f(m_2)]$	n	D_{KOUT}
14	298	24	299	298	0.0756
24	875	41	874	874	0.0761
31	1461	53	1461	1461	0.0761
精确价　Kunimoto - Ikeda = 0.0762　Geman - Yor = 0.0762					

注：最后一栏是用 Kunimoto - Ikeda 和 Geman - Yor 的连续情形下定价方法计算的结果，三种方法的结果基本吻合。

6.2 亚式彩虹期权定价

随着经济全球化的快速发展，金融机构和非金融机构对风险管理的高度重视，有力地促使越来越多的复杂金融衍生产品的发展，涌现出了一支新军“奇异期权”，彩虹期权和亚式期权就是其中的两种。亚式期权是路径依赖型平均期权，它在股票、商品、利率、能源（尤其电力工业）和外汇上用得很广泛；彩虹期权是多因素相对绩效期权，它经常用于全球资产分配，应用范围从外汇债券和期权债券的估价到具有互斥投资的风险分享合约和增长机会。

目前，奇异期权（如亚式期权和彩虹期权）在场外市场变得越来越流行，Kemna 和 Vorst 在标的资产服从几何布朗运动下[185]，研究了算术平均和几何平均亚式期权定价问题并提出了标准几何亚式期权解析定价公式，指出几何亚式期权的价格是一个高质量的控制变量，依赖它结合蒙特卡罗模拟法在合理模拟运算次数范围内得到了较准确的算术平均亚式期权价格的估计值，节省了计算时间。此后，一些学者对亚式期权进行了扩展，提出了基于两标的资产算术平均亚式期权定价的方法，H. Y. Cho 和 H. Y. Lee 用二叉树格方法为几何和算术平均亚式期权定价[186]，P. G. Zhang 用几何平均直接渐近算术平均的方法得到价格的渐近公式。[164] L. O. Dahl 和 F. E. Benth 利用奇异值分解法得到了基于一组资产的亚式期权的价格[187]，G. Deelstra，J. Liinev 和 M. Vanmaele 用同风险理论得到了两资产亚式期权价格的上下限[188]，但它们不能给出期权价格估计值的标准误差，无法衡量估计结果的质量。而蒙特卡罗模拟法可以弥补这个缺陷，在有多个变量时蒙特卡罗模拟的运算是有效率的，引入减小变量技术[123]进一步改进了蒙特卡罗模拟估计的准确性。关于彩虹期权的定价，舒尔斯利用偏微分方程法得到了基于两种色彩标的资产的最小或最大值欧式期权价格的解析公式[84]，P. P. Boyle 通过计算服从多元正态分布的 n 个随机变量的最大值和最小值的前四阶矩对建立在多个标的变量基础上的彩虹期权定价[85]。考虑当 $n=4$ 时若用偏微分方程法求解，则因可以通过降维使偏微分方程从 4 个变量变为两个（与文献［84］相同），从而降低计算难度。

以下构造了一种奇异路径依赖型期权－亚式彩虹期权，它实质上是由标准亚式期权和彩虹期权组合、派生出的一种奇异金融衍生产品，其到期收益取决于两个标的资产在合约有效期内某段时间的平均价格基础上的最大或最小值，虹式几何平均或算术平均亚式看涨期权持有人在到期日，可从两色彩标的资产中选择一个几何平均或算术平均价格最大（即最为有利）者来计算其应得到的补偿费，而相应的虹式几何平均或算术平均亚式看跌期权持有人可从两个标的资产中选择一个几何平均或算术平均价格最小（即最为有利）者来计算其应得补偿金额。它们在投资成本和对冲风险能力方面比较适当，通过对具有随机价格的两个可互相替代的原产品的选择来对冲生产成本风险，通过对具有随机价格的原产品和产出品的选择来对冲利润风险，在具有灵活的商品计价政策的进出口贸易中进口方对用来付款的币种选择，是满足公司跨国财务管理需要，增强公司竞争力和完善金融市场的有力工具。鉴于此，文章中将彩虹期权和亚式期权定价方法进行扩展，研究该奇异路径依赖型期权定价求解问题。采用 PDE 法导出了几何平均亚式看涨彩虹期权的解析定价公式和看涨－看跌平价关系式，在此基础上结合了减少变量技术中虹式几何平均控制变量的蒙特卡罗估计算术平均亚式彩虹期权，数值模拟结果表明其准确性相当高。

6.2.1 几何平均亚式彩虹期权解析定价

基于布莱克－舒尔斯期权定价模型[23]的假设条件，根据 PDE 方法导出基于两种色彩标的资产几何平均亚式看涨彩虹期权的解析定价公式[14]，其看跌期权的情形可由平价公式直接得到。

在连续时间的框架下，可假定两种色彩标的资产 s_1，s_2 满足以下随机微分方程：

$$\mathrm{d}\begin{pmatrix} s_1 \\ s_2 \end{pmatrix} = \begin{pmatrix} (\mu_1 - q_1)s_1 \\ (\mu_2 - q_2)s_2 \end{pmatrix}\mathrm{d}t + \begin{pmatrix} \sigma_1 s_1 & 0 \\ 0 & \sigma_2 s_2 \end{pmatrix}\begin{pmatrix} \mathrm{d}w_1(t) \\ \mathrm{d}w_2(t) \end{pmatrix} \tag{6-17}$$

式中：μ_i，σ_i 和 q_i——s_i（$i=1$，2）预期收益率、波动率和红利率；

$\mathrm{d}w_1(t)$，$\mathrm{d}w_2(t)$——相关系数为 ρ 的两个标准的维纳过程，即 $\mathrm{d}w_1(t)\mathrm{d}w_2(t)$ =

ρdt，通过下列关系式将 $dw_1(t)$ 和 $dw_2(t)$ 两相关的维纳过程转换为两独立的维纳过程 $dB_1(t)$ 和 $dB_2(t)$，即 $dB_1(t)dB_2(t)=0$

$$d\begin{pmatrix}s_1\\ s_2\end{pmatrix}=\begin{pmatrix}(\mu_1-q_1)s_1\\ (\mu_2-q_2)s_2\end{pmatrix}dt+\begin{pmatrix}\sigma_1 s_1 & 0\\ \rho\sigma_2 s_2 & \sqrt{1-\rho^2}\sigma_2 s_2\end{pmatrix}\begin{pmatrix}dB_1(t)\\ dB_2(t)\end{pmatrix} \tag{6-18}$$

引入路径因子 $I_i^G(t)=\int_0^t \ln s_i(\tau)d\tau$，则在 $[0,\ t]$ 上的几何均值可表示为：$G_{i(y)}=e^{I_I^g(t)/t}, i=1,2$。两色彩标的资产几何平均亚式看涨彩虹期权在到期日 T 时的收益函数是：$CGV(G_1,G_2,K,T)=\max\left\{\max[G_1(T),G_2(T)]-K,0\right\}$

设 V 是决定于两种色彩标的资产价格 s_1，s_2 及其移动路径 I_1，I_2 的期权在时刻 t（$0\leqslant t\leqslant T$）的价格，由此，利用多维随机过程的伊藤公式[25]，综合文献［185］，［84］中随机过程复合函数求微分的方法，对于 $V=V(s_1,s_2,I_1,I_2,t)$ 满足如下的随机过程

$$dV=\frac{\partial V}{\partial t}dt+\frac{\partial V}{\partial s_1}ds_1+\frac{\partial V}{\partial s_2}ds_2+\ln s_1(t)\frac{\partial V}{\partial I_1}dt+\ln s_2(t)\frac{\partial V}{\partial I_2}dt+\frac{1}{2}\sigma_1^2 s_1^2\frac{\partial^2 V}{\partial s_1^2}dt+\rho\sigma_1\sigma_2 s_1 s_2\frac{\partial^2 V}{\partial s_1\partial s_2}dt+\frac{1}{2}\sigma_2^2 s_2^2\frac{\partial^2 V}{\partial s_2^2}dt \tag{6-19}$$

构造无风险套期保值资产组合

$$\Pi=V+q_1 s_1\frac{\partial V}{\partial s_1}+q_2 s_2\frac{\partial V}{\partial s_2}-\frac{\partial V}{\partial s_1}s_1-\frac{\partial V}{\partial s_2}s_2 \tag{6-20}$$

利用无套利均衡可得基于两种色彩标的资产的几何平均亚式彩虹期权定价模型

$$\frac{\partial V}{\partial t}+\ln s_1\frac{\partial V}{\partial I_1}+\ln s_2\frac{\partial V}{\partial I_2}+\frac{1}{2}\sigma_1^2 s_1^2\frac{\partial^2 V}{\partial s_1^2}+\frac{1}{2}\sigma_2^2 s_2^2\frac{\partial^2 V}{\partial s_2^2}+\sigma_1\sigma_2 s_1 s_2\rho\frac{\partial^2 V}{\partial s_1\partial s_2}+(r-q_1)s_1\frac{\partial V}{\partial s_1}+(r-q_2)s_2\frac{\partial V}{\partial s_2}=rV \tag{6-21}$$

结合边界条件

$$CGV(G_1,G_2,K,T)=\max\left\{\max[G_1(T),G_2(T)]-K,0\right\} \tag{6-22}$$

通过一系列变量代换对两资产几何平均亚式彩虹期权定价模型进行求解，令

$$\tau = (T-t)^3/3T^2 \tag{6-23}$$

$$x_i = e^{z_i - \left(r - q_i - \frac{1}{2}\sigma_i^2\right)\tau} \tag{6-24}$$

$$V(s_1, s_2, I_1, I_2, t) = e^{-r(T-t)} e^{r\tau} F(x_1, x_2, \tau) \tag{6-25}$$

其中，$z_i = I_i/T + (T-t)\ln s_i/T + (r - q_i - 0.5\sigma_i^2)(T-t)^2/2T \quad i = 1,2$。

从而方程（6-21）转化为古典的二维扩散方程

$$\frac{\partial F}{\partial \tau} + \frac{1}{2}\sigma_1^2 x_1^2 \frac{\partial^2 F}{\partial x_1^2} + \frac{1}{2}\sigma_2^2 x_2^2 \frac{\partial^2 F}{\partial x_2^2} + \sigma_1\sigma_2 x_1 x_2 \rho \frac{\partial^2 F}{\partial x_1 \partial x_2} + (r - q_1) x_1 \frac{\partial F}{\partial x_1} + (r - q_2) x_2 \frac{\partial F}{\partial x_2} = rF \tag{6-26}$$

边界条件式（6-22）转变为

$$F(x_1, x_2, 0) = \max[\max(x_1, x_2) - K, 0] \tag{6-27}$$

结合式（6-26）~（6-27）可得

$$\begin{aligned} F(x_1, x_2, \tau) = {} & x_1 \Phi_2\left[\frac{\ln(x_1/K) + (r - q_1 + \sigma_1^2/2)\tau}{\sigma_1\sqrt{\tau}}, \frac{\ln(x_1/x_2) + \sigma_{12}^2\tau/2}{\sigma_{12}\sqrt{\tau}}; \frac{\sigma_1 - \rho\sigma_2}{\sigma_{12}}\right] \\ & + x_2 \Phi_2\left[\frac{\ln(x_2/K) + (r - q_2 + \sigma_2^2/2)\tau}{\sigma_2\sqrt{\tau}}, \frac{\ln(x_2/x_1) + \sigma_{12}^2\tau/2}{\sigma_{12}\sqrt{\tau}}; \frac{\rho\sigma_1 - \sigma_2}{\sigma_{12}}\right] \\ & - Ke^{-r\tau}\left\{1 - N_2\left[-\frac{\ln(x_1/K) + (r - q_1 - \sigma_1^2/2)\tau}{\sigma_1\sqrt{\tau}}, \right.\right. \\ & \left.\left. -\frac{\ln(x_2/K) + (r - q_2 - \sigma_2^2/2)\tau}{\sigma_2\sqrt{\tau}}; \rho\right]\right\} \end{aligned} \tag{6-28}$$

其中 $\sigma_{12} = \sqrt{\sigma_1^2 + \sigma_2^2 - 2\rho\sigma_1\sigma_2}$。

最后由变换式（6-23），式（6-24）和式（6-25），回到原变量（s_1，s_2，I_1，I_2，t）以及函数 V，从而得到基于两种色彩标的资产的几何平均亚式看涨彩虹期权的解析定价公式

$$\mathrm{CGV}(G_1, G_2, K, T-t) = V(s_1, s_2, I_1, I_2, t)$$

$$= \tilde{s}_1 \Phi_2\left[\frac{\ln(\tilde{s}_1/K) + (r - q_1 + \tilde{\sigma}_1^2/2)(T-t)}{\tilde{\sigma}_1\sqrt{T-t}}, \frac{\ln(\tilde{s}_1/\tilde{s}_2) + \tilde{\sigma}_{12}^2(T-t)/2}{\tilde{\sigma}_{12}\sqrt{T-t}}; \frac{\tilde{\sigma}_1 - \rho\tilde{\sigma}_2}{\tilde{\sigma}_{12}}\right] +$$

$$\tilde{s}_2\Phi_2\left[\frac{\ln(\tilde{s}_2/K)+(r-q_2+\tilde{\sigma}_2^2/2)(T-t)}{\tilde{\sigma}_2\sqrt{T-t}},\frac{\ln(\tilde{s}_2/\tilde{s}_1)+\tilde{\sigma}_{12}^2(T-t)/2}{\tilde{\sigma}_{12}\sqrt{T-t}};\frac{\rho\tilde{\sigma}_1-\tilde{\sigma}_2}{\tilde{\sigma}_{12}}\right]-$$

$$Ke^{-r(T-t)}\left\{1-\Phi_2\left[-\frac{\ln(\tilde{s}_1/K)+(r-q_1-\tilde{\sigma}_1^2/2)(T-t)}{\tilde{\sigma}_1\sqrt{T-t}},\right.\right.$$

$$\left.\left.-\frac{\ln(\tilde{s}_2/K)+(r-q_2-\tilde{\sigma}_2^2/2)(T-t)}{\tilde{\sigma}_2\sqrt{T-t}};\rho\right]\right\} \quad (6-29)$$

其中，$\tilde{\sigma}_i=\frac{\sigma_i}{\sqrt{3}}\frac{T-t}{T}$，$\tilde{\sigma}_{12}=\frac{T-t}{T}\sqrt{(\tilde{\sigma}_1^2+\tilde{\sigma}_2^2-2\rho\tilde{\sigma}_1\tilde{\sigma}_2)/3}$

$$\tilde{s}_i=s_i^{(T-t)/T}\exp\left[\frac{I_i}{T}-\frac{r(T^2-t^2)}{2T}-\frac{(\sigma_i^2+2q_i)(T-t)^2}{4T}+\frac{\sigma_i^2(T-t)^4}{6T^2}\right]$$

$$i=1,2$$

$\Phi_2(\alpha,\beta;\theta)$ 表示积分限为 α，β 相关系数为 θ 的二维累计标准正态分布函数。

设 PGV$(G_1, G_2, T-t)$ 是基于两标的资产几何平均亚式彩虹期权的价格，到期日 T 时的收益函数是：$PGV(G_1,G_2,K,T)=\max\{K-\min[G_1(T),G_2(T)],0\}$。因为

$$\begin{aligned}
&\max[K-\min(G_1,G_2),0]+\max[\max(G_1,G_2)-K,0]\\
&=K-\max[\min(G_1,G_2),0]+\max[\min(G_1,G_2)-K,0]+\max[\max(G_1,G_2)-K,0]\\
&=K-\max[\min(G_1,G_2),0]-\max[\max(G_1,G_2),0]+\\
&\quad\max[\max(G_1,G_2),0]+\min[\max(G_1-K,0);\\
&\quad\max(G_2-K,0)]+\max[\max(G_1-K,0);\max(G_2-K,0)]\\
&=K-\max(G_1,0)-\max(G_2,0)+\max(\max(G_1,G_2),0)+\\
&\quad\max(G_1-K,0)+\max(G_2-K,0)
\end{aligned} \quad (6-30)$$

由此得到几何平均亚式彩虹期权看涨和看跌的平价公式为

$$\begin{aligned}
&PGV(G_1,G_2,K,T-t)+CGV(G_1,G_2,K,T-t)\\
&=K-C(G_1,t)-C(G_2,t)+CGV(G_1,G_2,T-t)+
\end{aligned}$$

$$C(G_1,K,t)+C(G_2,K,t) \tag{6-31}$$

其中，$C(G_1,K,t)$，$C(G_1,t)$ 和 $C(G_2,K,t)$，$C(G_2,t)$ 是基于标的资产 1 和标的资产 2 的执行价格为 K 和 0 标准几何亚式期权的价格，$CGV(G_1,G_2,T-t)$ 是执行价格为零的虹式几何平均看涨亚式期权的价格；算术平均类型的这类期权的平价关系也类似可得。

6.2.2 算术平均亚式彩虹期权的模拟定值

以商品的计价方式为例，一个中国的出口商为促销允许一个美国进口商在一指定的期间的起始时间选择欧元和英镑两种货币之一来付款，对进口商来说，在做选择时，他并不知道将来付款时哪种货币对他有利，通过购买一个这两种外币算术平均汇率（形式为美元/欧元和美元/英镑的汇率分别记为 s_1，s_2）A_1，A_2 最大值的亚式看涨彩虹期权，进口商则可控制用美元计价的平均成本 K，而不会后悔当初他选择了何种货币。两标的资产虹式算术平均亚式看涨彩虹期权在到期日 T 时的收益函数是

$$CAV(A_1,A_2,K,T)=\max\left\{\max[A_1(T),A_2(T)]-K,0\right\} \tag{6-32}$$

在风险中性概率测度下，其在零时刻的价格正好是折现收益的风险中性期望值，表示为

$$CAV(s_1,s_2,K,0,T)=e^{-rT}E_Q\left\{\max\left\{\max[A_1(T),A_2(T)]-K,0\right\}\right\} \tag{6-33}$$

式中：E_Q——风险中性世界中的期望。

$$A_i(T)=\int_0^T s_i(\omega)\mathrm{d}\omega/T$$

由于算术均值不满足伊藤公式，所以式（6-33）没有解析解，在此运用蒙特卡罗模拟法来实现算术平均亚式彩虹期权的定价问题，对于收益函数与路径相关的多因素奇异期权的估值提供了一种便利和有效手段。由文献［123］可知：实现模拟方法的一个重要问题是计算出的期权价格精确度。模拟估计的精确性主要用样本方差来度量，样本方差越小，表明它越稳定越可靠，从而它也越有效。模拟运算的执行次数取决于所要求的精度，如果不对抽样方法进行调整，则往往需要取很大的模拟运算次数才能得到精确合理的期权价格估计

值。为在一个切实可行的模拟运算范围内得到高精确度的模拟结果，改进模拟效率，运用控制变量这一减少变量技术来使所需的模拟运算次数减小是必要的。结合减少变量技术中的控制变量的蒙特卡罗模拟法是估计算术平均亚式彩虹期权的很有效的方法。

减少变量技术中的控制变量必须与所要求估值的金融衍生产品具有较高程度正相关性且能得到解析解的金融衍生产品。由文献［185］可知：几何均值不但可作为算术均值的下限，而且几何亚式期权可作为减少变量技术中的控制变量估计算术平均亚式期权；因此为了运用蒙特卡罗模拟法中减少变量技术对虹式算术平均亚式看涨彩虹期权定价，可将文献［185］的结果进行扩展，选择几何平均亚式看涨彩虹期权作为控制变量，其解析定价公式（6－29）在减少变量技术中是绝对必要的。使用相同的随机数流和相同的时间间隔平行地进行两次模拟，第一次模拟是用来获得对算术平均亚式看涨彩虹期权的估值，第二次模拟是用来获得对几何平均亚式看涨彩虹期权的估值，最终可得到虹式算术平均看涨亚式期权的价值更好的估计值。

为了进行第一次模拟，我们对算术均值 $A_i(T)$ 进行离散近似处理：

$$A_i(T) = \sum_{j=1}^{n} \frac{s_i(T_j)}{n} \tag{6-34}$$

其中，$T_j = j \times (T/n)$。

根据文献［25］中的结果可知：随机微分方程（6－17）的解为

$$s_i(T_n) = s_i(T_0)\exp\left\{(\mu_i - q_i - 0.5\sigma_i^2)(T_n - T_0) + \sigma_i^2[w_i(T_n) - w_i(T_0)]\right\} \tag{6-35}$$

假设 T_0 为当前时刻 $T_0=0$，T_j 为标的资产观察取样的时刻 $T_j = T_0 + j \times \Delta T$（$j=1, 2, \cdots, n$），$\Delta T = (T_n - T_0)/n$ 为两次观察取样的时间间隔，$T_n = T$ 为到期时刻。

令：

$$R_i(T_j) = \ln[s_i(T_j)/s_i(T_{j-1})] \tag{6-36}$$

由式（6－35）容易得出

$$R_i(T_j) = (\mu_i - q_i - 0.5\sigma_i^2)(T_j - T_{j-1}) + \sigma_i^2[w_i(T_j) - w_i(T_{j-1})]$$

$\Phi[(\mu_i - q_i - 0.5\sigma_i^2)T/n, \sigma_i^2 T/n] \quad (i = 1,2)$

式中：$\Phi(m,v)$ ——均值为 m，方差为 v 的正态分布。

在风险中性概率测度下，用无风险利率 r 代替标的资产期望收益率 $\mu_i(i = 1,2)$，从而 $[R_1(T_j), R_2(T_j)]$ 是二维正态分布，均值为：$(r - 0.5\sigma_i^2)T/n$，方差为：$\sigma_i^2 T/n, i = 1,2$，相关系数为 ρ。这样通过以下过程产生随机成对序列：$[s_1(T_1), s_2(T_1)], \cdots, [s_1(T_n), s_2(T_n)]$。

$$\ln s_1(T_j) = \ln s_1(T_{j-1}) + (r - q_1 - 0.5\sigma_1^2)T/n + \sigma_1 \sqrt{T/n}k_j \quad (6-37)$$

$$\ln s_2(T_j) = \ln s_2(T_{j-1}) + (r - q_2 - 0.5\sigma_2^2)T/n + \sigma_2 \sqrt{T/n}g_j \quad (6-38)$$

其中，(k_j, g_j) 服从标准二维正态分布，相关系数为 ρ，故 $(k_1, g_1), \cdots, (k_n, g_n)$ 由一个二维序列组成，它们是从标准正态分布中抽取的独立样本。

假设共进行 M 次模拟运算，每次模拟运算可以得出二维序列的样本终值并且模拟期权价格可计算如下

$$X(T) = e^{-rT}\max\left\{\max[A_1(T), A_2(T)] - K, 0\right\} \quad (6-39)$$

结果经过 M 次模拟运算，式（6-33）期望值 $E[X(T)]$ 的 Monte Carlo 模拟值就是 M 次运算 $X(T)$ 的均值，表示为

$$\overline{X}(T) = \frac{1}{M}e^{-rT}\sum_{j=1}^{M} X_j(T) \quad (6-40)$$

M 次运算 $X(T)$ 的方差，表示为

$$S^2 = \frac{1}{M}\sum_{j=1}^{M}[X_j(T) - \overline{X}(T)]^2 \quad (6-41)$$

为了把减少变量技术运用于 $CAV(s_1, s_2, K, 0, T)$，应该要获得控制变量，即随机变量 $Y(T)$，与式（6-39）中的 $X(T)$ 一样，$Y(T)$ 也是通过每次模拟运算得出随机二维序列 $[s_1(T_1), s_2(T_1)], \cdots, [s_1(T_n), s_2(T_n)]$ 的样本终值并且模拟得到期权价格且它是 $X(T)$ 的近似值，$Y(T)$ 的期望值 $E[Y(T)]$ 有解析表达式。为此选择下面的随机变量作为控制变量

$$Y(T) = e^{-rT}\max\left\{\max[G_1(T), G_{2i}(T)] - K, 0\right\} \quad (6-42)$$

$E[Y(T)]$ 就是几何平均亚式看涨彩虹期权的期望价格，已经由式（6-29）

给出。

为进行第二次模拟获得，对几何均值 $G_i(T)$ 进行离散近似处理，记为

$$G_i(T) = \left[\prod_{j=1}^{n} s_i(T_j)\right]^{1/n} \tag{6-43}$$

经过 M 次模拟运算，该期望值 $E[Y(T)]$ 的 Monte Carlo 模拟值可表示为

$$\overline{Y}(T) = \frac{1}{M}e^{-rT}\sum_{j=1}^{M} Y_j(T) \tag{6-44}$$

我们执行模拟运算以得到 $E[X(T) - Y(T)]$ 的估计值，因为 $X(T)$ 和 $Y(T)$ 是密切相关的随机变量，它们在一次控制很好的模拟测试中发生的估计误差非常类似，结果 $E[X(T) - Y(T)]$ 只存在非常小的估计误差。为得到看涨期权价格，把模拟结果 $E[X(T) - Y(T)]$ 和解析值 $E[Y(T)]$［见公式（6-29）］相加，由于离散抽样使得连续时间条件下 $E[Y(T)]$ 的解析值和在离散时间下模拟结果 $E[X(T) - Y(T)]$ 中 $E[Y(T)]$ 的模拟值 $\overline{Y}(T)$ 必然存在偏差，不过这种偏差可以通过连续时间条件下 $E[X(T)]$ 的值和在离散时间下模拟结果 $E[X(T) - Y(T)]$ 中 $E[X(T)]$ 的模拟值 $\overline{X}(T)$ 之间的偏差而抵消。因此使用控制变量技术得到的算术平均亚式看涨彩虹期权的估值 $E[X(T)]$ 是连续时间下的结果（CAV）且减少了方差，因为连续时间下估值 $E[X(T)]$ 和离散时间下模拟结果 $E[X(T) - Y(T)]$ 具有相同的估计误差。故用下式可以得到算术平均亚式彩虹期权价格的更精确的估值

$$\mathrm{CAV}(s_1, s_2, K, 0, T) = E[X(T)] = [\overline{X}(T) - \overline{Y}(T)] + \mathrm{CGV} \tag{6-45}$$

以 $Y(T)$ 为控制变量的 $X(T)$ 的方差为

$$\begin{aligned} S'^2 &= \frac{1}{M}\sum_{j=1}^{M}[X(T) - Y(T)] + E[Y(T)] - \\ &\quad \left[\frac{1}{M}\sum_{j=1}^{M} X_j(T) - \frac{1}{M}\sum_{j=1}^{M} Y_j(T)\right]^2 - E[Y(T)] \\ &= \frac{1}{M}\sum_{j=1}^{M}[X(T) - Y(T)] - \left[\frac{1}{M}\sum_{j=1}^{M} X_j(T) - \frac{1}{M}\sum_{j=1}^{M} Y_j(T)\right]^2 \\ &= \hat{S}^2 < S^2 \end{aligned} \tag{6-46}$$

式中：$\hat{S}^2$——随机变量 $X(T) - Y(T)$ 的方差。

如果要让 $S'^2 = S^2$，则得到 S^2 模拟运算次数小于得到 S^2 模拟运算次数，

也就是说运用一般模拟法需要取很大的 M 值才得到精确合理的该期权估计值，而控制变量能用来使所需的 M 值减少，可在一合理模拟运算范围内得到精确合理模拟估计值。

至于算术平均亚式看跌彩虹期权边界条件满足 $\max\{K-\min[A_1(T),A_2(T)],0\}$ 的定值可通过其与看涨期权情形下算术平均亚式彩虹期权的平价关系得到。

表6－4列出了利用前面描述的在蒙特卡罗模拟法中采用控制变量技术计算基于两资产算术平均亚式看涨彩虹期权的例子。表的焦点在于验证控制变量技术的有效性和精确性。期权合同当前开始且平均期为整个到期时区，两种标的资产的初始价格 s_1，s_2 均为50美元/股，期权有效期为4个月，即 $T-t=1/3$，无风险利率为 $r=0.04$，0.06. 标的资产价格 s_1 的波动率 σ_1 分别为0.3，0.4，标的资产价格 s_2 的波动率 σ_2 分别为0.4，0.5，相关系数 ρ 为0.2，红利率 q_1，q_2 分别为0.01，0.02，执行价格 K 分别为40，50，60，模拟运算执行次数 M 为10 000，时间步长 $n=88$。表中第四列CGV是由公式（6－29）得到的两资产几何平均亚式看涨彩虹期权的解析解，第五列到第八列 $\overline{X}$，S；CAV，S' 分别是两资产算术平均亚式看涨彩虹期权的原始的和使用控制变量法的蒙特卡罗估计值和估计标准差，最后两列是对两资产算术平均亚式看涨彩虹期权和几何平均亚式看涨彩虹期权解析解的结果进行比较并给出了两者模拟估计标准差 $\hat{S}$。

从表6－4可以看出，我们通过在蒙特卡罗模拟法中采用控制变量技术在合理模拟范围内对两资产算术平均亚式看涨彩虹期权定价得到了这种奇异期权价格更精确的估计值。无论期权是实值、虚值和两平，控制变量的蒙特卡罗模拟值的标准差 S' 显著小于一般蒙特卡罗模拟的标准差 S。考虑计算时间，控制变量法要远远小于一般蒙特卡罗模拟法的时间，因为一般蒙特卡罗模拟法需要执行更大的模拟运算次数才能达到减少变量技术中控制变量法模拟10 000次的估计值，说明控制变量法在蒙特卡罗模拟中是非常有效的。该模拟估计值的准确性在无风险利率较大且两资产波动率较小时较好。例如：当参数 $r=0.04$，0.06，$\sigma_1=0.4$，$\sigma_2=0.5$，$K=40$ 时，采用控制变量技术得出的模拟估计值的标准差分别为 0.00085 和 0.00085，远小于没有采用控制变量得出的模拟估计值的标准差 0.04733 和 0.04858，即控制变量技术将模拟估计的标准差分别减少了 54 倍 和 55 倍；当 $\sigma_1=0.3$，$\sigma_2=0.4$，而其他的参数不变时，则可得出采用和不采用控制变量技术两种情况下，该期权估计值的标准差分别为 0.00073，0.00072 和 0.04562，0.04699，此时采用控制变量技术分别将模拟估计的标准差减少了 62 倍和 63 倍。此外，从表 6－4 中易知，CAV 总是稍大于 CGV，当 K 从 40 增加到 60 时，CAV－CGV 变小了，随着波动率和无风险利率变大，CAV－CGV 也变大了，说明当波动率和无风险利率小时，未采用控制变量法得出的离散时间下的算术平均亚式看涨彩虹期权模拟值和几何平均亚式看涨彩虹期权模拟值之间存在很小的估计误差，故采用控制变量法得出的离散时间下的算术平均亚式看涨彩虹期权模拟值与几何平均亚式看涨彩虹期权解析解的差别很小，但波动率和无风险利率较大时，没有采用控制变量法得出的离散时间下的算术平均亚式看涨彩虹期权模拟值和几何平均亚式看涨彩虹期权模拟值之间的估计误差变大，进而采用控制变量法得出的离散时间下的算术平均亚式看涨彩虹期权模拟值与几何平均亚式看涨彩虹期权解析解之差变大。但采用一般蒙特卡罗模拟算术平均亚式看涨彩虹期权与几何平均亚式看涨彩虹期权之间的估计标准差 $\hat{S}$ 与采用控制变量法模拟算术平均亚式看涨彩虹期权的估计标准差 S' 相同［验证了式（6－46）］。

表 6－4　算术平均亚式看涨彩虹期权估值结果

σ_1	σ_2	K	CGV	$\overline{X}$	S	CAV	S'	CAV－CGV	$\hat{S}$
$r=0.04$									
0.3	0.4	40	8.20992	8.25377	0.04562	8.26021	0.00073	0.05029	0.00073
		50	3.92403	3.94725	0.02925	3.93855	0.00031	0.01452	0.00031
		60	1.78608	1.78998	0.01019	1.79368	0.00015	0.00760	0.00015
0.4	0.5	40	9.74598	9.85927	0.04733	9.82265	0.00085	0.07667	0.00085
		50	6.18462	6.22225	0.03296	6.21148	0.00051	0.02686	0.00051
		60	3.29166	3.29366	0.02135	3.29966	0.00033	0.00800	0.00033

续表

σ_1	σ_2	K	CGV	$\overline{X}$	S	CAV	S'	CAV - CGV	$\hat{S}$
$r=0.06$									
0.3	0.4	40	8.36781	8.40281	0.04699	8.41888	0.00072	0.05107	0.00072
		50	4.72933	4.74114	0.03138	4.74388	0.00032	0.01455	0.00032
		60	1.53354	1.53984	0.01229	1.54404	0.00016	0.01050	0.00016
0.4	0.5	40	10.10406	10.17194	0.04858	10.18145	0.00085	0.07739	0.00085
		50	6.39659	6.41512	0.03346	6.42474	0.00051	0.02815	0.00051
		60	3.18776	3.22577	0.02274	3.19877	0.00034	0.01101	0.00034

6.3 本章小结

财务管理者增加企业价值的一种方法就是使用金融创新产品，它们能减轻财务困境成本。因此风险管理需要金融创新产品，它对于现代企业越来越重要。为现代企业提供了一种巨大的增值潜力，本章探究路径依赖型期权障碍期权并将亚式期权组合多因素彩虹期权，对该类路径依赖型期权及其衍生产品定价问题进行了研究。在离散情形下期权定价的最流行和最普遍的方法是 Cox - Ross - Rubinstein 提出的二项式方法，Boyle - Lau 指出直接采用此方法为单个障碍期权定价可能导致收敛于相应的连续时间价值的速度非常缓慢，他们提出在价格计算中选择合适的时间步长数可以克服这个缺陷，本章扩展 Boyle - Lau 方法到欧式双重敲出期权并使用由反射原理导出的组合公式以避免计算期权价格中的滚动倒推，数值结果表明本章提出的二项式算法是有效的。的确，与 Kunimoto - Ikeda 和 Geman - Yor 的计算结果比较，三种方法具有很好的一致性，同时也表明了修改的二项式方法在这种奇异期权的新型定价中具有良好的收敛性，可以获得准确的价格。此外提出了一种创新金融衍生产品——亚式彩虹期权，针对这种奇异期权的定价问题进行分析研究，尤其是扩展舒尔斯用于两资产彩虹期权定价的 PDE 法，得到了两标的资产支付连续红利的几何平均亚式看涨彩虹期权的解析定价公式和该期权看涨 - 看跌的平价关系式。然后用传统的一般蒙特卡罗模拟法对两标的资产支付连续红利的算术平均亚式看涨彩虹期权定价。文章中提供的数值模拟实验证实了借助上述几何平均亚式看涨彩虹期权的解析定价公式，在蒙特卡罗模拟法采用控制变量技术能显著地提高算术平均亚式看涨彩虹期权模拟价格的精确度，实现了模拟运算时间节约，提高了运算效率。说明结合控制变量技术的蒙特卡罗模拟法是估计算术平均亚式看涨彩虹期权的很有效的方法，该模拟估计值的准确性在无风险利率较大且波动率较小时较好，并且该模拟估计值总是稍大于几何平均亚式彩虹期权解析解，随着波动率和无风险利率的增加，两者的差别变大，从而一般蒙特卡罗模拟的算术平均亚式彩虹期权和几何平均亚式彩虹期权估计值之差变大，它们之间的估计标准差与采用控制变量法模拟算术平均亚式看涨彩虹期权的估计标准差相等。

6.4 附录 式（6-19）的推导

书中关于两资产亚式彩虹期权价格的方程式（6-19）的导出是依据多维随机过程的伊藤公式，可直接综合文献［103］，［84］中随机过程复合函数求微分的方法得出。下面进行具体的说明。

1. 多维随机过程的伊藤公式的数学描述

已知：$x_i(i=1,2,\cdots,n)$ 服从几何布朗运动：$\mathrm{d}x_i=\mu_i x_i \mathrm{d}t+\sigma_i x_i \mathrm{d}w_i(t)$

令 $V=V(x_1,x_2,\cdots,x_n,t)$，则

$$\mathrm{d}V=\frac{\partial V}{\partial t}\mathrm{d}t+\sum_{i=1}^{n}\frac{\partial V}{\partial x_i}\mathrm{d}x_i+\frac{1}{2}\sum_{i,j=1}^{n}\frac{\partial V^2}{\partial x_i \partial x_j}\mathrm{d}x_i \mathrm{d}x_j \tag{6-47}$$

其中，$\mathrm{d}t\cdot\mathrm{d}t=\mathrm{d}t\cdot\mathrm{d}w_i(t)=\mathrm{d}w_i(t)\cdot\mathrm{d}t=\mathrm{d}w_i(t)\cdot\mathrm{d}w_j(t)=0,i\neq j$

(6-48)

$$\mathrm{d}w_i(t)\mathrm{d}w_j(t)=\mathrm{d}t,\quad i=j \tag{6-49}$$

若 $\mathrm{d}w_i(t)$ 和 $\mathrm{d}w_j(t)$ 是两相关的维纳过程，则

$$\mathrm{d}w_i(t)\mathrm{d}w_j(t)=\rho\mathrm{d}t,\quad i\neq j \tag{6-50}$$

并且在运用多维随机过程的伊藤公式时，必须通过以下转换将 $\mathrm{d}w_i(t)$ 和 $\mathrm{d}w_j(t)$ 两相关的维纳过程转换成 $\mathrm{d}B_i(t)$ 和 $\mathrm{d}B_j(t)$ 两相独立的维纳过程，

$$\begin{cases} \mathrm{d}x_i = \mu_i x_i \mathrm{d}t + \sigma_i x_i \mathrm{d}B_i(t) \\ \mathrm{d}x_j = \mu_j x_j \mathrm{d}t + \rho\sigma_j x_j \mathrm{d}B_i(t) + \sqrt{1-\rho^2}\sigma_j x_j \mathrm{d}B_j(t) \end{cases} \tag{6-51}$$

$\mathrm{d}\begin{pmatrix} s \\ I \end{pmatrix} = \begin{pmatrix} \mu s \\ f(s,t) \end{pmatrix}\mathrm{d}t + \begin{pmatrix} \sigma s & 0 \\ 0 & 0 \end{pmatrix}\begin{pmatrix} \mathrm{d}w_1(t) \\ \mathrm{d}w_2(t) \end{pmatrix}$，其中，$I = \int_0^t f(s,\tau)\mathrm{d}\tau$

令 $V = V(s,I,t)$，由公式（6－37）得到

$$\mathrm{d}V = \frac{\partial V}{\partial t}\mathrm{d}t + \frac{\partial V}{\partial s}\mathrm{d}s + \frac{\partial V}{\partial I}\mathrm{d}I + \frac{1}{2}\frac{\partial^2 V}{\partial s^2}(\mathrm{d}s)^2 + \frac{\partial^2 V}{\partial s \partial I}\mathrm{d}s\mathrm{d}I + \frac{1}{2}\frac{\partial^2 V}{\partial I^2}(\mathrm{d}I)^2$$

结合式（6－47）和式（6－48）可得：$(\mathrm{d}I)^2 = (f(s,t))^2(\mathrm{d}t)^2 = 0$，$\mathrm{d}s\mathrm{d}I = 0$，$(\mathrm{d}s)^2 = \sigma^2 s^2 \mathrm{d}t$，则

$$\mathrm{d}V = \frac{\partial V}{\partial t}\mathrm{d}t + \frac{\partial V}{\partial s}\mathrm{d}s + f(s,t)\frac{\partial V}{\partial I}\mathrm{d}t + \frac{1}{2}\sigma^2 s^2\frac{\partial^2 V}{\partial s^2}\mathrm{d}t \tag{6-52}$$

2. 参考文献［185］中，s，I 满足以下随机过程

$\mathrm{d}\begin{pmatrix} s_1 \\ s_2 \end{pmatrix} = \begin{pmatrix} \mu_1 s_1 \\ \mu_2 s_2 \end{pmatrix}\mathrm{d}t + \begin{pmatrix} \sigma_1 s_1 & 0 \\ 0 & \sigma_2 s_2 \end{pmatrix}\begin{pmatrix} \mathrm{d}w_1(t) \\ \mathrm{d}w_2(t) \end{pmatrix}$ 并且 $\mathrm{d}w_1(t)$ 和 $\mathrm{d}w_2(t)$ 是两相关的维纳过程，即 $\mathrm{d}w_1(t)\mathrm{d}w_2(t) = \rho\mathrm{d}t$，通过下列关系式将 $\mathrm{d}w_1(t)$ 和 $\mathrm{d}w_2(t)$ 两相关的维纳过程转换为两独立的维纳过程 $\mathrm{d}B_1(t)$ 和 $\mathrm{d}B_2(t)$

$$\mathrm{d}\begin{pmatrix} s_1 \\ s_2 \end{pmatrix} = \begin{pmatrix} \mu_1 s_1 \\ \mu_2 s_2 \end{pmatrix}\mathrm{d}t + \begin{pmatrix} \sigma_1 s_1 & 0 \\ \rho\sigma_2 s_2 & \sqrt{1-\rho^2}\sigma_2 s_2 \end{pmatrix}\begin{pmatrix} \mathrm{d}B_1(t) \\ \mathrm{d}B_2(t) \end{pmatrix}$$

令 $V = V(s_1,s_2,t)$ 由公式（6－47）得到

$$\mathrm{d}V = \frac{\partial V}{\partial t}\mathrm{d}t + \frac{\partial V}{\partial s_1}\mathrm{d}s_1 + \frac{\partial V}{\partial s_2}\mathrm{d}s_2 + \frac{1}{2}\frac{\partial^2 V}{\partial s_1^2}(\mathrm{d}s_1)^2 + \frac{\partial^2 V}{\partial s_1 \partial s_2}\mathrm{d}s_1\mathrm{d}s_2 + \frac{1}{2}\frac{\partial^2 V}{\partial s_2^2}(\mathrm{d}s_2)^2$$

结合式（6－48）至式（6－50）可得 $(\mathrm{d}s_i)^2 = \sigma_i^2 s_i^2 \mathrm{d}t, \mathrm{d}s_1\mathrm{d}s_2 = \rho\sigma_1\sigma_2 s_1 s_2 \mathrm{d}t\ (i = 1,2)$，则

$$\mathrm{d}V = \frac{\partial V}{\partial t}\mathrm{d}t + \frac{\partial V}{\partial s_1}\mathrm{d}s_1 + \frac{\partial V}{\partial s_2}\mathrm{d}s_2 + \frac{1}{2}\sigma_1^2 s_1^2\frac{\partial^2 V}{\partial s_1^2}\mathrm{d}t + \rho s_1 s_2 \sigma_1 \sigma_2\frac{\partial^2 V}{\partial s_1 \partial s_2}\mathrm{d}t + \frac{1}{2}\sigma_2^2 s_2^2\frac{\partial^2 V}{\partial s_2^2}\mathrm{d}t \tag{6-53}$$

3. 参考文献［84］中 s_1 和 s_2 满足以下随机过程

本书中 s_1 和 s_2，I_1 和 I_2 满足如下随机过程

$$d\begin{pmatrix} s_1 \\ s_2 \\ I_1 \\ I_2 \end{pmatrix} = \begin{pmatrix} \mu_1 s_1 \\ \mu_2 s_2 \\ f(s_1, t) \\ f(s_2, t) \end{pmatrix} dt + \begin{pmatrix} \sigma_1 s_1 & 0 \\ 0 & \sigma_2 s_2 \\ 0 & 0 \\ 0 & 0 \end{pmatrix} \begin{pmatrix} dw_1(t) \\ dw_2(t) \end{pmatrix}$$

并且 $dw_1(t)$ 和 $dw_2(t)$ 是两个相关的维纳过程，即 $dw_1(t)dw_2(t) = \rho dt$，通过下列关系式将 $dw_1(t)$ 和 $dw_2(t)$ 两个相关的维纳过程转换为两个独立的维纳过程 $dB_1(t)$ 和 $dB_2(t)$ 即 $dB_1(t)dB_2(t) = 0$

$$d\begin{pmatrix} s_1 \\ s_2 \\ I_1 \\ I_2 \end{pmatrix} = \begin{pmatrix} \mu_1 s_1 \\ \mu_2 s_2 \\ f(s_1, t) \\ f(s_2, t) \end{pmatrix} dt + \begin{pmatrix} \sigma_1 s_1 & 0 \\ \rho\sigma_2 s_2 & \sqrt{1-\rho^2}\sigma_2 s_2 \\ 0 & 0 \\ 0 & 0 \end{pmatrix} \begin{pmatrix} dB_1(t) \\ dB_2(t) \end{pmatrix}$$

令 $V = V(s_1, s_2, I_1, I_2, t)$ 由公式（6-47）得到

$$\begin{aligned} dV = {} & \frac{\partial V}{\partial t}dt + \frac{\partial V}{\partial s_1}ds_1 + \frac{\partial V}{\partial s_2}ds_2 + \frac{\partial V}{\partial I_1}dI_1 + \frac{\partial V}{\partial I_2}dI_2 + \\ & \frac{1}{2}\frac{\partial^2 V}{\partial s_1^2}(ds_1)^2 + \frac{\partial^2 V}{\partial s_1 \partial s_2}ds_1 ds_2 + \frac{1}{2}\frac{\partial^2 V}{\partial s_2^2}(ds_2)^2 + \\ & \frac{1}{2}\frac{\partial^2 V}{\partial I_1^2}(dI_1)^2 + \frac{1}{2}\frac{\partial^2 V}{\partial I_2^2}(dI_2)^2 + \frac{\partial^2 V}{\partial s_1 \partial I_1}ds_1 dI_1 + \frac{\partial^2 V}{\partial s_2 \partial I_1}ds_2 dI_1 + \\ & \frac{\partial^2 V}{\partial s_1 \partial I_2}ds_1 dI_2 + \frac{\partial^2 V}{\partial s_2 \partial I_2}ds_2 dI_2 + \frac{\partial^2 V}{\partial I_1 \partial I_2}dI_1 dI_2 \end{aligned}$$

结合式（6-53）和式（6-54）易得

$$\begin{aligned} dV = {} & \frac{\partial V}{\partial t}dt + \frac{\partial V}{\partial s_1}ds_1 + \frac{\partial V}{\partial s_2}ds_2 + f(s_1, t)\frac{\partial V}{\partial I_1}dt + f(s_2, t)\frac{\partial V}{\partial I_2}dt + \\ & \frac{1}{2}\sigma_1^2 s_1^2 \frac{\partial^2 V}{\partial s_1^2}dt + \rho\sigma_1\sigma_2 s_1 s_2 \frac{\partial^2 V}{\partial s_1 \partial s_2}dt + \frac{1}{2}\sigma_2^2 s_2^2 \frac{\partial^2 V}{\partial {s_2}^2}dt \end{aligned} \tag{6-19}$$

可见，式（6-19）是式（4-36）和式（6-54）的推广，当不考虑路径因子 I_1，I_2 时，式（6-19）简化为式（6-53），与文献［84］中的结果相同。当仅考虑一个标的变量及其路径时，式（6-19）简化为式（6-54），与文献［185］中的结果相同。

7 不变方差弹性模型中奇异期权定价研究

最经典的期权定价的布莱克-舒尔斯期权定价模型是基于标的、资产遵循几何布朗运动的假设前提，即标的资产的价格是按对数正态分布的随机变量。许多实证研究表明，在绝大多数情况下对数正态分布不是近似标的资产价格随机特征的最佳选择，因此当将基于对数型分布假设的布莱克-舒尔斯期权定价模型运用于期权定价时，将导致评价模型中的偏差。为克服这一缺陷，许多学者提出了相应的更适合市场运动规律的标的资产价格模型。本章着眼于不变方差弹性扩散模型，相比布莱克-舒尔斯期权定价模型，其主要优点是标的资产价格波动率不是常数，而是标的资产价格函数，尤其是该模型分离了标的资产价格变动与波动变动的负相关联系，阻止了布莱克-舒尔斯期权定价模型的波动微笑效应。这样将不变方差弹性模型运用于奇异期权定价能得到较理想的解答。

7.1 三值期权定价研究

J. Cox 给出了不变方差弹性模型中标准欧式期权解析定价公式[29]，随后 D. C. Emanuel 和 J. D. Macbeth 扩展了 J. C. Cox 的结果[189]，M. Schroder 运用数理统计中非中心χ^2 分布余函数表示 J. Cox 结果但他没进行详细推导[190]。对于不变方差弹性模型中奇异期权而言，其定价则更加复杂，目前学术界开发出回望、亚式、障碍、两值等奇异期权的数值解[191]-[192]，但对于三值期权仅限于标的资产对数型分布[193]。鉴于此，本文基于 M. Schroder 思路论证了标的资产遵循不变方差弹性扩散模型时该种奇异期权的定价问题。利用 W. Feller 定理[182]中拉普拉斯密度函数转换得到不变方差弹性扩散模型中标的资产满足的概率密度函数$f(S_T,S_t,T>t)$，进而根据风险中性定价方法结合非中心χ^2分布及其余函数的特性，详细推导出三值期权的定价公式，并进行了数字模拟。

7.1.1 不变方差弹性模型中三值期权的解析定价公式

不变方差弹性模型是由 Cox 和 Davil 最早提出的，根据测度理论，在 Q－测度下，其标的资产价格满足如下的随机微分方程：

$$dS = (r-q)S\mathrm{d}t + \delta S^{\beta}\mathrm{d}z,\quad \beta \neq 1 \tag{7-1}$$

式中：dz——标准维纳模型；

r——无风险利率；

q——连续红利率；

δ，β——常数。

标的资产在任一即期时刻的回报波动率即标准差$\sigma_t=\delta S_t^{\beta-1}$是标的资产价格函数，满足以下关系式：

$$\frac{\mathrm{d}\sigma_t/\sigma_t}{\mathrm{d}S_t/S_t} = \beta - 1 \tag{7-2}$$

式（7－2）可以转化为$\mathrm{d}\sigma_t/\sigma_t=(\beta-1)\mathrm{d}S_t/S_t$，对方程两边积分得到$\ln\sigma_t=(\beta-1)\ln S_t+\ln\delta$即$\sigma_t=\delta S_t^{\beta-1}$，与标的资产价格相关的其即期方差弹性等于$\beta$，当$\beta=1$时，$\sigma_t$等于常数$\delta$，这是不变方差弹性模型的特殊情况即布莱克－舒尔斯期权定价模型。当$\beta<1$时，σ_t随着标的资产价格上涨（下跌）而减少（增加），当$\beta>1$时，σ_t与标的资产价格同向变动。（当$\beta=1$时，当如何?）

设S_T为T时刻标的资产价格，K_1，K_2（$K_2>K_1$）为敲定价格，由三值期权定义［194］，其在到期时刻T的支付函数为

$$C(S_T,K_1,K_2) = \min[\max(S_T,K_1),K_2] = \begin{cases} K_1, & S_T \leqslant K_1 \\ S_T, & K_1 < S_T \leqslant K_2 \\ K_2, & S_T > K_2 \end{cases} \tag{7-3}$$

为了导出不变方差弹性模型中三值期权定价公式，必须求得在给定当前标的资产价格 S_t 条件下 T 时刻标的资产价格的概率密度函数 $f(S_T, S_t, T>t)$。

令：
$$X = X(S,t) = S^{2-2\beta} \tag{7-4}$$

由伊藤公式：

$$dX = [(2-2\beta)(r-q)X + \delta^2(2\beta-2)(2\beta-1)/2]dt + \sqrt{(2-2\beta)^2\delta^2 x}dz \tag{7-5}$$

令 $P = P(X,t)$ 其运动满足偏微分方程，由式（7－5）可得 Fokker－Planck（Kolmogorov forward）方程

$$\frac{\partial P}{\partial t} = \frac{\partial^2}{\partial X^2}\left[\frac{\delta^2}{2}(2-2\beta)^2 XP\right] - \frac{\partial}{\partial X}\left\{[(2-2\beta)(r-q)X + \frac{\delta^2}{2}(2\beta-2)(2\beta-1)]P\right\} \tag{7-6}$$

令 $f(X,X_0,t)$ 是 X 和 t 在条件 X_0 下的概率密度函数，则式（7－6）的显式基础解由下式给出[77]：

$$f(X,X_0,t) = \frac{b}{c(e^{bt}-1)}\left(\frac{e^{-bt}X}{X_0}\right)^{(h-c)/2c}\exp\left[\frac{-b(X+X_0e^{bt})}{c(e^{bt}-1)}\right] I_{|1-h/a|}\left[\frac{2b}{c(1-e^{-bt})}\sqrt{e^{-bt}XX_0}\right] \tag{7-7}$$

其中，$c = (1/2)\delta^2(2-2\beta)^2$，$b = (2-2\beta)(r-q)$，$h = (1/2)\delta^2(2\beta-2)(2\beta-1)$，当 $\beta>1$ 时，$h>c$，当 $\beta<1$ 时，$h<c$。

根据上述 Feller 定理中拉普拉斯密度函数转换结果（7－7）可得 S_T 在条件 S_t 下的概率密度函数 $f(S_T,S_t;T>t) = f(X_T,X_t;T>t)\,|dX/dS|$，其中，$dX/dS = (2-2\beta)S^{1-\beta/2}$，因此得到

$$f(S_T,S_t;T>t) = |2-2\beta|(2^{2\beta-1}k)^{1/(2-2\beta)}(\lambda w^{1-4\beta})^{1/2(2-2\beta)}e^{-(1/2)(\lambda+w)}I_{1/|2-2\beta|}(\sqrt{\lambda w}) \tag{7-8}$$

其中，

$k = \dfrac{2(r-q)}{\delta^2(2-2\beta)[e^{(r-q)(2-2\beta)\tau}-1]}$；$\lambda = 2kS_t^{2-2\beta}e^{(r-q)(2-2\beta)\tau}$；$w = 2kS_T^{2-2\beta}$；$\tau = T-t$ $I_z(s) = \left(\dfrac{1}{2}s\right)^z\displaystyle\sum_{j=0}^{\infty}\dfrac{(s^2/4)^j}{j!\Gamma(z+j+1)}$ 为第一类 s 级的修正性 Bessel 函数，对

于整数 z：$I_z(s)=I_{-z}(s)$。

因此到期日为 T 的收益为 $C(S_T,K_1,K_2)$ 的三值期权在 t 时的价格如下

$$f(S_t,K_1,K_2)=K_1\mathrm{e}^{-r\tau}\int_0^{K_1}f(S_T,S_t;T>t)\mathrm{d}S_T+\mathrm{e}^{-r\tau}\int_{K_1}^{K_2}S_Tf(S_T,S_t;T>t)\mathrm{d}S_T+$$
$$K_2\mathrm{e}^{-r\tau}\int_{K_2}^{\infty}f(S_T,S_t;T>t)\mathrm{d}S_T \tag{7-9}$$

令 $S_T=(w/2k)^{1/(2-2\beta)}$，对于 $\beta>1$，式（7-9）简化为

$$f(S_t,K_1,K_2)=K_1\mathrm{e}^{-r\tau}\int_{y_1}^{\infty}0.5\mathrm{e}^{-(w+\lambda)/2}(w/\lambda)^{1/2(2\beta-2)}I_{1/(2\beta-2)}(\sqrt{\lambda w})\mathrm{d}w+$$
$$S_t\mathrm{e}^{-\beta\tau}\int_{y_2}^{y_1}0.5\mathrm{e}^{-(w+\lambda)/2}(\lambda/w)^{1/2(2\beta-2)}I_{1/(2\beta-2)}(\sqrt{\lambda w})\mathrm{d}w+$$
$$K_2\mathrm{e}^{-r\tau}\int_0^{y_2}0.5\mathrm{e}^{-(w+\lambda)/2}(w/\lambda)^{1/2(2\beta-2)}I_{1/(2\beta-2)}(\sqrt{\lambda w})\mathrm{d}w \tag{7-10}$$

其中，$y_i=2kK_i^{2-2\beta}$，$i=1$，2。

式（7-10）被积函数都是非中心 $\chi^2_{v,\lambda}$ 密度函数[195]，第一个和第三个被积函数等于 $P[w;2+2/(2\beta-2),\lambda]$，自由度为 $2+2/(2\beta-2)$，非中心参数为 λ，第一个积分中 w 取值从 y_1 至无穷大，从而给出相应的余分布函数 $Q[y_1;2+2/(2\beta-2),\lambda]$，第三个积分中 w 取值从 0 至 y_2，从而给出相应的余分布函数 $Q[y_2;2+2/(2\beta-2),\lambda]$；第二个被积函数等于 $P[\lambda;2+2/(2\beta-2),w]$，这里 w 是非中心参数，如果 q 为正数，则 $I_q(s)=I_{-q}(s)$，反之可写成 $P[w;2-2/(2\beta-2),\lambda]$，当 $1/(2\beta-2)$ 为整数，w 从 y_2 到 y_1，相应的余分布函数为 $Q[y_2;2-2/(2\beta-2),\lambda]-Q[y_1;2-2/(2\beta-2),\lambda]$。因此，不变方差弹性模型中 $\beta>1$ 时三值期权定价公式可表达为

$$f(S_t,K_1,K_2)=K_1\mathrm{e}^{-r\tau}Q[y_1;2+2/(2\beta-2),\lambda]+$$
$$S_t\mathrm{e}^{-\beta\tau}\left\{Q[y_2;2-2/(2\beta-2),\lambda]-Q[y_1;2-2/(2\beta-2),\lambda]\right\}+$$
$$K_2\mathrm{e}^{-r\tau}\left\{1-Q[y_2;2+2/(2\beta-2),\lambda]\right\} \tag{7-11}$$

同理，对于 $\beta<1$，式（7-9）简化为

$$f(S_t,K_1,K_2)=K_1\mathrm{e}^{-r\tau}\int_0^{y_1}0.5\mathrm{e}^{-(w+\lambda)/2}(\lambda/w)^{1/2(2-2\beta)}I_{1/(2-2\beta)}(\sqrt{\lambda w})\mathrm{d}w+$$

$$S_t e^{-\beta\tau}\int_{y_1}^{y_2} 0.5e^{-(w+\lambda)/2}(w/\lambda)^{1/2(2-2\beta)} I_{1/(2-2\beta)}(\sqrt{\lambda w})\mathrm{d}w +$$

$$K_2 e^{-r\tau}\int_{y_2}^{\infty} 0.5e^{-(w+\lambda)/2}(\lambda/w)^{1/2(2-2\beta)} I_{1/(2-2\beta)}(\sqrt{\lambda w})\mathrm{d}w \qquad (7-12)$$

上式中第二个被积函数为 $P[w;2+2/(2-2\beta),\lambda]$，具有自由度 $2+2/(2-2\beta)$，非中心参数为 λ，积分范围 w 从 y_1 到 y_2，从而给出相应的余分布函数 $Q[y_1;2+2/(2-2\beta),\lambda]-Q[y_2;2+2/(2-2\beta),\lambda]$。第一个和第三个被积函数等于 $P[\lambda;2+2/(2-2\beta),w]$，相反 w 是非中心参数。注意到若 q 为整数，$I_q(s)=I_{-q}(s)$，第一个和第三个被积函数可写成 $P[w;2-2/(2-2\beta),\lambda]$，此时 $1/(2-2\beta)$ 为整数。第一个积分范围 w 从 0 到 y_1，所以第一个积分等于 1 减去相应的余分布函数 $Q[y_1;2-2/(2-2\beta),\lambda]$，第三个积分范围 w 从 y_2 到无穷，相应的余分布函数为 $Q[y_2;2-2/(2-2\beta),\lambda]$，进而可得到不变方差弹性模型中不变方差弹性 $\beta<1$ 时三值期权价格

$$\begin{aligned} f(S_t,K_1,K_2) = {} & K_1 e^{-r\tau}\left\{1-Q[y_1;2-2/(2-2\beta)\lambda]\right\} + \\ & S_t e^{-\beta\tau}\left\{Q[y_1;2+2/(2-2\beta),\lambda]-Q[y_2;2+2/(2-2\beta),\lambda]\right\} + \\ & K_2 e^{-r\tau} Q[y_2;2-2/(2-2\beta),\lambda] \end{aligned} \qquad (7-13)$$

7.1.2 计算非中心 χ^2 分布的余函数

非中心 χ^2 分布的余函数 $Q(\eta;v,\theta)$ 可以用标准分布余函数 $Q(\eta,v+2n,0)$ 的加权平均来表示，即

$$Q(\eta;v,\theta) = \sum_{n=0}^{\infty} e^{-\theta/2}\frac{(\theta/2)^n}{\Gamma(n+1)}Q(\eta;v+2n,0) \qquad (7-14)$$

根据伽马分布余函数及其密度函数的性质可知，对于 η，$\theta>0$

$$\begin{aligned} Q(\eta;v+2n,0) &= \int_{\eta}^{\infty}\frac{(1/2)^{(v+2n)/2}}{\Gamma[(v+2n'')/2]}e^{-w/2}w^{(v+2n)/2-1}\mathrm{d}w \\ &= \int_{\eta/2}^{\infty}\frac{e^{-w}w^{(v+2n)'/2-1}}{\Gamma[(v+2n)/2]}\mathrm{d}w = G(n+v/2,\eta/2) \end{aligned} \qquad (7-15)$$

其中，

$$G(m,\kappa) = \int_{\kappa}^{\infty} g(m,x)\mathrm{d}x;\quad g(m,x) = \frac{e^{-x}x^{m-1}}{\Gamma(m)}$$

将式（7－15）代入式（7－14）得

$$Q(\eta;v,\theta)=\sum_{n=1}^{\infty}g(n,\theta/2)G(n+v/2-1,\eta/2) \tag{7-16}$$

通过部分积分获得伽马分布余函数的递推公式

$$\begin{aligned}G(n+v/2,\eta/2)&=\int_{\eta/2}^{\infty}\frac{e^{-x}x^{n+v/2-1}}{\Gamma(n+v/2)}dx\\&=\frac{-e^{-x}x^{n+v/2-1}}{\Gamma(n+v/2)}\Bigg|_{\eta/2}^{\infty}+\int_{\eta/2}^{\infty}\frac{e^{-x}x^{n+v/2-2}}{\Gamma(n+v/2-1)}dx\\&=g(n+v/2,\eta/2)+G(n+v/2-1,\eta/2)\end{aligned} \tag{7-17}$$

显然，$G(v/2-1,\eta/2)+\sum_{n=0}^{\infty}g(n+v/2,\eta/2)=\lim_{n\to\infty}G(n+v/2,\eta/2)=1$

(7－18)

又因为 $\sum_{n=1}^{\infty}g(\eta,\ \theta_i/2)$ 绝对收敛，即 $\sum_{n=1}^{\infty}g(n,\theta/2)=e^{-\lambda'}\sum_{n=0}^{\infty}\frac{(\theta/2)^n}{n!}=1$

(7－19)

由此可得

$$\begin{aligned}Q(\eta;v,\theta)&=G(v/2-1,\eta/2)+g(v/2,\eta/2)+g(1+v/2,\eta/2)[1-g(1,\theta/2)]+\\&\quad g(2+v/2,\eta/2)[1-g(1,\theta/2)-g(2,\theta/2)]+\cdots\\&=1-g(1+v/2,\eta/2)[g(1,\theta/2)]-\\&\quad g(2+v/2,\eta/2)[g(1,\theta/2)+g(2,\theta/2)]-\\&\quad g(3+v/2,\eta/2)[g(1,\theta/2)+g(2,\theta/2)+\\&\quad g(3,\theta/2)]-\cdots\end{aligned}$$

故

$$Q(\eta;v,\theta)=1-\sum_{n=1}^{\infty}g(n+v/2,\eta/2)\sum_{i=1}^{n}g(i,\ \theta/2) \tag{7-20}$$

式（7－11）和式（7－13）说明无论不变方差弹性 β 大于 1 还是小于 1，自由度 $v=2+2/|2-2\beta|$ 总是正数，因此，用式（7－20）结果可算出 $\beta<1$ 时相应的余分布函数 $Q[y_i;\ 2+2/(2\beta-2)]$ 以及 $\beta>1$ 时相应的余分布函数 $Q[y_i;2+2/(2-2\beta),\lambda]$。

$$Q(y_i;2+2/|2-2\beta|,\lambda)=1-\sum_{n=1}^{\infty}g(n+1+1/|2-2\beta|,y_i/2)\sum_{i=1}^{n}g(i,\ \lambda/2)$$

(7－21)

然而，当β大于1时，式（7－11）中自由度$v=2-2/(2\beta-2)$可能小于1。当β小于1时，式（7－18）中自由度$v=2-2/(2-2\beta)$也可能小于0，因此，需要使用单调收敛定理和部分积分法对非中心χ^2分布的余函数$Q[y_i;2-2/|2-2a|,\lambda]$进行处理。

令$\lambda=2\lambda'$，$w=2w'$，则

$$Q(y_i;2-2/|2-2\beta|,\lambda)=\int_{y_i}^{\infty}P(\lambda;2+2/|2-2\beta|,w)\mathrm{d}w$$

$$=\int_{y_i/2}^{\infty}\mathrm{e}^{-\lambda'-w'}(\lambda'/w')^{1/2|2-2\beta|}I_{1/|2-2\beta|}(2\sqrt{\lambda'w'})\mathrm{d}w'$$

$$=\int_{y_i/2}^{\infty}\mathrm{e}^{-\lambda'-w'}(\lambda'/w')^{1/2|2-2\beta|}(\sqrt{\lambda'w'})^{1/|2-2\beta|}\sum_{n=0}^{\infty}\frac{(\lambda'w')^n}{n!\Gamma(1/|2-2\beta|+n+1)}$$

$$=\int_{y_i/2}^{\infty}\frac{\mathrm{e}^{-\lambda'}\lambda'^{1/|2-2\beta|+n}}{\Gamma(1/|2-2\beta|+n+1)}\int_{y_i/2}^{\infty}\frac{\mathrm{e}^{-w'}w'^n}{\Gamma(n+1)}\mathrm{d}w'$$

$$=\sum_{n=0}^{\infty}g(1/|2-2\beta|+n+1,\lambda')G(n+1,y_i/2)$$

$$=\sum_{n=1}^{\infty}g(1/|2-2\beta|+n,\lambda')\sum_{i=1}^{n}g(i,y_i/2) \tag{7-22}$$

其中，$g(\alpha,\beta)=\mathrm{e}^{-\beta}\beta^{\alpha-1}/\Gamma(\alpha)$为伽马密度函数，且$G(\alpha,\beta)=\int_{\beta}^{\infty}g(\alpha,x)\mathrm{d}x$为伽马分布余函数。与式（7－17）结果比较，说明当自由度v为负时，其余分布函数$Q(y_i,v,\lambda)$可以转变成自由度为$2-v$的余分布函数$Q(\lambda;v,y_i)$。

式（7－21）和式（7－22）的非中心χ^2分布的余函数还可以用无穷级数表示

$$Q(y_i;2+2/|2-2\beta|,\lambda)=1-\sum_{n=1}^{\infty}\frac{(y_i/2)^{1/|2-2\beta|+n}\mathrm{e}^{(\lambda+y_i)/2}}{\Gamma(1+1/|2-2\beta|+n)}\left(1+\sum_{j=1}^{n-1}\frac{(\lambda/2)^j}{j!}\right) \tag{7-23}$$

$$Q(y_i;2-2/|2-2\beta|,\lambda)=\sum_{n=1}^{\infty}\frac{(y_i/2)^{-1/|2-2\beta|+n}\mathrm{e}^{-(y_i+\lambda)/2}}{\Gamma(1-1/|2-2\beta|+n)}\left(1+\sum_{j=1}^{n-1}\frac{(\lambda/2)^j}{j!}\right) \tag{7-24}$$

尽管使用简单的迭代算法可以简化上式中非中心χ^2分布余函数无穷级数的计算，但运算速度低，该算法表明当y_i和λ很大时，计算余分布函数$Q(y_i;$

v,λ) 收敛速度很慢，此外偶尔还会出现计算偏差。幸运的是，精确的参数范围可以获得近似结果。许多非中心 χ^2 分布余函数的近似评估方法得到开发[195]，尤其是 Sankaran 提出的最为有效的非中心 χ^2 分布余函数的正态近似分布[196]，进而式（7－21）和式（7－22）中余函数可以表示为

$$Q(y_i v,\lambda) \cong \Phi\left\{\frac{1-hp[1-h+0.5(2-h)mp]-[y_i/(v+\lambda)]^h}{h\sqrt{2p(1+mp)}}\right\} \quad (7-25)$$

其中，

$$h = 1-(2/3)(v+\lambda)(v+3\lambda)(v+2\lambda)^{-2}; \quad p=(v+2\lambda)/(v+\lambda)^2$$

$$m=(h-1)(1-3h); \quad v=2+2/|2-2\beta| \quad 或 \quad v=2-2/|2-2\beta|$$

7.1.3 进一步讨论

1. 数值模拟

例如，当前标的资产价格 $S_t=40$，$r-q=5\%$/年（$q=0$），年瞬态波动率为 20%，使用 $\beta=0.5$，1，1.5 来表现其对期权价格的影响。有效期分别为 4 个月和 7 个月，结算（敲定）价格 K_1 分别为 35，40，45，K_2 分别为 40，45，55。三值期权价格计算如表 7－1 所示。

表 7－1 不变方差弹性模型中三值期权价格评估结果

		$\beta=1$ 布莱克－舒尔斯期权定价模型		$\beta=0.5$（不变方差弹性模型，$\beta<1$）				$\beta=1.5$（不变方差弹性模型，$\beta>1$）			
				闭函数		标准正态分布函数		闭函数		标准正态分布函数	
$T-t$		4/12	7/12	4/12	7/12	4/12	7/12	4/12	7/12	4/12	7/12
K_1	K_2										
35	40	5.64	6.32	5.71	6.41	5.78	6.48	5.58	6.21	5.54	6.13
40	45	2.08	2.87	2.11	2.93	2.15	3.12	2.02	2.79	1.98	2.63
45	55	0.37	0.97	0.28	0.88	0.25	0.79	0.42	1, 91	0.47	2.06

表7－1中的数值模拟结果表明与BS期权定价模型相比，Cox不变方差弹性模型和Davil不变方差弹性模型中三值期权的价格收敛性较高，借助正态分布近似非中心χ^2分布余函数收敛速度比无穷级数近似解更快，注意到当有效期过长，正态解析解偏差过大，比如当有效期为7个月，不变方差弹性模型$\beta>1$，$K_1=40$，$K_2=45$时正态解析解为2.63，而近似解为2.79。

2. 式（7－10）和式（7－12）的扩展

当式（7－1）中的参数r，q，δ不是常数，而是依赖时间的积分函数，上述非中心χ^2分布的余函数$Q(y_i;v,\lambda)$结果可以进一步扩展。分别用$\frac{1}{T-t}\int_t^T r(u)\mathrm{d}u$，$\frac{1}{T-t}\int_t^T q(u)\mathrm{d}u$和$\sqrt{\frac{1}{T-t}\int_t^T \delta^2(u)\mathrm{d}u}$代替$r$，$q$和$\delta$，则获得$Q(y_i;v,\lambda)$扩展表达。

式（7－10）和式（7－12）中$w\sim{\chi_{v,\lambda}}^2$（即服从非中心Chi－square分布，自由度为$v$，非中心系数为$\lambda$），当$\beta$趋于1，$v$或$\lambda$趋于无穷，$w$趋于对数正态分布。当$v\to\infty$或者$\lambda\to\infty$，$\beta\to1^+$且$\beta\to1^-$，标准化变量$[{\chi_{v,\lambda}}^2-(v+\lambda)]/\sqrt{2(v+2\lambda)}$趋于$N(0,1)$，进而得到以下结果

$$\lim_{\beta\to1^+}\frac{{\chi_{v,\lambda}}^2-(v+\lambda)}{\sqrt{2(v+2\lambda)}}=\lim_{\beta\to1^-}\frac{{\chi_{v,\lambda}}^2-(v+\lambda)}{\sqrt{2(v+2\lambda)}}$$

$$=\frac{\ln(S_T/S_t)-\int_t^T[r(u)-q(u)-0.5\delta^2(u)]\mathrm{d}u}{\sqrt{\int_t^T\delta^2(u)\mathrm{d}u}}\sim N(0,1) \qquad (7-26)$$

其中，$N(0,1)$是标准正态分布函数，显然$\beta=1$时

$$f(S_t,K_1,K_2)=K_1\mathrm{e}^{-\int_t^T r(u)\mathrm{d}u}\Phi\left\{\frac{\ln(K_1/S_t)-\int_t^T[r(u)-q(u)-\frac{1}{2}\delta^2(u)]\mathrm{d}u}{\sqrt{\int_t^T\delta^2(u)\mathrm{d}u}}\right\}+$$

$$S_t\mathrm{e}^{-\int_t^T q(u)\mathrm{d}u}\left\{\Phi\left\{\frac{\ln(S_t/K_1)+\int_t^T[r(u)-q(u)-\frac{1}{2}\delta^2(u)]\mathrm{d}u}{\sqrt{\int_t^T\delta^2(u)\mathrm{d}u}}\right\}-\right.$$

$$\Phi\left\{\frac{\ln(S_t/K_2)+\int_t^T\left[r(u)-q(u)-\frac{1}{2}\delta^2(u)\right]\mathrm{d}u}{\sqrt{\int_t^T\delta^2(u)\,\mathrm{d}u}}\right\}+$$

$$K_2\mathrm{e}^{-\int_t^T r(u)\,\mathrm{d}u}\Phi\left\{\frac{\ln(S_t/K_2)+\int_t^T\left[r(u)-q(u)-\frac{1}{2}\delta^2(u)\right]\mathrm{d}u}{\sqrt{\int_t^T\delta^2(u)\,\mathrm{d}u}}\right\}$$

(7－27)

上式结果与 P. G. Zhang 结果一致[164]，若 r，q 和 δ 为常数，上述结果与布莱克－舒尔斯期权定价模型中三值期权定价结果吻合。

7.2 亚式期权定价研究

亚式期权是 OTC 市场中应用广泛的一种奇异期权，它又称为平均期权，与常规期权不同的是：亚式期权的收益取决于期权合同内某段时期的标的资产价格的平均值，这种平均值可以是算术平均，也可以是几何平均，每一个确定的平均类型都对应两种亚式期权的形式，即平均资产价格和平均执行价格，它们分别用标的资产价格的平均值代替常规期权中到期日的标的资产价格和执行价格来决定是否执行期权以及执行期权时收益的大小。目前在 OTC 市场上交易的绝大部分亚式期权都是标的算术平均，许多学者在布莱克－舒尔斯期权定价模型的框架下，给出了标的资产服从几何布朗运动过程的算术平均亚式期权的近似定价公式，例如文献［164］，［168］，［186］，但实证研究表明，标的资产价格一般不太可能遵循几何布朗运动过程，运用布莱克－舒尔斯期权定价模型对期权定价时，由于标的资产价格变动与其波动变化之间的负相关联系而产生定价偏差，由 J. Cox 提出的不变方差弹性模型分离了这种负相关联系[29]，鉴于此，本节在标的资产价格遵循不变方差弹性过程条件下，研究算术平均亚式期权的新型定价问题，提出了一种三叉树方法对不变方差弹性模型进行近似处理并用其评价不同类型的算术平均亚式期权，从而解决了因算术平均亚式期权固有的复杂性而带来的计算上的困难，并举例验证了这种三叉树方法的有效性和收敛性。

7.2.1 亚式期权在不变方差弹性模型中的定价模型

在布莱克-舒尔斯期权定价模型中，假设标的资产价格 $S(t)$ 服从几何布朗运动，即

$$dS = \mu S dt + \sigma S dw(t) \tag{7-28}$$

在 J. C. Cox 和 S. A. Ross 的文章中［198］，标的资产价格 $S(t)$ 服从 CEV 运动过程可描述为[29]

$$dS = \mu S dt + \sigma S^{a/2} dw(t) \tag{7-29}$$

式中：σ——年波动率；

$w(t)$——标准的维纳过程，$0 \leqslant a \leqslant 2$，是一个常数，称作弹性因子，当 $a=1$ 时，标的资产价格的波动率与标的资产价格成反比，这是不变方差弹性模型的简化情况，即所谓的绝对扩散模型；在 $a=2$ 的极端情况下，式（7-29）简化为服从几何布朗运动过程，它是不变方差弹性模型的一个特例。

由于算术平均亚式期权是一种路径依赖型期权，因此必须考虑路径因子对期权定价的影响，路径因子记为 $I = \int_0^t S(\tau) d\tau$。

根据伊藤公式，服从不变方差弹性模型的算术平均亚式期权定价公式 $V(S,I,t)$ 满足如下随机过程

$$dV = \left(\frac{1}{2}\sigma^2 S^a \frac{\partial^2 V}{\partial S^2} + rS\frac{\partial V}{\partial S} + \frac{\partial V}{\partial t}\right)dt + \sigma S^{a/2}\frac{\partial V}{\partial S}dw(t) \tag{7-30}$$

结合无套利均衡，得到

$$\frac{1}{2}\sigma^2 S^a \frac{\partial^2 V}{\partial S^2} + rS\frac{\partial V}{\partial S} + \frac{\partial V}{\partial t} + S\frac{\partial V}{\partial I} = rV \tag{7-31}$$

式（7-31）即为服从不变方差弹性模型算术平均亚式期权的定价模型，当 $a=2$ 时式（7-31）简化为

$$\frac{1}{2}\sigma^2 S^2 \frac{\partial^2 V}{\partial S^2} + rS\frac{\partial V}{\partial S} + \frac{\partial V}{\partial t} + S\frac{\partial V}{\partial I} = rV \tag{7-32}$$

式（7－32）即为服从几何布朗运动算术平均亚式期权的定价模型。

令算术均值 $A(t_0, t_N) = \sum_{k=1}^{N} S(t_k)/N$，其中 $t_k = k \times (T/N)$ 并且

$$t_0 = 0,\ t_N = T \tag{7-33}$$

对于平均资产价格型算术亚式看涨期权，其边界约束条件为

$$\max[A(t_0, t_N) - K] \tag{7-34}$$

对于平均资产价格型算术亚式看跌期权，其边界约束条件为

$$\max[K - A(t_0, t_N)] \tag{7-35}$$

对于平均执行价格型算术亚式看涨期权，其边界约束条件为

$$\max[S(t_N) - A(t_0, t_N)] \tag{7-36}$$

对于平均执行价格型算术亚式看跌期权，其边界约束条件为

$$\max[A(t_0, t_N) - S(t_N)] \tag{7-37}$$

式中：K——执行价格；

$S\ (t_N)$——期权到期日标的资产的价格。

7.2.2 用三叉树方法对不变方差弹性模型中亚式期权定价

由于很难得到服从不变方差弹性模型的算术平均亚式期权定价模型的解析解，在此提出一种离散方法：三叉树方法对其求解。

考虑一个不支付股息的欧式期权的估值，将期权有效期（当前时刻至期权的执行时刻）分为 N 个时间间隔为 Δt 的时间段（Δt 表示很小但非无穷小的时间步长），u 为标的资产价格上升乘子，P_u 为上升的概率，d 为标的资产价格下降乘子，P_d 为资产价格下降的概率，P_m 为标的资产价格保持不变的概率，且 $u > (1+r)\Delta t > 1$，$d < 1 < (1+r)\Delta t$，$d = 1/u$，r 为无风险利率，且$r > 0$。设当前时刻 $t = 0$，此时标的资产价格为 S_0，则 Δt 时刻标的资产价格有三种可能：uS_0，S_0，dS_0；$2\Delta t$ 时刻，标的资产价格有 5 种可能：u^2S_0，uS_0，S_0，dS_0，d^2S_0；$3\Delta t$ 时刻，标的资产价格有 7 种可能：u^3S_0，u^2S_0，uS_0，S_0，dS_0，d^2S_0，

d^3S_0，依次类推，$i\Delta t$ 时刻标的资产价格有 $2i+1$ 种可能，在期权的执行日期 $T=N\Delta t$，标的资产价格有 $2N+1$ 种可能

$$S(t_N)=\begin{cases}S_0u^{j-N}, & j>N\\ S_0, & j=N,\quad j=0,1,2,\cdots,2N;\\ S_0d^{N-j}, & j<N\end{cases} \tag{7-38}$$

这样，就得到了标的资产价格变动的三叉树图（以 3 个时间步长为例），如图 7-1 所示。

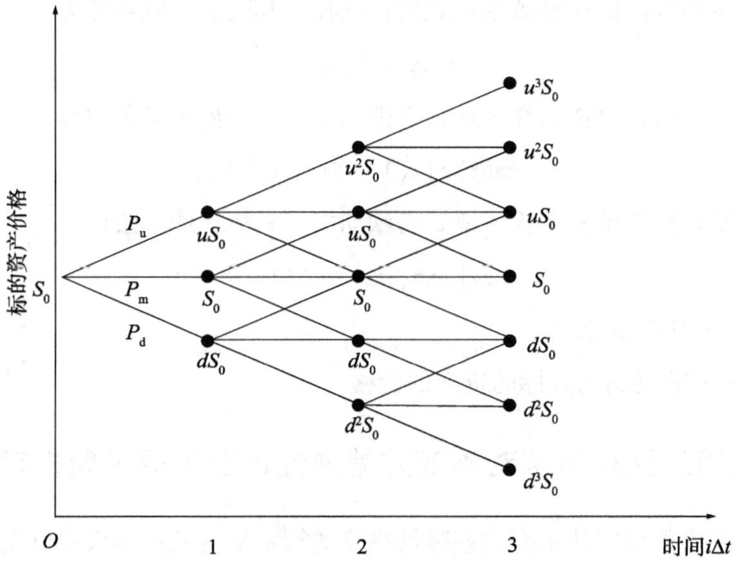

图 7-1　标的资产价格运动的三叉树图

根据测度理论，在 Q-测度下，标的资产价格满足以下随机微分方程

$$\mathrm{d}S = rS\mathrm{d}t + \sigma S\mathrm{d}\tilde{w}(t) \tag{7-39}$$

其中，$\mathrm{d}\tilde{w}(t) = \mathrm{d}w + \frac{\mu - r}{\sigma}S\mathrm{d}t$

对于波动率为常数，标的资产价格的随机微分方程满足下式

$$\mathrm{d}S = rS\mathrm{d}t + \sigma S^{a/2}\mathrm{d}\tilde{w}(t) \tag{7-40}$$

其中，$\mathrm{d}\tilde{w}(t) = \mathrm{d}w + \frac{\mu - r}{\sigma}S^{1-a/2}\mathrm{d}t$。

设 $Y = Y(t,S)$，应用伊藤公式则

$$dY = X(t,S)dt + \frac{\partial Y}{\partial S}\sigma S^{a/2}d\tilde{w}(t) \tag{7-41}$$

其中，

$$X(t,S) = \frac{\partial Y}{\partial t} + rS\frac{\partial Y}{\partial S} + \frac{1}{2}\sigma^2 S^a \frac{\partial^2 Y}{\partial S^2}$$

设 $\beta = \frac{\partial Y}{\partial S}\sigma S^{a/2}$ 且 β 为正常数，即式（7-14）具有不变波动，从而得到

$$\frac{\partial Y}{\partial S} = \frac{\beta}{\sigma}S^{-a/2} \tag{7-42}$$

方程（7-42）两边对标的变量 S 积分，因此有

$$Y = \begin{cases} \frac{\beta}{\sigma}\ln S, & a = 2 \\ \frac{\beta S^{1-a/2}}{\sigma(1-a/2)}, & a \neq 2 \end{cases} \tag{7-43}$$

对于 $a \neq 2$，结合式（7-43），转换方程（7-41）变成

$$dY = \left[r\left(1-\frac{a}{2}\right)Y - \frac{a\beta^2}{4\left(1-\frac{a}{2}\right)X}\right]dt + \beta dw(t) \tag{7-44}$$

转换方程（7-44）具有不变波动，这样就为运用三叉树求解奠定了基础，但是，观察式（7-44），可以看到 dY 中的 dt 的系数

$$\lim_{Y\to 0}\left[r\left(1-\frac{a}{2}\right)Y - \frac{a\beta^2}{4\left(1-\frac{a}{2}\right)X}\right] = \infty \quad (a \neq 0)$$

这样给三叉树求解带来了困难，对此必须进行离散化处理

$$t_0, t_0 + \Delta t, \cdots, t_0 + N\Delta t$$

$$Y_0; uY_0, Y_0, dY_0; u^2Y_0, uY_0, Y_0, dY_0, d^2Y_0; \cdots$$

式中：(t_0, Y_0) ——三叉树起始点；

Δt ——时间变量的增量；

Y_0 通过下述变换与初始标的资产价格 S_0 关联

$$Y_0 = \frac{\beta S_0^{1-a/2}}{\sigma(1-a/2)} \tag{7-45}$$

然而，这样处理依然没有解决零点的边界问题[6]，需要对式（7－45）做如下逆变换

$$S = \begin{cases} \left[\dfrac{\sigma\left(1-\dfrac{a}{2}\right)Y}{\beta}\right]^{\frac{1}{1-a/2}}, & Y > 0 \\ 0, & 其他 \end{cases} \tag{7-46}$$

新的离散化处理表示为

$$t_0, t_0 + \Delta t, \cdots, t_0 + N\Delta t$$

$$S_1, S_2, \cdots, S_N$$

其中，

$$S_j = \begin{cases} \left[\dfrac{\sigma\left(1-\dfrac{a}{2}\right)Y_j}{\beta}\right]^{\frac{1}{1-a/2}}, & Y_j > 0 \\ 0, & 其他 \end{cases} \tag{7-47}$$

我们采用文献［1］中给出的公式：上升乘子 u，下降乘子 d，上升概率 P_{u}，下降概率 P_{d}，保持不变概率 P_{m} 分别为

$$u = \mathrm{e}^{\sigma\sqrt{3\Delta t}}$$

$$d = \mathrm{e}^{-\sigma\sqrt{3\Delta t}}$$

$$P_{\mathrm{u}} = \frac{1}{6} + (r - \sigma^2/2)\sqrt{\Delta t/12\sigma^2}$$

$$P_{\mathrm{m}} = \frac{2}{3}$$

$$P_{\mathrm{d}} = \frac{1}{6} - (r - \sigma^2/2)\sqrt{\Delta t/12\sigma^2}$$

根据文献［31］，为了结果有可比性，对 σ 进行调整：$\sigma = \sigma_0 S^{1-a/2}$，其中，$\sigma_0$ 表示标的股票满足几何布朗运动时的波动率。

根据式（7－33），算术均值

$$A(t_0,t_k) = [S(t_1) + S(t_2) + S(t_3) + \cdots + S(t_k)]/k \tag{7-48}$$

其中，$0 = t_0 < t_1 < t_2 < \cdots < t_k < t_{k+1} < \cdots < t_N = T$

$$A(t_0,t_N) = (S_1 + S_2 + \cdots + S_N)/N \tag{7-49}$$

根据图 7-1 得出，到达节点 j 的最大均值是

$$A_{N,j}^{\max} = \begin{cases} \dfrac{[(1-u^N)/(1-u) + u^{j-N}]S_0}{N+1}, & j > N, j \neq 2N \\ \dfrac{2S_0 + (N-1)uS_0}{N+1}, & j = N \\ \dfrac{[(1-d^{N+1-j})/(1-d) + j]S_0}{N+1}, & j < N \end{cases} \tag{7-50}$$

到达节点 j 的最小均值是

$$A_{N,j}^{\min} = \begin{cases} \dfrac{[(1-u^{j-N+1})/(1-u) + (1-d^{2N-j})/(1-d)]S_0}{N+1}, & j > N \\ \dfrac{2S_0 + (N-1)dS_0}{N+1}, & j = N \\ \dfrac{[(1-d^N)/(1-d) + d^{N-j}]S_0,}{N+1} & 0 < j < N \end{cases} \tag{7-51}$$

注：$j=2N$ 时，$A_{N,j}^{\max}=0$，$j=0$ 时，$A_{N,j}^{\min}=0$

结合式（7-34），对于服从不变方差弹性模型的平均资产价格型算术亚式看涨期权，其到期收益为

$$f_{N,j} = \max(0, A_{N,j}^{\mathrm{Max}} - K) \tag{7-52}$$

结合式（7-35），对于服从不变方差弹性模型的平均资产价格型算术平均亚式看跌期权，其到期收益为

$$f_{N,j} = \max(0, K - A_{N,j}^{\min}) \tag{7-53}$$

结合式（7-36），对于服从不变方差弹性模型的平均执行价格型算术亚式看涨期权，其到期收益为

$$f_{N,j} = \max[S(t_N) - A_{n,j}^{\min}(t_0,t_N)] \tag{7-54}$$

结合式（7-37），对于服从不变方差弹性模型的平均执行价格型算术平

均亚式看跌期权，其到期收益为

$$f_{N,j} = \max[A_{N,j}^{\max}(t_0, t_N) - S(t_N)] \quad (7-55)$$

结合三叉树求解公式：

$$f_{i,j} = e^{-r\Delta t}(P_u f_{i+1,j+1} + P_m f_{i+1,j} + P_d f_{i+1,j-1}) \quad (7-56)$$

$$0 \leqslant i \leqslant 2N-1, \ 0 \leqslant j \leqslant i$$

我们就可以得到服从不变方差弹性模型的平均资产价格型算术亚式期权和平均执行价格型算术平均亚式期权的价格。

7.2.3 算例分析

下面利用模拟算例说明利用前面描述的三叉树方法步骤计算的平均资产价格型算术亚式看涨和看跌期权以及平均执行价格型算术亚式看涨和看跌期权的价格。

1. 服从不变方差弹性模型的平均资产价格型算术平均亚式期权

交易的期权是 OTC 市场上，标的资产是 ATM 股票且不支付股息，初始价格 S_0 分别为 110，115 和 120。执行价格为 115，期权有效期为 6 个月，即 $T-t=0.5$，无风险利率为 $r=0.1$，时间步长数分别为 150，175，波动率系数 $\sigma_0=0.8$（$a=2$），使用三个 a 值来表现其对期权价格的影响，它们分别对应对数正态模型（$a=2$）、平方根模型（$a=1$）和绝对模型（$a=0$）（选取的数据来源于 www.optionhotline.com），表 7-2 给出了取不同时间步长 $\Delta t=T/N$ 时，采用式（7-50）至式（7-52），式（7-54）和式（7-56）得到的计算结果。

表 7-2 三叉树方法计算的服从不变方差弹性模型的平均资产价格型算术平均亚式期权

平均资产价格型算术亚式看涨期权							
S_0	K	$N=150$			$N=175$		
		$a=0$	$a=1$	$a=2$	$a=0$	$a=1$	$a=2$
110	115	7.1225	7.1235	7.1237	7.0680	7.0690	7.0692
115	115	12.4186	12.4196	12.4198	12.3616	12.3627	12.3629
120	115	17.7146	17.7157	17.7160	17.6552	17.6563	17.6566

续表

平均资产价格型算术平均亚式看跌期权							
S_0	K	$N=150$			$N=175$		
		$a=0$	$a=1$	$a=2$	$a=0$	$a=1$	$a=2$
110	115	9.7225	9.7233	9.7235	9.7678	9.7686	9.7688
115	115	5.1921	5.1929	5.1931	5.2394	5.2403	5.2405
120	115	0.8720	0.8727	0.8729	0.8795	0.8801	0.8803

2. 服从不变方差弹性模型的平均执行价格型算术平均亚式期权

交易的期权是 OTC 市场上，标的资产是 ATM 股票且不支付股息，初始价格 S_0 分别为 110，115 和 120。期权有效期为 6 个月，即 $T-t=0.5$，无风险利率为 $r=0.1$，时间步长数分别为 150，175，波动率系数 $\sigma_0=0.8$（$a=2$），（选取的数据来源于 www. optionhotline. com）使用三个 a 值来表现其对期权价格的影响，它们分别对应对数正态模型（$a=2$）、平方根模型（$a=1$）和绝对模型（$a=0$）。表 7－3 给出了取不同时间步长 $\Delta t=T/N$ 时，采用式（7－50），式（7－51），式（7－55），式（7－56）得到的计算结果。

表 7－3　三叉树方法计算的服从不变方差弹性模型的平均执行价格型算术平均亚式期权

平均执行价格型算术平均亚式看涨期权						
S_0	$N=150$			$N=175$		
	$a=0$	$a=1$	$a=2$	$a=0$	$a=1$	$a=2$
110	10.3311	10.3319	10.3321	10.3764	10.3772	10.3774
115	10.8007	10.8015	10.80171	10.8480	10.8489	10.8491
120	11.2703	11.2712	11.2714	11.3197	11.3206	11.3208
平均执行价格型算术平均亚式看跌期权						
110	6.5139	6.5148	6.5151	6.4594	6.4604	6.4606
115	6.8099	6.8110	6.8112	6.7530	6.7540	6.7543
120	7.1060	7.1071	7.1074	7.0466	7.0477	7.0480

由表 7－3 可知，三叉树计算的服从不变方差弹性模型的算术平均亚式期

权价格对于给定的 a 值都迅速收敛，绝对模型和平方根模型的价格的收敛过程可类比对数正态分布模型价格的收敛过程。

7.3 回望期权定价研究

著名的布莱克－舒尔斯期权定价模型[23]是假设标的资产价格遵循几何布朗运动即其分布是对数正态分布，且其波动率是常数的前提下着眼于期权定价，然而在现实中，波动微笑效应影响标的资产价格行为使得其一般不太可能呈对数正态分布，标的资产波动往往趋于其价格上涨和下跌变化。1975 年 J. Cox 首次考虑市场中标的资产波动与其价格水平相联系的特征[29]，指出波动微笑效应的缘由是标的资产价格变动与其波动变动的负相关联系，并依此建立不变方差弹性模型，随后 Beckers 和 D. C. Emanuel 从理论和实证验证了不变方差弹性模型的有效性和可行性[197,189]，实证研究[190]也表明不变方差弹性模型能更准确地描述标的资产价格变化，因此将不变方差弹性模型运用于期权定价能得到较理想的解答。

J. C. Cox 和 S. A. Ross 给出了不变方差弹性模型下标准欧式期权解析定价公式[198]，而当在不变方差弹性模型下考虑奇异期权比如回望期权的定价求解时很难求出解析解，必须使用数值近似技术。P. P. Boyle，Y. Tian 和 J. Imai 使用蒙特卡罗模拟技术[199]，随后扩展 Babbs 思想开发出了一个以三叉树方法为标的资产遵循不变方差弹性模型的回望期权定价，D. Davydov 和 V. Linetsky 在不变方差弹性模型下得到期权价格满足的常微分方程[200]，利用期权价格拉普拉斯变换的数值转换导出回望期权近似定价公式；王建稳和王利伟利用简单二叉树模型对不变方差弹性下有交易成本的回望期权定值[201]。在这些数值技术中，树模型由于其简单结构和实用性在解决不变方差弹性模型下回望期权定价中发挥出显著作用。Boyle 提出的三叉树模型具有高度灵活性并具有二叉树模型缺乏的许多特性，该模型额外分支给树增加了一个自由度但中间状态结点独立使状态结点增加，计算效率不高。并且运用 Boyle 三叉树近似不变方差弹性模型时整个树格过程中转换概率不再是常数这一特征，在回望期权评价过程中引入更深的内涵，因为，在通常情况下，即使具有相同到期价值和最小（大）价格标的资产价格的两条路径也可能会发生不同概率。为克服以上障碍，本节开发出一个三叉结合树方法近似不变方差弹性模型，该三叉结合树各结点相连形成结合树，因此计算快速，使用便捷，在此基础上构建了一种基于前向递归程序的循环算法计算到期日回望期权不同收益的风险中性概率，从而获得回望期权准确评估价格，并进行数字模拟。

7.3.1 不变方差弹性模型的三叉结合树近似

不变方差弹性模型标的资产价格满足

$$dS_t = \mu S_t dt + \sigma S_t^{a/2} dz_t \tag{7-57}$$

式中：μS_t 和 σS_t^a——表示价格过程的漂移率和扩散系数；

a——弹性因子，且有 $0 \leqslant a < 2$。在 $a = 2$ 的极端情况下，回报的即期方差为常数 σ^2，意味着几何布朗运动为不变方差弹性模型过程的特例。

式（7-57）是建立在自然概率 P-测度基础上的，为了给衍生产品在不变方差弹性模型中定价，首先应将式（7-57）中的随机过程转换成 Q-测度[202]。使用测度理论，在 Q-测度下，修正后过程满足如下随机微分方程

$$dS_t = rS_t dt + \sigma S_t^{a/2} d\tilde{z}_t \tag{7-58}$$

其中，$d\tilde{z}_t = dz_t + \frac{\mu - r}{\sigma} S_t^{1-a/2} dt$。

式中：$\tilde{z}_t$——等价鞅 Q-测度下的标准维纳过程；

r——无风险利率。

下面，提出使用三叉结合树方法对式（7-58）描述的资产价格过程进行离散近似处理。将当前时刻 t 至期权的执行时刻 T 分为 n 个时间间隔 $\Delta t = (T-t)/n$。标的资产在每个三叉结合树分支可能上移一个水平，也可能下移一个水平，或保持在上移和下移的几何平均的中间基准。u 为标的资产价格上移乘子，p 为上移概率；d 为标的资产价格下移乘子，q 为下移概率；标的资产上移和下移乘子几何平均为 $(ud)^{1/2}$，中间平行分支运动概率为 $1-p-q$。设

$u=1+\sigma(S,t)\sqrt{\Delta t}$，$u-1=1-d$ 且 $\sigma(S,t)=\sigma S^{a/2-1}$，这种三叉结合树分过程对对数扩散过程 $\sigma(S,t)=\sigma$ 效果良好，各分过程树叉结点相连形成结合树，树的每个垂直层结点数等于 $2i+1(i=0,\cdots,n)$，是时间步长数的线性函数，然而对于服从不变方差弹性模型的资产价格过程，标的资产价格波动率不再是常数，而是标的资产价格函数，因此上移和下移乘子也不再是常数，这意味着 $ud\neq du$，这种近似三叉结合树不再是结合树，树的每个垂直层结点数将增至 3^i，$i=0$，…，n。这样就给三叉结合树近似不变方差弹性模型带来了困难，为此必须转换服从不变方差弹性模型的变量 S 使转换后的过程具有不变波动。令 $X_t=X(S_t,t)$ 为转换过程，运用伊藤公式可以导出该运动过程满足的随机微分方程

$$\mathrm{d}X_t=\left(\frac{\partial X_t}{\partial t}+rS_t\frac{\partial X_t}{\partial S_t}+\frac{1}{2}\sigma^2S_t^a\frac{\partial^2X_t}{\partial S_t^2}\right)\mathrm{d}t+\frac{\partial X_t}{\partial S_t}\sigma S_t^{a/2}\mathrm{d}\tilde{z}_t \tag{7-59}$$

为保证式（7-59）对应的过程具有不变波动，必须找到一种转换，比如

$$\beta=\frac{\partial X_t}{\partial S_t}\sigma S_t^{a/2} \tag{7-60}$$

对于某个正常数 β，通过简单代数运算，该转换由下式给出

$$X_t=\frac{\beta S_t^{1-a/2}}{\sigma(1-a/2)} \tag{7-61}$$

现在，很容易构建一种计算简单的三叉结合树近似转换后 X 的运动过程。在当前时刻 t 转换过程价值为 X_t，其在下一时期可能上移至 $X_t+\beta\sqrt{\Delta t}$，也可能下移至 $X_t-\beta\sqrt{\Delta t}$，或保持不变 X_t，依次类推，X-过程离散化处理的三叉结合树分支过程表示为

$$X_{t+i\Delta t}^j=X_t+(j-i)\beta\sqrt{\Delta t},\quad i=0,1,\cdots,n,\ j=0,1,\cdots,2i \tag{7-62}$$

其中，$X_{t+i\Delta t}^j$ 表示在经过 $j/2$ 次上移和 $i-j/2$ 次下移后转换过程在 X 时刻 $t+i\Delta t$ 时第 j 个可能的值，然而这样转换离散过程仍然没有解决零点的边界问题，需要对式（7-61）做如下的逆变换

$$S_t = \begin{cases} \left[\dfrac{\sigma\left(1-\dfrac{a}{2}\right)X_t}{\beta}\right]^{\frac{1}{1-a/2}} & ,X_t > 0 \\ 0, & \text{otherwise} \end{cases} \tag{7-63}$$

同样，令 $S_{t+i\Delta t}^{j}$ 表示在经过 $j/2$ 次上移和 $i-j/2$ 次下移后 S 在 $t+i\Delta t$ 时刻第 j 个可能的值。显然对于 $i=0, 1, \cdots, n$ 和 $j=0, 1, \cdots, 2i$，新的离散化处理表示为

$$S_{t+i\Delta t}^{j} = \begin{cases} \left[\dfrac{\sigma\left(1-\dfrac{a}{2}\right)X_{t+i\Delta t}^{j}}{\beta}\right]^{\frac{1}{1-a/2}}, & X_{t+i\Delta t}^{j} > 0 \\ 0, & \text{otherwise} \end{cases} \tag{7-64}$$

一旦开发出了近似 S－过程的三叉结合树，则仍需计算分过程中资产上移和下移的概率。为保证概率的非负性，应该使三叉结合树的中心分支运动后的标的资产价格与标的随机过程的期望资产价格相匹配。定义 $S_{t+i\Delta t}^{\bar{\bar{j}}}(j=0,1,\cdots,2i)$ 为资产上移最大值，满足条件 $e^{r\Delta t}S_{t+(i-1)\Delta t}^{j} - S_{t+i\Delta t}^{\bar{\bar{j}}} < 0$ 并且上移概率为 $p_{t+(i-1)\Delta t}^{j}$；$S_{\bar{t}+i\Delta t}^{j}$ 为资产下移最小值，满足条件 $e^{r\Delta t}S_{t+(i-1)\Delta t}^{j} - S_{\bar{t}+i\Delta t}^{j} > 0$ 并且下移概率为 $q_{t+(i-1)\Delta t}^{j}$。

$S_{t+i\Delta t}^{\bar{j}}$ 为三叉结合树的中心分支运动后的标的资产价格，满足条件 $e^{r\Delta t}S_{t+(i-1)\Delta t}^{j} - S_{\bar{t}+i\Delta t}^{\bar{j}} = 0$，这样上移和下移概率由以下方程组给定

$$\begin{cases} p_{t+(i-1)\Delta t}^{j}(S_{t+i\Delta t}^{\bar{j}} - S_{\bar{t}+i\Delta t}^{\bar{j}}) - q_{t+(i-1)\Delta t}^{j}(S_{\bar{t}+i\Delta t}^{\bar{j}} - S_{\bar{t}+i\Delta t}^{j}) = 0 \\ p_{t+(i-1)\Delta t}^{j}\left[(S_{t+i\Delta t}^{\bar{j}})^2 - (S_{\bar{t}+i\Delta t}^{\bar{j}})^2\right] + q_{t+(i-1)\Delta t}^{j}\left[(S_{\bar{t}+i\Delta t}^{j})^2 - (S_{\bar{t}+i\Delta t}^{\bar{j}})\right] = \sigma^2\Delta t\,(S_{t+(i-1)\Delta t}^{j})^{\alpha} \end{cases} \tag{7-65}$$

由上述方程组解出概率，可得

$$p_{t+(i-1)\Delta t}^{j} = \frac{\sigma^2\Delta t(S_{t+(i-1)\Delta t}^{j})^{\alpha}}{(S_{t+i\Delta t}^{\bar{j}} - S_{\bar{t}+i\Delta t}^{\bar{j}})(S_{t+i\Delta t}^{\bar{j}} - S_{\bar{t}+i\Delta t}^{j})}$$

$$q_{t+(i-1)\Delta t}^{j} = \frac{\sigma^2\Delta t\,(S_{t+(i-1)\Delta t}^{j})^{\alpha}}{(S_{\bar{t}+i\Delta t}^{\bar{j}} - S_{\bar{t}+i\Delta t}^{j})(S_{\bar{t}+i\Delta t}^{\bar{\bar{j}}} - S_{\bar{t}+i\Delta t}^{j})} \tag{7-66}$$

显然，中心分支运动概率等于 $1-p^j_{t+(i-1)\Delta t}-q^j_{t+(i-1)\Delta t}$，上面计算出的转换概率 $p^j_{t+(i-1)\Delta t}$ 和 $q^j_{t+(i-1)\Delta t}$ 效果良好，因为考虑了在近似三叉结合树 S－过程中多重移动和波动以避免在 $S=0$ 附近区间由于每次移动规模非常小，可能导致转换概率大于1或小于0。

7.3.2 定价结果与数值模拟

现在应用前部分提出的三叉结合树近似方法给回望期权定价。根据无套利均衡可知，回望期权价格等于其执行期所有期权收益乘以相应发生概率按无风险利率折现到当前时期 t 的价值。这样就需要计算到期三叉结合树每个结点对应的回望期权收益。对于浮动执行回望看涨和看跌期权即标准回望期权，其到期收益分别等于到期标的资产价格与期权有效期内标的资产确认最小价格相减以及期权有效期内标的资产确认最大价格与到期标的资产价格的差额；相反，就固定执行回望期权而言，分两种类型，即最大看涨（call on maximum）和最小看跌（put on minimum），前者在期权有效期内标的资产确认最大价格超过执行价格时收益为两者之差；否则收益为零；后者在执行价格高于期权有效期内标的资产确认最小价格时收益为两者之差；否则收益为零。但计算回望期权到期收益并不是简单的事情，由于标的资产到达终端结点存在某些不同路径，从而在期权有效期可能确认不同的最大值或最小值，最终三叉结合树每个结点对应不同的到期收益。

由上部分开发出的近似不变方差弹性模型的三叉结合树构架可知，三叉结合树分支过程转换概率不再是常数，使得具有相同到期收益标的资产的所有路径可能发生不同的概率，这样给三叉结合树求解带来困难。对此利用前向递归程序导出一种循环算法以简便计算到期日回望期权不同收益的风险中性概率。该算法运作步骤如下。

（1）在三叉结合树格的位置以（i，$i-j$）表示标的资产价格 $S^j_{t+i\Delta t}(i=0,1,\cdots,n;j=0,1,\cdots,2i)$。这里 $i-j$ 是标的资产下移次数与上移次数的差额，正如下面所见，这能有效表示标的资产在时期 i 的位置。此外，使用 k 和 $h(k,h=0,1,\cdots,i)$ 分别表示标的资产在三叉结合树中最低层和最高层的结点。换言之，$k=0$，1，…，i，意味着到达当前资产价格为 $S^j_{t+i\Delta t}$ 的最小价格等于 $S^0_{t+k\Delta t}$，$h=0$，1，…，i，意味着当前资产价格为 $S^j_{t+i\Delta t}$ 所确认的最大价格等于 $S^{2h}_{t+h\Delta t}$。这样三叉结合树结点由（i，j）拓展到（i，j，k）和（i，j，h），它们分别表示标的资产在结点（i，j）达到最小值等于 $S^0_{t+k\Delta t}$ 和最大值等于 $S^{2h}_{t+h\Delta t}$。根据$j/2$次上移和$i-j/2$次下移的三叉结合树路径结构，给定i和j，容易得出k的取值范围为$[\max(i-j,0),\lfloor i-j/2\rfloor]$以及$h$的取值范围为$[\max(j-i,0),\lfloor j/2\rfloor]$，其中给出了接近实际数字的下限整数。借助上述$i$，$j$和$k$之间关系式以及$i$，$j$和$h$之间关系式，能确定当前标的资产价值为 $S^j_{t+i\Delta t}$ 的所有不同最小价格 $S^0_{t+k\Delta t}$ 和最大价格 $S^{2h}_{t+h\Delta t}$。

下面开始计算三叉结合树每个状态结点（i，j，k）的概率，这需要考虑（$k=i-j$和$k>i-j$）两种情况。在第一种情况，标的资产价格位于结点$(i,i-j,S^j_{t+i\Delta t})$位于标的资产在第一时间步长达到最小价格的结点。这意味着在$t+(i-1)\Delta t$时刻，标的资产价格位于结点$(i-1,i-1-j)$，从上步结点$[i-1,i-1-(j-1)]$到下期结点$(i,i-j)$是下移运动。如果在$t+(i-1)\Delta t$时刻，标的资产价格在结点$[i-1,i-1-(j-1)]$，标的资产价格达到最低层结点位于$k=i-j$基准与假设$k=i-j$相同，这意味着上一步是平行移动的标的资产在$t+i\Delta t$时刻可能达到最小价格 $S^0_{t+k\Delta t}$。因此状态结点(i,j,k)为

$$(i,j,k)=[(i-1,j,k-1)\cap L_d]\cup[(i-1,j,k)\cap L_d]\cup [(i-1,j-1,k)\cap L_m] \tag{7-67}$$

式中：L_d 和 L_m——标的资产价格在上一时间步长是下移和平行移动，因而状态结点（i，j，k）的概率由下式给出

$$\begin{aligned}\mathrm{prob}(i,j,k) &= \mathrm{prob}[(i-1,j,k-1)\cap L_d]\cup[(i-1,j,k)\cap L_d]\cup [(i-1,j-1,k)\cap L_m] \\ &= \mathrm{prob}(i-1,j,k-1)\times q^j_{t+(-1)i\Delta t}+\mathrm{prob}(i-1,j,k)\times q^j_{t+(i-1)\Delta t}+ \\ &\quad \mathrm{prob}(i-1,j-1,k)\times(1-p^{j-1}_{t+(i-1)\Delta t}-q^{j-1}_{t+(i-1)\Delta t})\end{aligned} \tag{7-68}$$

在第二种情况，位于结点（i，$i-j$）标的资产价格 $S^j_{t+i\Delta t}$ 大于在第一个$i-1$时间步长期间达到的最小价格。的确，标的资产触及结点的最低层位于基准

k，更确切地说，在 $t+(i-1)\Delta t$ 时刻标的资产已经达到基准 k；如果资产价格在结点（$i-1$，$i-1-j$）且从结点（$i-1$，$i-1-j$）到结点（i，$i-j$）是下移一个水平，在结点 $[i-1, i-1-(j-1)]$ 且从该结点到结点（i，$i-j$）是保持平行移动；在结点 $[i-1, i-1-(j-2)]$ 且从该结点到结点（i，$i-j$）是上移一个水平，这样当事件（$i-1$，j，k）发生且到第 i 步是下移或者当事件（$i-1$，$j-1$，k）发生且到第 i 步是水平移动或者当事件（$i-1$，$j-2$，k）发生且第 i 步是上移时，事件（i，j，k）发生，即

$$(i,j,k) = [(i-1,j,k) \cap L_d] \cup [(i-1,j-1,k) \cap L_m] \cup [(i-1,j-2,k) \cap L_u] \quad (7-69)$$

式中：L_u——标的资产价格在上一时间步长是上移，因此事件（i，j，k）发生的概率为

$$\begin{aligned} \text{prob}(i,j,k) &= \text{prob}[(i-1,j,k) \cap L_d] \cup [(i-1,j-1,k) \cap L_m] \cup [(i-1,j-2,k) \cap L_u] \\ &= \text{prob}(i-1,j,k) \times q^{j}_{t+(-1)i\Delta t} + \text{prob}(i-1,j-1,k) \times \\ &\quad (1 - p^{j-1}_{t+(i-1)\Delta t} - q^{j-1}_{t+(i-1)\Delta t}) + \text{prob}(i-1,j-2,k) \times p^{j-2}_{t+(i-1)\Delta t} \end{aligned} \quad (7-70)$$

如上所述，接着计算三叉结合树中状态结点（i，j，h）的概率。同样必须区分两种情况，第一种情况是当前标的资产价格 $S^{j}_{t+i\Delta t}$ 等于资产价格最大值，即 $h=j-i$。在这种情况，当前资产价格上一步运动必须是上移或水平移动且在上一时间步长 $i-1$ 达到最大值。因此有

$$(i,j,h) = [(i-1,j-2,h-1) \cap L_u] \cup [(i-1,j-2,h) \cap L_u] \cup [(i-1,j-1,h) \cap L_m] \quad (7-71)$$

并且

$$\begin{aligned} \text{prob}(i,j,h) &= \text{prob}(i-1,j-2,h-1) \times p^{j-2}_{t+(-1)i\Delta t} + \\ &\quad \text{prob}(i-1,j-2,h) \times p^{j-2}_{t+(i-1)\Delta t} + \\ &\quad \text{prob}(i-1,j-1,h) \times (1 - p^{j-1}_{t+(i-1)\Delta t} - q^{j-1}_{t+(i-1)\Delta t}) \end{aligned} \quad (7-72)$$

相反，当标的资产价格最大值大于当前资产价格即 $h>j-i$，有

$$(i,j,h) = [(i-1,j,h) \cap L_d] \cup [(i-1,j-2,h) \cap L_u] \cup [(i-1,j-1,h) \cap L_m] \quad (7-73)$$

并且

$$\begin{aligned}\text{prob}(i,j,h) = & \text{prob}(i-1,j,h) \times q^{j}_{t+(-1)i\Delta t} + \\ & \text{prob}(i-1,j-2,h) \times p^{j-2}_{t+(i-1)\Delta t} + \\ & \text{prob}(i-1,j-1,h) \times [1 - p^{j-1}_{t+(i-1)\Delta t} - q^{j-1}_{t+(i-1)\Delta t}]\end{aligned} \quad (7-74)$$

值得注意的是采用循环算法计算三叉结合树各状态结点的风险中性概率时，初始状态结点（0，0，0）的概率指定为1，而对于$k<0$或$k>i-j/2 \lfloor i-j/2 \rfloor$的状态结点（$i$，$j$，$k$）以及$h<0$或$h>\lfloor j/2 \rfloor$的状态结点（$i$，$j$，$h$）的概率为0。

为描述以上三叉结合树的运动过程，考虑资产价格$S_t=100$，时间步长数$n=3$，无风险利率$r=10\%$，到期日$T=6$个月，不变方差弹性因子$a=0.5$，波动率参数σ依据资产价格初始时刻的即期波动率对所有参数值都是相同的方式进行调整。标的资产回报率即期波动率等于0.25，这样$\delta S_t^{a/2-1}=0.25$，选择σ的值。

图7－2阐明了如何应用上述前向外推加速过程计算三叉结合树中每个结点基础资产价格达到最大值和最小值时的风险中性概率。图中描述了基础资产价格的运动过程并给出了上移、下移和水平位置状态的风险中性概率。例如$p^{0}_{t+1/3}=0.4572$，表示基础资产价格从$S^{0}_{T+1/3}$跳至结点（3，2）的价格$S^{2}_{t+1/2}$的概率。左边的三叉结合树阐明当前结点为$(i,i-j)$，每个结点基础资产达到最小值的风险中性概率，比如在结点（3，2），基础资产价格当前价格为$S^{2}_{t+1/2}$，如果价格是下移的运动状态，那么基础资产价格达到最小值$S^{0}_{t+1/6}$，因此$k=1$且发生的自然状态结点为（3，2，1）。因为$i-j=k$，这样该结点的风险中性概率用下式计算可得：

$$\begin{aligned}\text{prob}(3,2,1) &= [\text{prob}(2,2,0) + \text{prob}(2,2,1)] \times q^{2}_{t+1/3} + \\ &\quad \text{prob}(2,1,1) \times (1 - p^{1}_{t+1/3} - q^{1}_{t+1/3}) \\ &= (0.1889 + 0.1953) \times 0.3186 + 0.1150 \times 0.2196 = 0.1479\end{aligned}$$

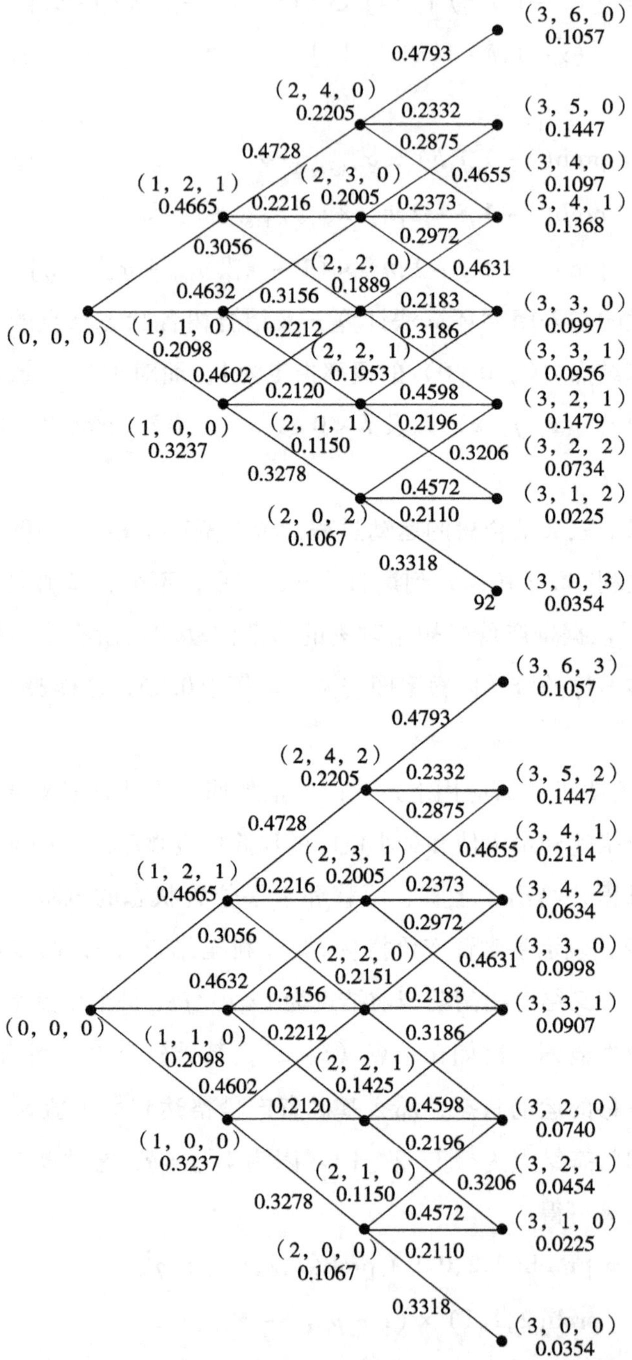

图 7－2　每个自然状态（i, j, k）和（i, j, h）的转换概率

相反，在初始时刻基础资产价格连续两次下移的情形，基础资产价格达到最小值 $S^0_{t+1/3}$，此时 $k=2$ 且自然状态结点为（3，2，2）。因为 $k>i-j$，这样该结点的风险中性概率用下式计算可得：

$$\begin{aligned}\text{prob}(3,2,2) &= \text{prob}(2,2,2)\times q^2_{t+1/3} + \text{prob}(2,1,2)\times \\ &\quad (1-p^1_{t+1/3}-q^1_{t+(1/3)}) + \text{prob}(2,0,2)\times p^0_{t+1/3} \\ &= 0.1067\times 0.4512 = 0.0734\end{aligned}$$

注意到状态（2，2，2）和（2，1，2）从未发生。

右边的三叉结合树阐明当前结点为（i，$i-j$），每个结点基础资产达到最大值的风险中性概率，当前基础资产位于结点（i，$i-j$），例如在结点（3，4），基础资产价格当前价格为 $S^4_{t+1/2}$。若资产价格上移，达到的最大值是 $S^2_{t+1/6}$；鉴于 $j-i=h$，因此 $h=1$ 且自然状态（3，2，1）发生，该状态风险中性概率可计算如下

$$\begin{aligned}\text{prob}(3,4,1) &= [\text{prob}(2,2,0)+\text{prob}(2,2,1)]\times p^2_{t+1/3} + \\ &\quad \text{prob}(2,3,1)\times[1-p^3_{t+1/3}-q^3_{t+1/3}] \\ &= (0.2151+0.1425)\times 0.4631 + 0.2005\times 0.2313 = 0.2114\end{aligned}$$

反之，在初始时刻基础资产价格连续两次上移的情形，基础资产价格达到最大值 $S^4_{t+1/3}$，因此 $h=2$，鉴于 $h>j-i$，（3，4，2）自然状态发生，该状态风险中性概率可计算如下

$$\begin{aligned}\text{prob}(3,4,2) &= \text{prob}(2,4,2)\times q^4_{t+1/3} + \text{prob}(2,2,2)\times p^2_{t+1/3} + \\ &\quad \text{prob}(2,3,2)\times(1-p^3_{t+1/3}-q^3_{t+1/3}) \\ &= 0.2205\times 0.2875 = 0.0634\end{aligned}$$

注意到自然状态（2，2，2）和（2，3，2）从未发生。

一旦计算出期权到期日每个状态结点（n，j，k）或（n，j，h）的风险中性概率，则可以对回望期权定值。对于标准回望看涨和最小看跌回望期权，状态结点（n，j，k）对应的到期收益分别满足 $S^j_{t+n\Delta t}-\min(S_m, S^0_{t+k\Delta t})$ 和 $\max[0, (k-S^0_{t+k\Delta t})]$；因此标准回望看涨期权（也称为浮动执行回望看涨期权）的价格是

$$FC=\sum_{j=0}^{2n}\sum_{k=\max(n-j,0)}^{\lfloor n-j/2\rfloor}\text{prob}(n,j,k)[S_{t+n\Delta t}^{j}-\min(S_M,S_{t+k\Delta t}^{0})] \quad (7-75)$$

最小看跌回望期权（又称做固定执行回望看跌期权）价格是

$$fP=\sum_{j=0}^{2n}\sum_{k=\max(n-j,0)}^{\lfloor n-j/2\rfloor}\text{prob}(n,j,k)\{\max[0,(K-S_{t+k\Delta t}^{0})]\} \quad (7-76)$$

式中：K——执行价格；

S_m——当前最小价格。

同理，对于标准回望看跌和最大看涨回望期权，状态结点（n，j，h）对应的到期收益分别满足 $\max(S_M,S_{t+h\Delta t}^{2h})-S_{t+n\Delta t}^{j}$ 和 $\max[0,(S_{t+h\Delta t}^{2h}-K)]$；因此标准回望看跌期权（也称为浮动执行回望看跌期权）的价格是

$$FP=\sum_{j=0}^{2n}\sum_{h=\max(j-n,0)}^{\lfloor j/2\rfloor}\text{prob}(n,j,h)[\max(S_M,S_{t+h\Delta t}^{2h})-S_{t+n\Delta t}^{j}] \quad (7-77)$$

最大看涨回望期权（又称做固定执行回望看涨期权）价格是

$$fC=\sum_{j=0}^{2n}\sum_{h=\max(j-n,0)}^{\lfloor j/2\rfloor}\text{prob}(n,j,h)\{\max[0,(S_{t+h\Delta t}^{2h}-K)]\} \quad (7-78)$$

式中：S_M——当前最大价格。

最后，转而评价上述三叉结合树循环算法应用回望期权定价的成本，这里仅考虑浮动执行回望看涨期权，其他类型回望期权可类似计算。我们确定了在三叉结合树每个结点（i，$i-j$）标的资产可能达到最小值个数（$i=0$，1，…，n；$j=0$，…，$2i$），不失一般性以 $N(i,i-j)$ 表示，考虑时间步长为偶数的三叉结合树，图 7－3（以 4 个时间步长为例）描述了三叉结合树每个结点相关联的可能发生的最小值个数。树的最高层和最低层每个结点可能只能达到唯一最小值，即 $N(i,-i)=N(i,i)=1$，这些结点数总计为 $2n+1$，因而有 $2n+1$ 个最小值；同样，经过 i 次上移或 1 次上移到达的每个结点也只有一种可能最小值，即 $N[i,-(i-1)]=N[i,(i-1)]=1$，这些结点总计有 $2(n-1)+1$ 个最小值，而经过 $i-1$ 次上移或 1 次上移到达的每个结点有两种可能最小值，这些结点总计个数是 $2(n-2)+1$，这样就有 $2[2(n-2)+1]$ 个最小值。依此类推，经过 $i-j/2$ 次上移或 $j/2$ 次上移到达的每个结点有 $\lfloor j/2\rfloor+1$ 种可能最小值，因为具有 $\lfloor j/2\rfloor+1$ 种不同最小值总共存在 $2[2(n-j)+1]$ 个结点数，所以这些结

点对应的最小值总数为$2[2(n-j)+1]\times(\lfloor j/2\rfloor+1)$，这样在时间步长数为$n$的三叉结合树中最小值总数等于

$$\sum_{j=0}^{n}[2(n-j)+1](\lfloor j/2\rfloor+1)=\frac{1}{12}n^3+\frac{7}{8}n^2+\frac{29}{12}n+1 \quad (7-79)$$

为了计算三叉结合树中每个状态结点最小值或最大值的风险中性概率，必须根据前面开发出的前向递归程序，应用两乘一加，即$n^3/6+7n^2/4+29n/6$乘和$n^3/12+7n^2/8+29n/12$加。此外，对于在最后时间步长n每个可能最小价格风险中性概率，必须结合相应的期权到期收益并计算它们的总和。因为在时间步长n存在$3n^2/4+n+1$个可能最小值，为此必须考虑$3n^2/4+n+1$乘和$3n^2/4+n$加。总之，为计算期权价格需要$n^3/6+5n^2/2+35n/6+1$乘和$n^3/12+9n^2/8+51n/12$加。

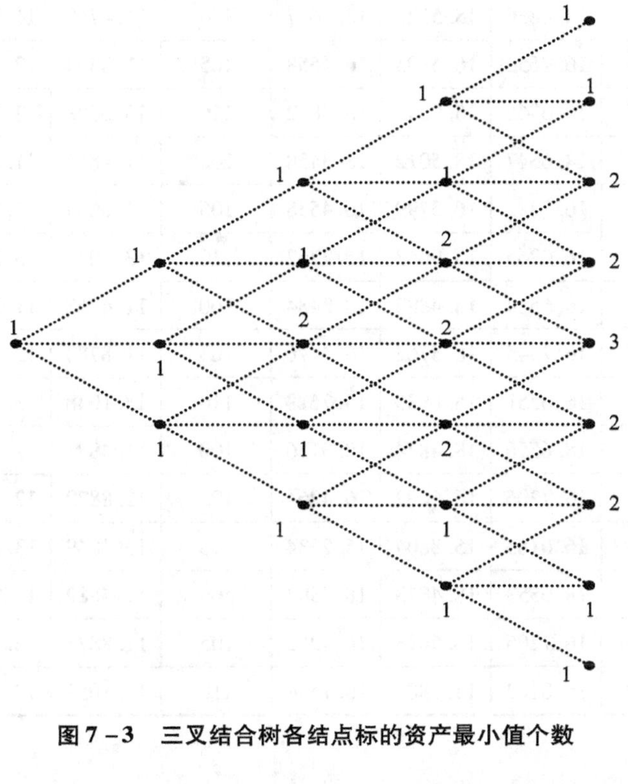

图7-3 三叉结合树各结点标的资产最小值个数

表7-4和表7-5列出了利用前面描述的三叉结合树格算法步骤评价浮动执行和固定执行回望期权的数值计算结果。表的焦点在于检验该方法的执行效

果和收敛性。为比较采用文献［199］和［200］所用的参数：当前价格 S_t 为100，期限为6个月，无风险利率为10%，（基础资产价格变化百分率）的瞬态波动为每年25%并依据条件 $\sigma S_t^{a/2-1}=0.25$ 选择 σ，基础资产的当前最小价值或固定执行价格可能是90，95或100；而最大价值或固定执行价格可能为100，105或110，时间步长数分别为25，100，250或5 000。弹性因子 a 等于0.5，1或1.5。此外，为验证三叉结合树格算法，还根据Davydov和Linetsky提出的方法计算出回望期权在不变方差弹性模型中的近似解。

表7－4　浮动执行回望期权在不变方差弹性模型中的定价

n	标准回望看涨				标准回望看跌			
	S_m	$a=0.5$	$a=1$	$a=1.5$	S_M	$a=0.5$	$a=1$	$a=1.5$
三叉结合树格算法								
25	90	18.6856	18.5123	18.3687	100	11.4768	11.7185	11.9762
	95	16.7652	16.5895	16.4658	105	11.8564	12.1132	12.3654
	100	16.0765	15.9043	15.7842	110	13.0098	13.3053	13.6012
100	90	18.6647	18.5012	18.3458	100	11.4812	11.7287	11.9832
	95	16.7482	16.5799	16.4558	105	11.8654	12.1348	12.3952
	100	16.0765	15.9043	15.7762	110	13.1021	13.3248	13.6213
250	90	18.6584	18.4883	18.3484	100	11.4868	11.7305	11.9954
	95	16.7345	16.5762	16.4476	105	11.8783	12.1381	12.4072
	100	16.0351	15.8835	15.7628	110	13.1048	13.3676	13.6518
5000	90	18.6556	18.4874	18.3156	100	11.4881	11.7311	11.9951
	95	16.7206	16.5692	16.4264	105	11.8872	12.1381	12.4091
	100	16.0183	15.8804	15.7534	110	13.1049	13.3682	13.6529
近似解	90	18.6553	18.4873	18.3302	100	11.4882	11.7312	11.9953
	95	16.7205	16.5693	16.4262	105	11.8873	12.1382	12.4091
	100	16.0182	15.8803	15.7534	110	13.1051	13.3682	13.6531

表 7-5 固定执行回溯期权在不变方差弹性模型中的定价

n	最小看跌回溯期权				最大看涨回溯期权			
	K	$a=0.5$	$a=1$	$a=1.5$	K	$a=0.5$	$a=1$	$a=1.5$
三叉结合树格算法								
25	90	4.0376	3.7972	3.5756	100	16.3263	16.5993	16.8765
	95	7.1956	6.9742	6.7798	105	11.8658	12.2362	12.6005
	100	11.2012	11.0342	10.9012	110	6.9325	7.0889	7.5632
100	90	4.0285	3.7884	3.5732	100	16.3412	16.6053	16.8915
	95	7.1912	6.9501	6.7603	105	11.8813	12.2521	12.6094
	100	11.1932	11.0132	10.8935	110	6.9532	7.1243	7.5796
250	90	4.0262	3.7871	3.5686	100	16.3472	16.6083	16.8995
	95	7.1854	6.9423	6.7598	105	11.8973	12.2586	12.6124
	100	11.1897	11.0047	10.8912	110	6.9542	7.1252	7.5812
5000	90	4.0255	3.7862	3.5649	100	16.3472	16.6083	16.8995
	95	7.1825	6.9343	6.7583	105	11.8973	12.2586	12.6124
	100	11.1863	11.0021	10.8856	110	6.9542	7.1264	7.5843
近似解	90	4.0254	3.7859	3.5649	100	16.3473	16.6083	16.8995
	95	7.1825	6.9342	6.7582	105	11.8974	12.2587	12.6125
	100	11.1863	11.0021	10.8856	110	6.9542	7.1264	7.5843

与其他数值算法相比，本节提出的算法得出的价格对所有 a 值随着时间步长数增加都迅速收敛于近似解。当 $n=25$，三叉结合树定价算法导出的价格比使用 P. P. Boyle，Y. Tian 三叉结合树法和稳健二叉树方法更接近于近似解，当 $n=100$，三叉结合树格算法定价与近似解仅相差 0.01，而时间步长数增至 5 000 时几乎与近似解匹配。此外该算法在回望期权定价中的准确性与其他数值算法类似，但相对比较简单便于使用，计算效率较高。

7.4 本章小结

具有标的资产的波动与其价格水平相联系，优点是不变方差弹性模型比经典布莱克－舒尔斯期权定价模型更吻合实证研究结果，本章推导出基于不变方差弹性模型中的三值期权解析定价公式，发现导出的定价公式比假设标的资产的波动为常数的布莱克－舒尔斯期权定价模型中该奇异期权定价公式更加复杂，其原因在于公式中涉及非中心χ^2分布的累积分布余函数$Q(y,v,\lambda)$，为此给出一种简单有效的迭代算法计算余函数$Q(y,v,\lambda)$。为提高其收敛速度又给出了一种便捷的正态近似逼近，从而解决了在实践中不变方差弹性模型中三值期权定价求解的复杂问题；其次探讨了当标的资产价格遵循不变方差弹性过程时算术平均亚式期权的定价问题，提出了一个三叉树方法来对不变方差弹性模型进行近似处理，并利用其为算术平均亚式期权的不同品种——平均资产价格型期权和平均执行价格型期权进行定价。该方法使用起来简单易行，且在这种奇异期权的定价中具有良好的收敛性。最后，开发出了一种简单有效的三叉结合树格算法为回望期权在不变方差弹性模型中的定价提供新的思路。构建了三叉结合树格近似不变方差弹性模型用以描述标的资产的波动，一旦确定好了标的资产三叉结合树分过程，则提出了简单易行的基于前向递归技术的循环算法计算三叉结合树分过程，每个结点表的资产价格达到最小值或最大值的风险中性概率，进而利用其为固定执行和浮动执行回望期权进行定价。数值实例结果表明与其他数值方法比如近似法相比，该方法具有令人满意的收敛性且在不变方差弹性模型参数值加大范围内给出准确的估计价格。此外，对依赖于过程极限的回望期权而言，其价格对过程的确定十分敏感。

8　基于模糊期权方法的 IT 企业战略投资决策研究

期权方法意味着企业可以在某个时期对决定或放弃战略投资做出选择。期权准则就是如果净现值很大足以补偿放弃等待期权的价值，企业应即刻投资，因为当进行不可逆投资时，投资期权就丧失了价值，所以这个损失就是投资机会成本。一个管理集团需要承担延迟投资机会责任的主要问题是：如果可以延迟投资，则延迟投资直至时期 T 需多长时间？本章在模糊框架下，介绍了一种启发性的期权方法，根据梯形模糊数估计期望现金流和期望成本的现值，借助模糊数的数学期望值和方差，确定最佳执行时间，最后就该方法进行实证分析。

8.1　概率性的期权估价

期权是这样一种权利，其持有者在规定的时间内有权利但不负有义务按事先预定的价格（执行价格）购买或出售某项金融资产（绝大多数是股票），持有者以事先预定的价格实际购买或出售标的资产称为执行期权。对于看涨期权（买权）来说，如果标的资产价值大于执行价格则持有人执行买权；对于看跌期权（卖权）来说，如果标的资产价值小于执行价格则持有人执行卖权。

1973 年，两位美国著名金融学家布莱克和舒尔斯对期权定价做了开创性的贡献，他们推导出基于不支付红利股票的任意一种衍生证券的价格所必须满足的偏微分方程，就风险中性投资而言，布莱克－舒尔斯欧式看涨期权定价公

式为

$$C_0 = S_0\Phi(d_1) - Xe^{-rT}\Phi(d_2)$$

其中，$d_1 = \dfrac{\ln(S_0/X) + (r + \sigma^2/2)T}{\sigma\sqrt{T}}$，$d_2 = d_1 - \sigma\sqrt{T}$。

式中：C_0 ——期权价格；

S_0 ——标的股票当前价格；

X ——执行价格；

$\Phi(d)$ ——标准正态分布的累计概率分布函数（即随机变量小于 x 的概率）；

r——无风险利率；

σ ——股票收益率标准差。

1973 年，Steeley 扩展布莱克－舒尔斯期权定价公式得到支付红利股票的欧式看涨期权的价格为

$$C_0 = S_0e^{-\delta T}\Phi(d_1) - Xe^{-rT}\Phi(d_2) \tag{8-1}$$

其中，$d_1 = \dfrac{\ln(S_0/X) + (r - \delta + \sigma^2/2)T}{\sigma\sqrt{T}}$，$d_2 = d_1 - \sigma\sqrt{T}$。

式中：δ ——期权有效期内支付的红利[47]。

期权思想中的实物期权是基于与金融期权相同的原理，它涉及实物资产而不是金融资产[203]，实物期权意味着企业可以对某个时期决定或放弃战略投资决策做出选择。

实物期权可以使用与金融期权类似的理论估价，这与传统的贴现现金流投资方法完全不同，采用传统的投资方法，投资活动或项目经常被看作是刚性的并且主要问题为是即刻投资还是放弃投资[204]。当投资结果不确定时，采用传统的投资方法很难做出决策。为此人们提出净现值（NPV）或贴现现金流（DCF）估价法，由于这些方法忽略了灵活性价值并且外部包含的不确定性很难贴现，许多有趣创新的活动和项目因不确定性而摒弃。

然而，只有一些投资项目是刚性的，通常可以延迟、修改或将项目分成产生重要学习效果（且因此减少不确定性）的战略成分。这些情况可以借助期权思想。由期权定价理论导出的新准则就是如果净现值很大足以补偿放弃等待

期权的价值则应即刻投资，因为当进行不可逆投资时，投资期权的价值丧失，转化为投资成本，这称为机会成本。

根据 Leslie 和 Michaels，由下式计算实物期权的价值[205]：

$$\mathrm{ROV} = S_0 e^{-\delta T}\Phi(d_1) - Xe^{-rT}\Phi(d_2) \tag{8-2}$$

其中，$d_1 = \dfrac{\ln(S_0/X) + (r - \delta + \sigma^2/2)T}{\sigma\sqrt{T}}$　$d_2 = d_1 - \sigma\sqrt{T}$。

式中：ROV——实物期权当期价值；

S_0——期望现金流现值；

X——固定成本的价值；

σ——量化期望现金流的不确定性；

δ——期权有效期丧失的价值。

以下引用文献［205］中的实例来阐述传统的消极 NPV 决策准则和积极的实物期权方法的主要区别。

某 IT 石油公司面临一个获得油田开发 5 年许可证的机会，一旦开发，油田期望可生产 45 百万桶石油，一桶石油当前价格为 10 美元，开发成本的现值为 600 百万美元，这样项目机会的净现值为：NPV = 45 × 10 − 600 = −150（百万美元）

根据这个计算结果，公司显然应该放弃这个机会，但是采用期权估价，结果是什么？

首先，这种估价承认不确定性的重要性，影响油田价值不确定性有两个重要因素：石油的数量和价格。石油的数量可以通过分析历史调查资料合理估计；在地质相似的地区，类似地，石油价格变化的历史资料也容易获得。

为论述，假设上述不确定性的两个来源共同造成在营运现金流价值增长率附近 30% 标准差（σ），持有期权迫使持有者遭受保持储量活力的净固定成本，比如为 15 百万美元，这表示一个类似资产价值 3%（15/450）的支付红利，又已知期权有效期 T 为 5 年，无风险利率 r 为 5%，则期权价值估计为

$$\begin{aligned}\mathrm{ROV} &= 500 \times e^{-0.03\times 5} \times 0.58 - 600 \times e^{-0.05\times 5} \times 0.32 \\ &= 251 - 151 = 100(\text{百万美元})\end{aligned}$$

一个公司承担延迟投资机会责任的主要问题是：延迟投资直至时期 T 需多长时间？

为回答这个问题，M. Benaroch 和 R. J. Kauffman 提出以下最优投资战略的决策准则[206]：最多可延迟时间为 T，在 $t^*(0 \leqslant t^* \leqslant T)$ 投资（执行期权），此时期权 C_{t^*} 为正且为 C_t 的最大值，即

$$C_{t^*} = \max_{t=0,1,\cdots,T} C_t = V_t e^{-\delta t}\Phi(d_1) - Xe^{-rt}\Phi(d_2) \tag{8-3}$$

其中，

$$V_t = PV(\mathrm{CF}_0,\cdots,\mathrm{CF}_T,\beta_\mathrm{P}) - PV(\mathrm{CF}_0,\cdots,\mathrm{CF}_t,\beta_\mathrm{P}) = PV(\mathrm{CF}_{t+1},\cdots,\mathrm{CF}_T,\beta_\mathrm{P})$$

$$V_t = \mathrm{CF}_0 + \sum_{j=1}^{T}\frac{\mathrm{CF}_j}{(1+\beta_\mathrm{P})^j} - \mathrm{CF}_0 - \sum_{j=1}^{t}\frac{\mathrm{CF}_j}{(1+\beta_\mathrm{P})^j} = \sum_{j=t+1}^{T}\frac{\mathrm{CF}_j}{(1+\beta_\mathrm{P})^j}$$

式中：CF_t ——在 t 时刻的期望现金流；

β_P ——风险调整贴现率（或项目收益率）。

当然，上述决策准则需要反复运用，以理解最优投资战略是怎样根据新信息而变化的。

应该强调实物期权类似于金融期权，但不意味它们是等同的。实物期权着力于公司的战略决策，其中自由度按公司能力限定，这些战略决策中不同赌金持有者都发挥作用，尤其是如果投资所需资源缺乏，那么公司持续经营将处于危险中，因此在规模较大的关联公司，总需要实物期权，反之，可以自由独立地使用金融期权。

8.2 模糊数的期望值和方差

模糊数 A 是有边界的标准模糊凸连续隶属函数，模糊数族用£ 表示，对任意 $A \in$ £ ，用记号 $[A]^\gamma = [a_1(\gamma), a_2(\gamma)]$ 表示 A 的 γ -截集，模糊数也可以看作是概率分布[207]，如果 $A \in$ £ 为模糊数且 $x \in R$ 为实数，则 $A(x)$ 可以描述为 $x = A$ 的可能性程度。

定义 1：

模糊集 $A \in$ £ 称为梯形模糊数[208]，中心为 $[a, b]$，左宽 α 右宽 β，如

果隶属函数具有以下形式：

$$A(t)=\begin{cases}1-\dfrac{a-t}{\alpha} & \alpha\leqslant t<a\\ 1 & a\leqslant t\leqslant b\\ 1-\dfrac{t-b}{\beta} & b<t\leqslant b+\beta\\ 0 & 其他\end{cases}$$

并且使用记号 $A=(a,b,\alpha,\beta)$，则容易表示

$[A]^{\gamma}=[a-(1-\gamma)\alpha,b+(1-\gamma)\beta],\gamma\in[0,1]$，$A$ 的边界为 $[a-\alpha,b+\beta]$。以（a，b）为中心的梯形模糊数可以看作依赖于 α 和 β，描述一个实变量价值大约在［a，b］的特征。如果 $A(t)=1$，则 $t\in A$ 且 $a\leqslant t\leqslant b$；如果 $A(t)=0$，则 $t\in A$ 且 $t\notin[a-\alpha,b+\beta]$，$t$ 远离［a，b］；最后，如果 $0<A(t)<1$，则 $t\in A$ 且 $t\in[a-\alpha,b+\beta]$，t 紧接近［a，b］。在概率框架中[209]，$A(t)$，$t\in R$ 可以解析为"t 近似地在［a，b］"的可能性程度。

令 $[A]^{\gamma}=[a_1(\gamma),a_2(\gamma)]$，$[B]^{\gamma}=[b_1(\gamma),b_2(\gamma)]$ 且令 $\lambda\in R$ 为实数，使用外延定理，根据加法和标量乘法，可以验证以下准则

$$(A+B)^{\gamma}=[a_1(\gamma)+b_1(\gamma),a_2(\gamma)+b_2(\gamma)],[\lambda A]^{\gamma}=\lambda[A]^{\gamma} \quad (8-4)$$

令 $A\in £$ 为模糊数且 $[A]^{\gamma}=[a_1(\gamma),a_2(\gamma)]$，$\gamma\in[0,1]$，文献［210］中介绍了 A 的均值为

$$E(A)=\int_0^1\gamma[a_1(\gamma)+a_2(\gamma)]\mathrm{d}\gamma=\frac{\int_0^1\gamma[a_1(\gamma)+a_2(\gamma)/2]\mathrm{d}\gamma}{\int_0^1\gamma\mathrm{d}\gamma}$$

即 $a_1(\gamma)$ 和 $a_2(\gamma)$ 算术平均的权重仅为 γ，容易证明 E: $£\to R$ 为线性函数。关于式（8－4），文献［179］中还介绍了 A 的方差为

$$\sigma^2(A)=\int_0^1\gamma\left\{\left[\frac{a_1(\gamma)+a_2(\gamma)}{2}-a_1(\gamma)\right]^2+\left[\frac{a_1(\gamma)+a_2(\gamma)}{2}-a_2(\gamma)\right]^2\right\}\mathrm{d}\gamma$$

$$=\frac{1}{2}\int_0^1\gamma[a_2(\gamma)-a_1(\gamma)]^2\mathrm{d}\gamma$$

即 A 的方差定义为其标准集的算术平均和端点之差平方的期望值。

如果 $A=(a,b,\alpha,\beta)$ 为梯形模糊数，则根据上式容易得到

$$E(A)=\int_0^1\gamma[a-(1-\gamma)\alpha+b+(1-\gamma)\beta]\mathrm{d}\gamma=\frac{a+b}{2}+\frac{\beta-\alpha}{6}$$

$$\sigma^2(A)=\frac{1}{2}\int_0^1\gamma[b+(1-\gamma)\beta-a+(1-\gamma)\alpha^2]\mathrm{d}\gamma$$

$$=\frac{(b-a)^2}{4}+\frac{(b-a)(\alpha+\beta)}{6}+\frac{(\alpha+\beta)^2}{24}$$

8.3 期权估价的混合方法

通常期望现金流的现值不能用一个单数来描述其特征，然而关于 Wacno 千兆投资研究项目的实证研究[211]表明，管理者可以使用下面形式的梯形概率分布来估计期望现金流现值。

$$S_0=(S_1,S_2,\alpha,\beta)$$

即期望现金流现值最可能值位于 (S_1,S_2)，其中 (S_1,S_2) 为梯形模糊数 S_0 的中心，并且 $S_2+\beta$ 为期望现金流现值上升的潜能，$S_1-\alpha$ 为期望现金流下降的潜能。

用类似的方法，可以使用以下形式的梯形概率分布来估计期望成本。

$$X_0=(X_1,X_2,\alpha',\beta')$$

即期望成本最可能的价值位于 (X_1,X_2)，$[X_1,X_2]$ 为梯形模糊数 X_0 的中心，并且 $X_2+\beta'$ 和 $X_1-\alpha'$ 分别为期望成本上升的潜能和下降的潜能。

注释 1：期望现金流现值和期望成本的概率分布也可以由非线性高斯隶属函数表示，从计算的角度考虑，使用线性隶属函数更容易，并且更为重要的是实证分析表明高层管理者宁可采用梯形模糊数而不愿采用高斯模糊数，在这种情况下，提出下面启发性的公式来计算模糊期权价值。

$$\mathrm{FROV}=S_0\mathrm{e}^{-\delta T}\Phi(d_1)-X\mathrm{e}^{-rT}\Phi(d_2) \tag{8-5}$$

其中，$d_1=\dfrac{\ln[E(S_0)/E(X)]+(r-\delta+\sigma^2/2)}{\sigma\sqrt{T}}$，$d_2=d_1-\sigma\sqrt{T}$。 (8-6)

式中：$E(S_0)$——期望现金流现值；

$E(X)$ ——期望成本的数学期望值；

$\sigma = \sigma(S_0)$ 为期望现金流现值的标准差。运用公式（8－4），由梯形模糊数算术运算，得到

$$\begin{aligned}\text{FROV} &= (S_1, S_2, \alpha, \beta)\mathrm{e}^{-\delta T}\Phi(d_1) - (X_1, X_2, \alpha', \beta')\mathrm{e}^{-rT}\Phi(d_2) \\ &= [S_1\mathrm{e}^{-\delta T}\Phi(d_1) - X_2\mathrm{e}^{-rT}\Phi(d_2), S_2\mathrm{e}^{-\delta T}\Phi(d_1) - X_1\mathrm{e}^{-rT}\Phi(d_2), \\ &\alpha\mathrm{e}^{-\delta T}\Phi(d_1) + \beta'\mathrm{e}^{-rT}\Phi(d_2), \beta\mathrm{e}^{-\delta T}\Phi(d_1) + \alpha'\mathrm{e}^{-rT}\Phi(d_2)]\end{aligned} \quad (8-7)$$

注释 2：显然公式（8－6）中不能使用 $E(S_0/X)$，因为它不是模糊数。

注释 3：模糊实物期权的价值也将是一个模糊数，那么根据式（8－2）计算出的实物期权的价值和根据式（8－6）计算出的模糊实物期权的价值之间的关系是什么？可以说明[212]，如果公式（8－2）中概率密度函数 $S_0 = (S_0, 1)$ 和 $X_0 = (X_0, 1)$ 的概率密度是对称的三角形，则

$$\text{ROV} = E(\text{FROV}) \quad (8-8)$$

通常情况下，概率分布不满足概率密度函数性质，反之，概率密度函数大部分都不是正态的，因此不能计算出 ROV 和 $E(\text{FROV})$

使用模糊数的实物期权估计方法，要有明确的前后关系（上述 α 和 β 就是一个前后关系）。千兆投资要求基础投资超过 300 百万欧元并且投资寿命期为 15～25 年，传统的 DCF 投资方法假设投资不确定收益和成本可以根据过去收益和成本的历史时间序列和观察的可能值估计。

显然相关的历史资料 2～3 年后很快就消失了，并且 5 年后时间序列也没有任何预测价值，古典期权估价方法中也遇到这个问题，该方法假设：①股市能找到投资对投资公司份额的股市价值影响的价格；②不确定收益和成本完全是随机的（例如，用几何布朗运动描述）。

我们认为，非随机方式的千兆投资实际上影响终端用户市场并且它们价值重大足以影响市场战略、技术战略、竞争地位和商业模式，因此使用纯粹随机现象的假设不是很完善的。

【例 8－1】 在下面假设条件下求解模糊实物期权价值。

已知：

$\tilde{S}_0$ =（3.50 亿美元，5.50 亿美元，1.50 亿美元，1.50 亿美元）

期望现金流现值分布如图 8－1 所示。

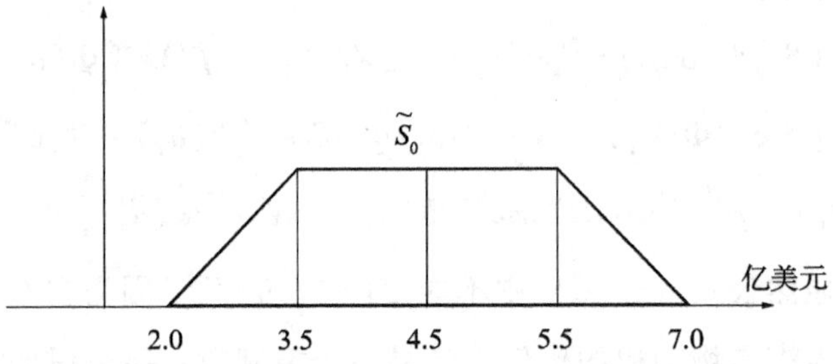

图 8－1　期望现金流现值概率分布

$\tilde{X}_0$ =（4.0 亿美元，6.0 亿美元，5.0 亿美元，5.0 亿美元）

期望成本的概率分布如图 8－2 所示。

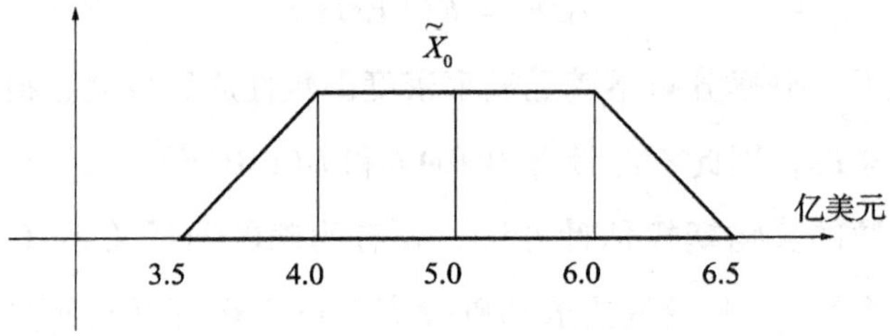

图 8－2　期望成本的概率分布

年利率 $r=5\%$，$T=5$ 年，$\delta=0.03$/年。

首先计算：

$$\sigma(S_0)=\sqrt{\frac{(S_2-S_1)^2}{4}+\frac{(S_2-S_1)(\alpha+\beta)}{6}+\frac{(\alpha+\beta)^2}{24}}=1.541\ 1(\text{百万美元})$$

$$E(S_0)=\frac{S_1+S_2}{2}+\frac{\beta-\alpha}{6}=4.50(\text{亿美元})$$

即 $\sigma=34.25\%$。

并且

$$E(X_0)=\frac{X_1+X_2}{2}+\frac{\beta'-\alpha'}{6}=5.0(\text{亿美元})$$

进而：

$$\Phi(d_1) = \Phi\left[\frac{\ln(6.0/5.0) + (0.05 - 0.03 + 0.308^2/2) \times 5}{0.308\sqrt{5}}\right] = 0.7422$$

$$\Phi(d_2) = 0.2578$$

因此，根据式（8－7），得到实物期权的模糊价值为

FROV =（1.031 3 亿美元，2.710 4 亿美元，1.058 6 亿美元，1.058 6 亿美元）

$E(\text{FROV}) = \frac{1.0313 + 2.7104}{2} = 1.8708$（亿美元），FROV 最可能的价值位于［1.031 3 亿美元，2.710 4 亿美元］，最大可能的损失为 0.027 3 亿美元（1.031 3－1.058 6），最大可能的收益为 3.769 0 亿美元（2.710 4＋1.058 6）。

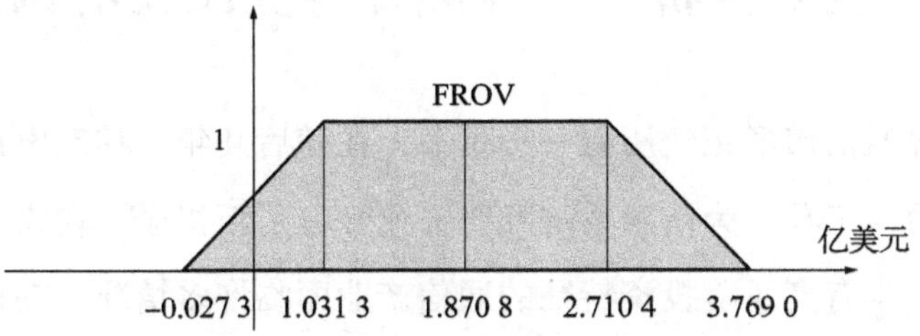

图 8－3　实物期权价值的概率分布

从图 8－3 可以看出，模糊期权最可能价值集［40.15，166.58］很大，这根源于现金流入和流出的不确定性很大。

下面将推广最优投资战略决策准则到模糊情况，其中，最大可延迟时间为 T，在 $t^*(0 \leqslant t^* \leqslant T)$ 投资（执行期权），此时期权 C_{t^*} 达到它最大值

$$\tilde{C}_{t^*} = \max_{t=0,1,\cdots,T} \tilde{C}_t = \tilde{V}_t e^{-\delta t}\Phi(d_1) - \tilde{X}e^{-rt}\Phi(d_2)$$

其中，

$$\tilde{V}_t = PV(\widetilde{\text{CF}}_0, \cdots, \widetilde{\text{CF}}_T, \beta_P) - PV(\widetilde{\text{CF}}_0, \cdots, \widetilde{\text{CF}}_t, \beta_P) = PV(\widetilde{\text{CF}}_{t+1}, \cdots \widetilde{\text{CF}}_T, \beta_P)$$

即

$$\tilde{V}_t = \widetilde{\text{CF}}_0 + \sum_{j=1}^{T} \frac{\widetilde{\text{CF}}_j}{(1+\beta_P)^j} - \widetilde{\text{CF}}_0 - \sum_{j=1}^{t} \frac{\widetilde{\text{CF}}_j}{(1+\beta_P)^j} = \sum_{j=t+1}^{T} \frac{\widetilde{\text{CF}}_j}{(1+\beta_P)^j}$$

式中：$\widetilde{\text{CF}}_t$ ——在 t 时刻的期望模糊现金流；

β_P ——风险调整贴现率（或项目收益率）。

然而，要从集合 $\{\tilde{C}_0, \tilde{C}_1, \cdots, \tilde{C}_T\}$ 中找到最大元素，不是个简单的问题，因为这涉及梯形模糊数列，为此，采用以下价值函数来估计梯形模糊期权价值

$$V(\tilde{C}_t) = \frac{C_t^L + C_t^R}{2} + r_A \times \frac{\beta_t - \alpha_t}{6}$$

其中，$\tilde{C}_t = \{C_t^L, C_t^R, \alpha_t, \beta_t\}$，$r_A \geqslant 0$ 表示投资者风险厌恶程度，如果 $r_A = 0$，则风险中性投资者通过比较期望值来比较梯形模糊数，即他不关心投资最大可能的收益和损失。

8.4 实证分析——欧洲日耳曼民族电讯公司

当前世界通信市场正经历着一场革命，在随后几年，移动电话可能成为世界最通用的通信工具，为信息系统和服务业开辟了新机会。在市场和技术不确定的条件下，具有高风险投资特征的通信产业面临许多情况，在此采用期权分析进行战略投资决策。

当模糊期权方法运用于 IT 通信公司战略决策时，应更详细了解期权价值是怎样形成的。图 8－4 中归纳了期权价值的影响因素。

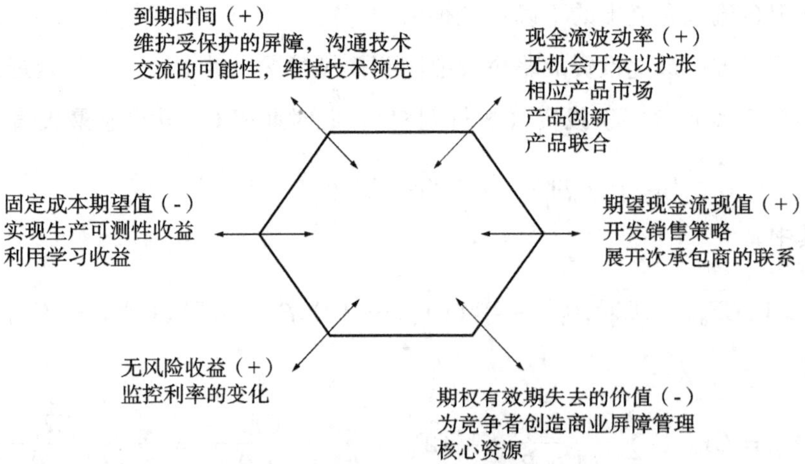

图 8－4　实物期权价值的影响因素

（+/－说明 ROV 增或减）

模糊期权价值（FROV）随现金流波动率的增加而增加，公司管理是前瞻的并想办法开发新市场，产品创新产品合成。作为战略决策的最终结果，如果期望现金流现值增加，则FROV增加，通过展开市场战略或发展次承包商关系可以对其施加影响。如果延迟投资期间价值丧失，则FROV减少，但这可以通过为竞争者创造商业屏障或更好地管理核心资源来改变。无风险收益增加将增加FROV，并且通过密切监控利率变化可进一步提高FROV。如果固定成本期望值上升，则FROV下降，此时较低成本经营机会丧失，通过延期以探究并执行生产可量测性收益或利用学习收益可改变这种情况。到期时间越长，FROV越大，通过维护受保护的屏障，沟通执行可能性并维护技术领先可以确保发展。

下例展示了在欧洲日耳曼民族的电讯公司使用模糊实物期权方法进行战略决策。

【例8-2】 欧洲日耳曼民族的电讯公司（简称NTI）是欧洲最成功的移动通信经营商之一，被誉为质量先驱者，在无线技术和构建长期顾客关系上有许多创新。NTI是一个虚拟公司，但对于参与千兆Wceno项目投资的4家芬兰公司战略决策动态树模型已成功实现。在NTI任何顾客部，公司产品都不占统治地位，NTI想占领统治地位以对抗所有市场上的竞争者。NTI在芬兰、挪威、瑞典、丹麦、爱沙尼亚五个国家和彼得堡地区都有提供大哥大服务的合伙公司。

考虑2003—2011年计划期间的战略决策，NTI有3种可能选择：①引进第三代移动方案（3G）；②将经营范围扩展到其他国家；③展开新的m-商业方案，其中，引进3G系统最多可推迟2年，扩展经营范围最多可延迟1年，引进新的m-商业方案应即刻开始。

公司的目标是使公司的现金流量在计划期2011年末达到最大，在计算执行过程中，用一个动态决策树描述NTI的战略计划问题（参见图8-5），树中，未来期望现金流和成本通过梯形模糊数估计，期望收益波动率根据期望现金流的模糊期望值和方差，利用8.3节中介绍的计算实例容易得到，收益下降比率根据成本模糊期望值和延迟投资固定成本15百万欧元估计；然后使用模糊期权理论计算出动态决策树所有节点的期权价值，最后选择计划期末期权价值最大的路径为最优路径（参见图 8 -6 和图 8 -7）。

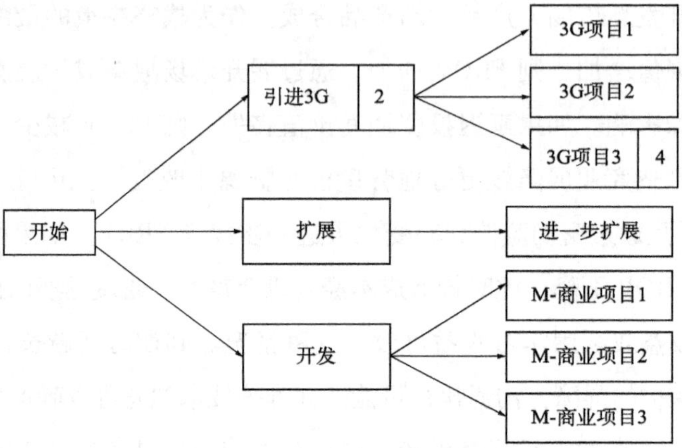

图 8 -5　NTI 简化决策树

［最优路径：2005 年延迟 2 年时间后引入 3G 方案，然后在 2009 年（延迟 4 年）继续 3G 项目］

3G项目-3

项目寿命期：3

项目最长可延迟时间：5

r 风险调整贴现率：8.50%

δ 收益下降比率：3.25%

σ 期望收益波动率：15.29%

t	V（单位：百万）				X（单位：百万）			
	a	b	α	β	a	b	α	β
0	95	105	5.00	5.00	740	760	15.00	15.00
1	108	120	8.00	5.00				
2	125	132	12.00	7.00				
3	135	142	15.00	5.00				
4	145	151	4.00	4.00				
5	150	160	10.00	11.00				
6	145	151	4.00	4.00				
7	135	142	15.00	5.00				
8	130	138	10.00	8.00				

图 8 -6　3G 项目最优路径的输入数据

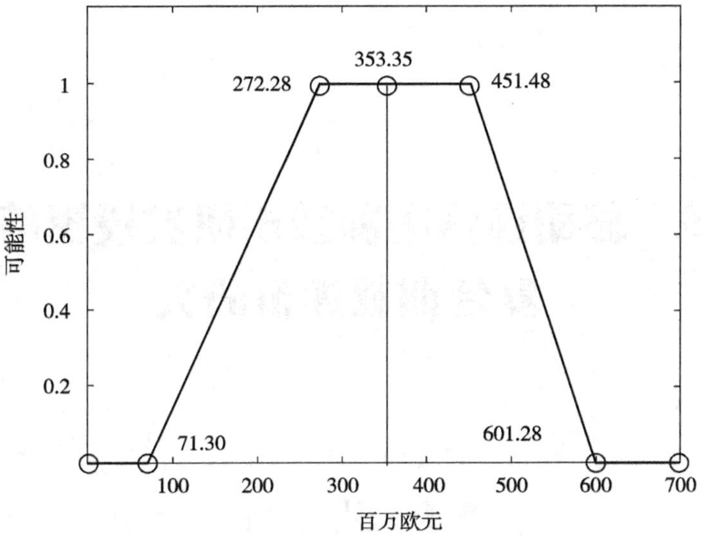

图8－7　3G项目模糊实物期权的价值

8.5　本章小结

模糊期权模型是非常实用和有效方法，该领域的基础工作是使用概率论[211]解释未来现金流估计值的不确定性，这可以与金融期权比较，对于金融期权而言，可以假设存在许多参与者和股票交易的有效市场，从而证实大数定律有效性假设并因此使用概率论的合理性；对期权而言，情况完全不同，延迟投资（在本章案例中是一项巨额的千兆投资）将获得与有效市场不同的结果，因为生产成果的参与者非常少。

当判断或估计未来现金流时，遇到的不精确性本身并不是随机的，而且使用概率论带来误导的精确性标准和重复结果的概念，现实情况并非如此，不确定性是真实的，不引入模糊期权模型就不能用公式表达真实的不确定性，本章结合主观判断和统计不确定性提出的模型可以让投资者在进行投资决策时更好地了解问题。

9　移动通信创新技术研发投资的复合期权评价研究

9.1　引　　言

研发（R&D）是现代企业内部重要的资源分配，需要大量的投资，但因未来收益的高度不确定性，开发潜在投资机会对企业未来增长至关重要。传统净现值（NPV）方法不能处理变化莫测竞争环境中的经营柔性，而实物期权方法融入许多动态走势，在复杂的研发投资领域取得显著成果[213]，数篇论文[214-219]从序贯互换期权和复合期权角度，采用树方法和蒙特卡罗方法模拟提出服务、电子产品、医药等不同行业 R&D 项目多阶段投资评价问题的各种解答，发现相比清晰结构具有确定阶段的研发项目，在项目有效期使用随机跳跃泊松过程模拟估值问题，决策者无需控制不同阶段的发生，从而粗略估计不同阶段的确切时机。

期权还广泛应用于网络通信创新技术[220]研发投资定价，一些学者[221-223]专注于更通用的方法，采用布莱克－舒尔斯期权定价模型分析新英格兰 24 小时共享电子银行网络引入销售点借记卡服务的最优时机；鉴于布莱克－舒尔斯期权定价模型无法处理所有嵌入的多阶期权，探讨二叉树法评估多阶 IT 投资价值；并使用某些解析近似解估值 IT 基础设施项目，管理 IT 项目风险。另一些学者专注于期权解决实用商业案例[224-228]，估计英格兰 3G 电信许可证（UMTS）的价值，欧洲汽车零部件制造商决定软件平台是否从 SAP R/2 升级到 SAP R/3

的案例研究，定价和选择大型美国能源公用事业公司的31个IT项目，讨论宽带有线电视运营商从ADSL移向VDSL的最佳时机，声纤投资价值，分析了沿着最长线路（680千米）创建宽带网的经济潜能和风险，解决无线网增加容量的最优时机问题，融入宽带技术投资中的增长期权，使用跳跃扩散过程构建创新技术投资对网络的影响模型。

上述研究的共同点都假设期权有效期内项目回报波动率是常数。虽然为简化起见，假设项目寿命期内常数波动率估计结果似乎合理，但现实中项目波动率将随不同开发阶段而变化，在实际商业案例中经常觉察到项目回报波动率随时间下降，更多地了解某些不确定性的来源如市场潜能。随着时间的流逝项目后期阶段波动率下降，常数波动率假设会造成项目经济价值高估，这种估值偏差可能是选择公司投资组合优势和竞争项目的一个重要因素，还可能误导项目价值评估。显然，最好的解答是项目开发过程中每个阶段都需采用不同波动率。

本章将阶段性确定波动率纳入复合期权估值模型，从而丰富了现有R&D定价理论；分阶段估计波动率需要项目经理采用平均波动率比随机波动率更现实。用这种方法更适宜处理移动通信创新技术的现实案例，此外，更通用的非线性高维积分在实际中难以获得解析结果，特别是随着维数增加，数值解的精确性和收敛性问题依然存在质疑。

9.2 研发投资中复合期权

9.2.1 移动通信创新技术研发阶段

移动通信创新技术研发由几个典型阶段组成：首先是技术设计阶段，紧接着是编程或编码阶段，测试阶段，最后投放市场即商业化阶段。因此移动通信创新技术研发可视为一系列期权链，如图9－1所示。一项移动通信创新技术的研发初始阶段是技术解决，该阶段是对设计阶段的选择，若成功进入设计阶段，失败则终止；技术设计涉及制订业务解决计划、目标、规格和编程架构，专注于应用程序维护、与公司内部其他应用技术的兼容、未来技术应用的延展以及用户使用的便捷和安全问题。技术设计阶段又是对编码阶段的选择。技术编码是翻译为程序语言的过程，计算机可识别，按此可执行命令。如果编码阶段成功就进入测试阶段，否则终止。在测试过程，通过分析新应用程序可洞察是否按预期执行。通常在此阶段技术漏洞和错误被检测和诊治，同时测试阶段又是对最终商业化阶段的选择，进而分析创新技术应用程序以解决某特定业务，可看作是期权链：第一个期权是决策开始设计阶段的选择；第二个期权是决策开始编码阶段的选择；第三个期权是决策开始测试阶段的选择；第四个期权是决策开始商业化阶段的选择。

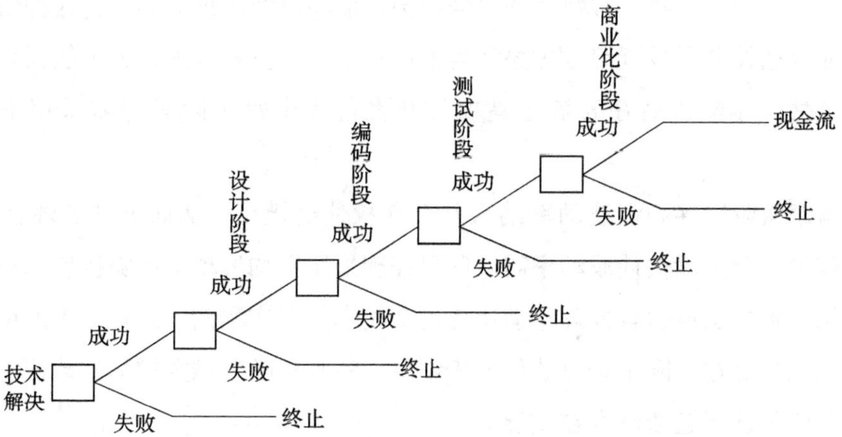

图 9－1　移动通信创新技术研发阶段

9.2.2　投资评价模型

用上述方式考虑新技术研发过程，复合期权分析可对其定价。因研发投资从初始阶段到最终商业化运营经历了四个阶段，所以无法用传统的双重复合期权模型，需要用四重复合期权，双重复合期权模型可以得到解析解，常用于研发投资评估，但四重复合期权模型很难得到具体函数表达，此时首选数值近似解，树方法能更灵活地处理现实中更复杂问题，蒙特卡罗模拟还有助于估计输入的参数。然而这种复合期权方法是基于期权有效期内波动率为常数的假定，事实上并非如此。更现实的假定是项目回报的波动率在期权有效期内是变化的。因此需要考虑分阶段确定波动率，从而扩展了复合期权模型。若 $C_1(V,t)$ 表示 N 重复合看涨期权，各阶段确定波动率调整的复合期权近似表达如下：

$$C_1 = V \cdot \Phi_{k+1}(a_1,a_2,\cdots,a_{k+1};R_1^{k+1}) - \sum_{m=1}^{k+1} K_m \cdot e^{-r(t_m-t)} \cdot \Phi_m(b_1,b_2,\cdots,b_m;R_1^m) \quad (9-1)$$

且

$$b_j = \frac{\ln(V/V_j^*) + (r-\sigma_j^2)(t_j-t)}{\sigma_j\sqrt{t_j-t}} \quad (9-2)$$

$$a_j = b_j + \sigma_j\sqrt{t_j-t},\ j=2,\ \cdots,\ k+1 \quad (9-3)$$

$$\rho_{il} = \sqrt{\frac{t_i-t}{t_j-t}}, i<l \quad (9-4)$$

$$V_n^* = K_n \quad (9-5)$$

$$R_1^j = (a_{il}^j)_{i,l=1,2,\cdots,j}, a_{ii} = 1, a_{il} = a_{li} = \rho_{il} \quad (9-6)$$

式中： t_i——到期日；

K_i——复合看涨期权 C_i的执行价格；

C_i——标的复合期权 C_{i+1} 和边界条件 $C_i(V,t_i) = \max[0, C_{i+1}(V,t_i) - K_i]$ 的复合看涨期权的当前价格。

$\Phi_n(a_1,\cdots,a_n;\boldsymbol{R})$——$n$ 维累计正态分布函数，以 a_i 为上限，$\boldsymbol{R}$ 为相关矩阵，σ_i是 i 阶段波动率，$i=1$，…，n，r 为无风险利率，V 为标的项目的当前价格，V^* 为方程 C_{j+1}（V，t_j）$=K_j$的解。根据上述复合期权的投资评估模型，用 Matlab 可以解决实际中移动创新技术研发投资估值问题（参见9.5 节附录）。

9.2.3 各阶段波动率估计

这里使用一组结构化面试和五人团队会议，负责研发项目评估，依赖经验和对过去类似项目的了解，共同确定各阶段波动率范围，具体表示为第一阶段约定范围为0.5~0.6，第二阶段约定范围为0.4~0.5，第三阶段约定范围为

0.35～0.45，最后阶段约定范围为0.3～0.4。然而，难以将约定范围缩至某特定波动率估计，正如在对数正态分布框架内构建的复合期权定价模型所需。此外，还需使用调整执行工具对此估计进行一致性检验：许多管理者按照有关项目经营现金流提出的一组不同场景可更自信地思考，然后结合这些场景的主观概率，项目的确至少是这个值，或遇到糟糕的场景，项目不会达到最小值的可能性有多大。上述设置可译成对数正态分布的理论概率。如果运用调整程序调整到波动率可能的范围，则得到一组特定的理论概率，使用的波动率每个取值，则最佳波动率估计是结合不同场景提供理论概率和管理者主观概率之间的最优匹配。

下面运行调整程序，首先推导第一阶段的波动率，与项目团队一起，构造最好、好、推进和最坏四种场景，推进场景是指项目价值至少会让公司覆盖所有项目的投资成本，对应净现值为零。以目前项目推进场景的期望价值为基础，好的场景指项目价值是推进场景期望价值的1.5倍，最好场景指项目价值超过推进场景项目期望价值的2倍，最坏场景指项目价值低于推进场景期望价值的一半，项目团队成员对场景选择感到满意且很自信地将主观概率融入四个场景。大多数情况下，五人很容易达成特定的概率估计，每个人制定主观概率并进行简单平均。第一阶段协议的概率在最好、好、推进和最坏情况分别为10%、18%、45%和30%，进入下一个阶段，推进场景的概率增加，在第四阶段近似于1；相比之下，最坏场景的概率在随后阶段大幅下降。然后针对四个场景中每个虚拟项目值（Z），计算项目价值（V_T）高于和低于 Z 值的累积对数正态分布概率

$$P_T\{\ln(V_T/V_0) > \ln(Z/V_0)\} = \Phi\left[\frac{\ln(V_0/Z) + (\mu - \sigma^2/2)t}{\sigma\sqrt{t}}\right] \quad (9-7)$$

$$P_T\{\ln(V_T/V_0) < \ln(Z/V_0)\} = \Phi\left[\frac{\ln(Z/V_0) - (\mu - \sigma^2/2)t}{\sigma\sqrt{t}}\right] \quad (9-8)$$

式中：V_0——研发开始时刻（2019 年）的价值等于85 900万元；

μ——加权平均资本成本等于10%；

t——特定开始阶段至商业化阶段（2020 年）的时间间隔。

这样可以找到经理对不同场景的主观概率测度与按上式得到的特定波动率隐含的累积概率之间最佳匹配。第一阶段给出波动率范围在 0.5 ~ 0.6 之间，不同场景对应的最佳匹配分别是 0.54，0.5，0.58 和 0.54 ~ 0.55，因此，0.54 为第一阶段最优波动率估计值；同理，其他三个阶段可模拟上述程序估计其最优波动率分别为 0.42，0.37 和 0.35，如表 9 – 1 所示。

表 9 – 1　研发投资各阶段波动率估计测试结果

	第一阶段：设计阶段（$t=2$）					第二阶段：编码阶段（$t=1.5$）				
场景	Z	主观概率	波动率及得理论概率			Z	主观概率	波动率及得理论概率		
			0.50	0.54	0.58			0.41	0.42	0.43
最好	>208	0.10	0.093 3	0.100 76	0.106 78	>207	0.05	0.044 95	0.047 68	0.050 38
好	>156	0.18	0.180 5	0.183 93	0.185 93	>154	0.13	0.131 86	0.134 99	0.137 95
推进	>83	0.45	0.490 4	0.469 43	0.449 86	>82	0.55	0.561 36	0.555 12	0.549 07
坏	<52	0.30	0.261 1	0.295 31	0.327 66	<51	0.14	0.132 55	0.141 02	0.149 49
	第三阶段：测试阶段（$t=1.2$）					第四阶段：商业化阶段（$t=0.5$）				
场景	Z	主观概率	波动率及得理论概率			Z	主观概率	波动率及得理论概率		
			0.36	0.37	0.38			0.34	0.35	0.36
最好	>192	0.03	0.026 75	0.029 42	0.032 12	>167	0.005	0.003 53	0.004 35	0.005 21
好	>139	0.13	0.129 28	0.133 48	0.137 48	>115	0.125	0.124 92	0.130 34	0.135 5
推进	>66	0.75	0.768 24	0.758 76	0.749 67	>43	0.998	0.998 54	0.998 04	0.997 42
坏	<36	0.012 5	0.010 32	0.012 51	0.014 95	<12	0.000 01	0.000 00	0.000 00	0.000 00

9.3　案例分析

9.3.1　移动支付技术基本方式

以中国大型移动电话运营商技术研发投资移动支付系统的商业案例分析各阶段确定波动率的 N 重复合期权定价的可行性。当前消费者越来越热衷于使用移动支付，尤其是商务移动支付。通常移动支付系统有两种形式。一是基于SMS的远程移动支付，交易结果以文本消息方式将运营商收费账单、信用卡或直接付款账单传递给消费者，以WAP、GPRS、UMTS或使用其他有线移动互联网访问支付，图9－2（a）显示了移动电话与基站天线远距离接触。这种支付方式被集中用于铃声、游戏、标识和网上信息检索等移动内涵，例如，比利时公共交通公司De Lijn和德国联邦铁路公司使用SMS售票系统用于购买公共交通票。二是基于NFC的短程移动支付，操作距离不超过20厘米，且没接触基站天线（见图9－2（b）），NFC具有很大市场潜力，嵌入式遥控芯片移动电话可自动或手动发起与NFC读者短距离通信。这种便捷支付系统在快餐店或无人销售网点如苏打饮料自动售货机、电影票、停车罚单等业务上得到广泛应用。在法国，移动运营商启动移动通信创新技术研发通过巴黎地铁网络，在英国曼城，足球俱乐部启用了类似技术，截至2013年全球NFC移动支付超过750亿美元。

（a）基于SMS

（b）基于NFC

图9－2　移动支付系统

9.3.2　移动创新技术投资定价结果

虽然在案例研究中移动电话运营商认为公司只需在开始和结束时决定支持技术研发应用程序。在启动项目研发时市场潜力和消费者适应性仍不确定，随着时间的推移，移动电话运营商能更了解项目研发投资的商业可行性。在各阶段，公司在每个决策点确定终止项目还是进入下一阶段，最终推出新的移动支付服务技术。本案例从2008年年初开始分析，2008年三季度项目进入技术研发设计阶段，若成功在该年四季度进入编码阶段，且2009年下半年进入测试阶段，在成功的情况下，2009 年开始推出商业产品。投资定价考虑商业化周期持续到 2015 年。使用公司内部信息估计投资成本和商业化阶段的净现金流，从 2008 年年初到设计、编码、测试和商业化各阶段期初投资成本现值（期权执行价格 K）分别为 0.14，1.24，2.16，1.01，3.23 亿元，经营净现金流现值来自项目商业化阶段的启动，预计为 9.41 亿元，按加权平均资本成本 9% 折现到 2008 年年初可得项目当前价值为 8.59 亿元，无风险利率为 3.5%。

在整个定价执行中项目波动率估计是一项难题，为可靠估计项目，结合专家意见并将项目的风险特征与移动电话运营商以往项目相匹配。在这种方法中，项目管理团队要求提供一组项目场景，然后确定这些场景的主观概率，表示为实现项目价值比特定场景更高的可能性或更低的可能性。此外这些主观概率与用项目参数得到系列波动率的正态分布下的累积概率相比较，选中的特定波动率提供了两组概率之间的最优匹配。表 9－1 详细描述了使用该方法估计各阶段波动率。案例中选择 54% 估计设计阶段实际项目回报波动率，然而，项目经理希望了解更多项目在 2008 年下半年的商业利益，因此，他们认为用 42% 估计编码阶段波动率精确地反映了更低的不确定性。随着时间的推移，公司将了解更多移动支付的市场潜力，波动率指标在测试阶段减至 37%，在商业化阶段减至 35%。逐渐下降的波动性比假设的常数波动项目更真实。

标准复合期权定价模型假定期权有效期内波动率是常数，但更现实的是项目回报波动率在期权有效期内是变化的，所以上述考虑各阶段确定波动率对标准复合期权定价模型进行扩展，结合上述参数，各阶段变化波动率的扩展复合期权评估项目价值为 2.01 亿元，扣除 2008 年年初项目启动成本 0.14 亿元，产生项目净值为 1.87 亿元，相对于单一波动率 54%，使用变动波动率在多大程度上改变了项目的期权价值？为此使用标准复合期权评估项目价值为 2.22 万元，考虑完成初始阶段的成本约 0.14 亿元，项目净值达 2.08 亿元，该结果似乎合乎逻辑，因为相比所有阶段假定的最高波动率估计为 54%，标准定价模型在随后开发阶段涉及更低波动率估计时，预测的期权价值较低，这是正常情况。本案例分析表明，在项目有效期内常数波动率指标略微高估了项目的经济潜能，这种偏差是否严重歪曲估值和项目选择过程，很大程度上取决于各阶段实际波动与假定常数波动水平的差异，案例中使用常数波动率高估了实物期权价值 10% 以上，尽管没有改变项目投资定价决策结果，但在新一轮融资中评估公司技术研发投资可能是一个重要的问题。

9.4 本章小结

本章分析了移动通信创新技术研发投资的多阶段特征。为获得更现实的研发项目评估工具以助于管理者控制创新技术研发过程，这里扩展了常数波动率的标准复合期权定价模型。允许波动率随技术研发过程的不同阶段而变化，这与现实情况更匹配，因为大多数时候项目回报的波动率在期权有效期内是变化的。

通过中国大型移动电话运营商移动支付系统研发项目的真实案例探究具有时变波动率的扩展复合期权定价模型，在这种特殊情形，使用分阶段估计波动率导致项目净值 1.87 亿元比项目有效期内固定波动率获得 2.08 亿元的项目净值低 10% 左右。在该案例中，尽管继续推进该研发项目的决策结果没有改变，但此扩展模型提供了更准确的项目价值，对精确评估公司净资产至关重要。此外，开发估计各阶段波动率，通过调整主观概率，依据项目管理团队在不同项目价值场景中正态分布的理论概率，选择特定波动率以提供两者最优匹配概率，同时，现实商业案例也表明扩展模型易于集成现有项目用于多阶段复合期权的移动创新技术研发投资。

9.5 附录 Matlab 程序设计

```
function P = Price(V,r,vol_i,t00,t_i,K_i,init);
% the function computes the price of an n-fold compound option
% the input is:
% 1)V  -current price of the underlying asset
% 2)r  -interest rate (input as a log form)
```

```
% 3)vol_i -(n,1) volatilities vector of the underlying assets
% 4)t00 -today date
% 5)t_i -(n,1) vector of exercise dates
% 6)K_i -(n,1) vector of strikes
% 7)init -number that adjusts initial values in finding the zeros of
% the nonlinear functions below. This number is subject to change.
% A rule of thumb is to put init to be equal to the number of digits in
% K(n,1). If it does not work and the function collapses init or qq
% below should be adjusted manually.
format long
t=t_i;K=K-i;vol=vol_i;
n=length(t); %computes the dimension of the problem
qq=init;
C=zeros(n,1);initial=K(n,1)*qq;
Vbar=zeros(n,1);
N=zeros(n,n);N1=zeros(n,n);
a=zeros(n,n);a0=-inf.*ones(n,n);
b=zeros(n,n);b0=-inf.*ones(n,n);
h=zeros(n,n);h1=zeros(n,n);
Vbar(n,1)=K(n,1);
for s=n:-1:2 %loop for finding Vbar_s
    current=s-1;
    t0=t(current,1);
    options=optimset('Display','off');
    Vbar(s-1,1)=fzero(@Price_ss,initial,options,s,Vbar,r,vol,t0,t,K);
%finding Vbar_s-1
%the initial values change through the loop
    initial=Vbar(s-1,1)*qq;
    [c1,h1,a1,b1,N1,w2,w1]=Price_s(V,s,Vbar,r,vol,t0,t,K);
    C(s,1)=c1;h(s,:)=h1;a(s,:)=a1;b(s,:)=b1;N(s,:)=N1;
```

```
end
k=1; %finding the price
[c2,h2,a2,b2,N2,w4,w3]=Price_s(V,k,Vbar,r,vol,t00,t,K);
C(k,1)=c2;h(k,:)=h2;a(k,:)=a2;b(k,:)=b2;N(k,:)=N2;
P=C(k,1);
%
% end Price
function ww=Price_ss(V,s,Vbar,r,vol,t0,t,K);
ww=Price_s(V,s,Vbar,r,vol,t0,t,K)-K(s-1,1);
%
% end Price_ss
function [P_s,hh,aa,bb,NN,w2,w1]=Price_s(V,s,Vbar,r,vol,t0,t,K);
% this function computes P_s,given s,V,Vbar,r,vol vector,t0,t vector
% and K vector
rand('seed',0);
nn=length(t);
NN=zeros(1,nn);
aa=zeros(1,nn);aa0=-inf.*ones(1,nn);
bb=zeros(1,nn);bb0=-inf.*one
hh=zeros(1,nn);
  for j=nn:-1:s
    hh(1,nn-j+1)=t(s+nn-j,1)-t0;
    bb(1,nn-j+1)=(log(V/Vbar(s+nn-j,1))+(r-vol(s+nn-j,1)^2/2)*hh
(1,nn-j+1))/(vol(s+nn-j,1)*(hh(1,nn-j+1)^0.5));
    aa(1,nn-j+1)=bb(1,nn-j+1)+(vol(s+nn-j,1)*(hh(1,nn-j+1)^
0.5));
    w2=F(s,nn-j+1,t,t0);
    NN(1,nn-j+1)=qsimvn(nn-j+1,w2,bb0(1,1:nn-j+1),bb(1,1:nn-j+1));
  end
w1=F(s,nn-s+1,t,t0);
```

```
u = exp( - r * hh(1,1:nn - s + 1)). * (K(s:nn,1))';
NK = u * (NN(1,1:nn - s + 1))';
P_s = V * qsimvn(nn - s + 1,w1,aa0(1,1:nn - s + 1),aa(1,1:nn - s + 1)) - NK;
%
% end Price_s
function [ p,e ] = qsimvn( m,r,a,b )
% uses a randomized quasi - random rule with m points to estimate an
% MVN probability for positive semi - definite covariance matrix r,
% with lower integration limits a and upper integration limits b.
% Probability p is output with error estimate e.
%
% This function uses an algorithm given in the paper:
% Alan Genz (1992)," Numerical Computation of Multivariate Normal
% Probabilities", in J. of Computational and Graphical Stat. ,1,
% 141 - 149.
% The primary references for the numerical integration are
% H. Niederreiter (1972)," On a Number - Theoretical Integration Method",
% Aequationes Mathematicae,8,304 - 11,and
% R. Cranley and T. N. L. Patterson (1976)," Randomization of Number
% Theoretic Methods for Multiple Integration", SIAM J Numer Anal,13,
% 904 - 14.
% Alan Genz is the author of this function and following Matlab
% functions.
%
% Initialization
[n,n] = size(r); [ ch as bs ] = chlrdr( r,a,b );
ct = ch(1,1); ai = as(1); bi = bs(1);
if ai > -9 * ct,if ai < 9 * ct,c = phi(ai/ct); else,c = 1; end,else c = 0; end
if bi > -9 * ct,if bi < 9 * ct,d = phi(bi/ct); else,d = 1; end,else d = 0; end
ci = c; dci = d - ci; p = 0; e = 0;
```

```
ns = 8; nv = max( [ m/( 2 * ns ) 1 ] );
q = 2.^( [1:n-1]'/n) ; % Niederreiter point set generators
%
% Randomization loop for ns samples
for i = 1 : ns
   vi = 0; xr = rand( n-1,1 );
   %
   % Loop for 2 * nv quasirandom points
   for  j = 1 : nv
       x = abs( 2 * mod( j * q + xr,1 )  -1 ); % periodizing transformation
       vp =    mvndns( n,ch,ci,dci,    x,as,bs );
       vp = ( mvndns( n,ch,ci,dci,1-x,as,bs ) + vp )/2;
       vi = vi + ( vp -vi )/j;
   end
   %
   d = ( vi -p )/i; p = p + d; e = ( i -2 ) * e/i + d^2;
end
%
e = 3 * sqrt(e); % error estimate is 3 x standard error with ns samples.
return
%
% end qsimvn
function [ c,ap,bp ] = chlrdr( R,a,b )
% Computes permuted lower Cholesky factor c for R which may be
% singular,also permuting integration limit vectors a and b.
ep = 1e-100; % singularity tolerance;
[n,n] = size(R); c = R; ap = a; bp = b; y = zeros(n,1); sqtp = sqrt(2 * pi);
for k = 1 : n
   im = k; ckk = 0; dem = 1; s = 0;
   for i = k : n
```

```
        if c(i,i) > eps
            cii = sqrt( max( [c(i,i) 0] ) );
            if i > 1,s = c(i,1:k-1) * y(1:k-1); end
            ai = ( a(i) -s )/cii; bi = ( b(i) -s )/cii; de = phi(bi) -phi(ai);
            if de <= dem,ckk = cii; dem = de; am = ai; bm = bi; im = i; end
        end
    end
    if im > k
        tv = ap(im); ap(im) = ap(k); ap(k) = tv;
        tv = bp(im); bp(im) = bp(k); bp(k) = tv;
        c(im,im) = c(k,k);
        t = c(im,1:k-1); c(im,1:k-1) = c(k,1:k-1); c(k,1:k-1) = t;
        t = c(im+1:n,im); c(im+1:n,im) = c(im+1:n,k); c(im+1:n,k) = t;
        t=c(k+1:im-1,k); c(k+1:im-1,k) =c(im,k+1:im-1)'; c(im,k+1:im-1) =
t';
    end
    if ckk > ep * k^2
c(k,k) = ckk; c(k,k+1:n) = 0;
for i = k+1 : n
            c(i,k) = c(i,k)/ckk; c(i,k+1:i) = c(i,k+1:i) -c(i,k) * c(k+1:i,k)';
        end
        y(k) = ( exp( -am^2/2 ) -exp( -bm^2/2 ) )/( sqtp * dem );
    else
        c(k:n,k) = 0; y(k) = 0;
    end
end
return
%
% end chlrdr
function sigma = F(s,l,t,current);
```

```
% computes the covariance matrix given s,l,the time vector t,and the
% current moment
F = zeros(l,l);
for i = 1:1:l
    for j = (i+1):1:l
        F(i,j) = ((t(i+s-1,1) - current)/(t(j+s-1,1) - current))^0.5;
    end
end
sigma = F + F'+ eye(l);
%
% end F
function p = mvndns( n,ch,ci,dci,x,a,b )
% Transformed integrand for computation of MVN probabilities.
y = zeros(n-1,1); s = 0; c = ci; dc = dci; p = dc;
for i = 2 : n
   y(i-1) = phinv( c + x(i-1) * dc ); s = ch(i,1:i-1) * y(1:i-1);
   ct = ch(i,i); ai = a(i) - s; bi = b(i) - s;
   if ai > -9 * ct,if ai < 9 * ct,c = phi(ai/ct); else,c = 1; end,else c = 0; end
   if bi > -9 * ct,if bi < 9 * ct,d = phi(bi/ct); else,d = 1; end,else d = 0; end
   dc = d - c; p = p * dc;
end
return
%
% end mvndns

function p = phi(z)
%   Standard statistical normal distribution
p = ( 1 + erf( z/sqrt(2) ) )/2;
return
%
```

```
% end phi
function z = phinv(w)
%   Standard statistical inverse normal distribution
z = sqrt(2) * erfinv( 2 * w -1 );
return
%
% end phinv
```

10 期权定价理论在现代企业管理中的应用研究

1997 年诺贝尔经济学奖授予在期权定价理论上做出突破贡献的美国经济学家莫顿和斯科尔斯，他们创立和发展了布莱克－舒尔斯期权定价模型[23]，这一模型在金融理论和实践中广泛应用，极大地促进了金融市场尤其是期权市场的发展，为含有期权特性金融资产（比如存款保险）的定价、企业并购价值、跨国并购投资决策、技术管理型人力资本价值和新技术项目价值的正确评估以及创业投资期权评价模型的遗传算法等现代企业管理有关方面奠定了理论基础。本章对上述问题进行了研究。

10.1 存款保险期权定价模型构造和实证研究

当前，随着我国金融体制改革的深入发展[229]，建立存款保险制度已成为当务之急，如何合理地对存款保险进行定价是存款保险制度建立的关键问题。然而，由于不适用对当前及近期内不产生现金流却具有潜在创造价值的资产定价，采用传统的现金流贴现模型难以对存款保险价格进行有效的评估。事实上，存款保险和期权有密切联系，购买存款保险可以看成持有一种期权，把布莱克－舒尔斯期权定价模型引入存款保险定价领域中，将为合理制定存款保险价格提供一种更有效的工具。

10.1.1 存款保险期权特性

期权（option）又称选择权，即赋予购买者的一项在到期日或到期日之前根据具体情况做出具体选择的权利。根据所赋予的权利不同可分为看涨期权和看跌期权。看涨期权又称买权，即按约定价格买入某种标的资产的权利；看跌期权又称卖权，即按约定价格卖出某种标的资产的权利。作为一种规避风险的衍生金融工具，期权的基本特征是：期权合约买卖双方的权利和义务是不对称的。期权合约的买方（多头方）有权利根据市场变化情况决定执行权利还是放弃权利。同时，期权合约的卖方（空头方）只有义务而无权利。期权合约中需要确定的最重要的变量是期权价格，它是由期权市场的供需所决定的，由期权的内在价值和时间价值所组成，即期权价格 = 内在价值 + 时间价值。

存款保险和期权有密切的联系[230]，购买存款保险可以看成持有一种期权。下面具体分析一下存款保险的期权特性。

存款保险是为保证投保银行债务（存款）的履行而由存款保险机构提供法律保证以确保银行储户权益得以实现的法律行为。投保银行与存款保险机构之间签订的存款保险合同实质上就是一份期权合约，对投保银行来说，如果债务到期可以偿还存款的本息，它损失的只是保费；而当债务到期不能如数归还时，存款保险机构必须按存款保险合同约定替银行承担债务，没有选择的权利。可见，双方的权利和义务呈明显的不对称性。从量的角度来说，当投保银行资产价值小于所担保的债务价值（存款本息）时，存款保险机构承保责任为两者之差，当前者大于或等于后者时，承保责任为零。

假设投保银行到期债务（存款本息）总额为 120 万元，当银行资产价值为 120 万元时，正好可以偿还到期债务，存款保险机构无须履行事先签订的存款保险合同。而当银行资产价值为 100 万元时，保险机构依据合约约定必须承担赔偿的责任，保险合同发生效用，承保责任为 20 万元，随着银行资产价值的下降，承保责任呈递增趋势，假如考虑投保银行所支付的存款保险价格，则投保银行预先持有该存款保险合约的价值为保险机构承保责任与支付的存款保险价格之差额。假设此例存款保险价格为 10 万元，那么当投保银行资产价值为 100 万元时，存款保险收益为 10 万元，具体如图 10 - 1 所示。

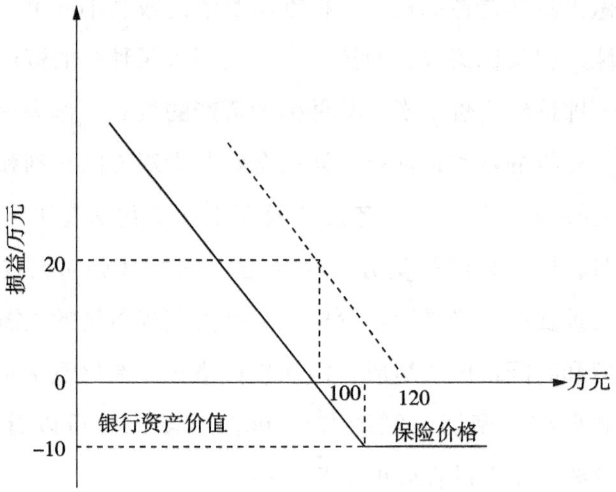

图 10－1　存款保险损益

可见，存款保险等同于一个以保险期为履约期，以约定赔偿为履约价，以银行资产为基础的期权。对投保银行来说，签订保险合同相当于持有一份多头卖权，而对保险机构来说，则持有一份空头卖权。

10.1.2　存款保险的期权定价

根据上面的分析可知，保险合同实质上就是一份看跌期权，存款保险价格就是该看跌期权的价格，因此可以利用布莱克－舒尔斯期权定价模型推导出来的看跌期权定价公式[231]确定存款保险价格的大小。然而要用布莱克－舒尔斯期权定价模型确定存款保险价格，关键在于确立存款保险价格的决定因素。

1. 存款保险价格的决定因素

作为一种含有期权特性的金融产品，存款保险的价格高低一般取决于以下五个因素。

（1）投保银行资产的当前市场价格。对于看涨期权而言，在其他条件不变的情况下，投保银行资产的市场价格与期权价格同方向变化；对于看跌期权而言，情况正好相反，市场价格上涨，期权价格下跌。通常可采用对资产未来期望价值的折现来测算资产的当前价格。

（2）合约约定的赔偿金额。赔偿金额在期权合约中是固定不变的。对于看涨期权而言，赔偿金额越高，买方盈利的可能性越低，期权的价格也就越低；对于看跌期权而言，情况正好相反。

（3）距离到期日的时间。距离到期日的时间长短反映了期权合约的时间价值。一般而言，距离到期日的时间越长，期权的时间价值越大。

（4）无风险利率。无风险利率一般指国债的发行利率，它是购买期权的机会成本。在看涨期权中，无风险利率越高，机会成本越大，要求期权的收益率也就越高，期权价格也相应提高；反之，在看跌期权中，利率与期权价格成反方向变化。

（5）投保银行资产价格的波动率。投保资产价格变动越大，期权买方获利的可能性也就越大；相反，对于卖方而言，卖方损失的可能性也就越大。相对于买方固定金额的损失，卖方的损失是不封底的，所以，当资产价格预期变动程度很大时，相应的期权价格会很高。投保资产价格波动率一般用投保资产未来年复合收益率的标准差来表示。

2. 投保银行资产价格波动率的确定

由布莱克－舒尔斯期权定价模型可见，未来到期的保险合约的估价过程依赖于一些“可观测”的变量。其中，投保银行资产价格波动率的确定是一个关键。

如何确定投保银行资产价格的波动率呢？首先，应确定投保银行资产的当前价值 s_0：通过投保银行资产的未来期望价值的折现可得到 $s_0 = pv(\sum_{i=1}^{n} \rho_i s_i)$，其中 $pv(\cdot)$ 中的数值按照风险调整后的利率折现；s_i 为投保银行资产到期的第 i 种可能的价值；ρ_i 为到期投保银行资产价值为 s_i 的概率；然后确定投保银行资产未来到期的第 i 种可能的收益率 u_i，依据 $\sigma = \sqrt{E[u_i - E(u_i)]^2/t}$ 得到投保银行资产价值的波动率。其中，$u_i = \ln(s_i/s_0)$；$E(u_i)$ 为 u_i 的期望值；$\sqrt{E[u_i - E(u_i)]^2}$ 为 u_i 的标准差。

10.1.3 实例分析

下面以一模拟的例子来分析说明如何应用布莱克－舒尔斯期权定价模型确

定存款保险的价值。设某投保银行为其 100 万元存款向保险机构购买了未来 5 年的存款保险，假定经测算其资产 5 年后的价值变化和保险机构的承保责任变化如表 10－1 所示。

表 10－1　银行资产价值与承保责任变化情况

出现的概率 ρ_i/%	96	2.1	1.2	0.6	0.1
银行资产价值 s_i	100	50	24	12	4
承保责任/万元	0	50	76	88	96

可见，投保银行和保险机构签订的存款保险合约相当于约定价格为 100 万元的卖权，且这一卖权的有效期为 5 年。现假定按照风险调整后利率为 10% 计，投保银行资产当前价值为

$$s_0 = pv\left(\sum_{i=1}^{n}\rho_i s_i\right) = \frac{\sum_{i=1}^{n}\rho_i s_i}{(1+10\%)^5} = 97.41\text{(万元)}$$

令 $u_i = \ln(s_i/97.41), i = 1,2,\cdots,5$，由此根据银行投保资产价值波动率确定方法可计算得到

$$\sigma = \sqrt{E[u_i - E(u_i)]^2/t} = \sqrt{0.0696/5} = 11.8\%$$

假定无风险利率以 10% 计，根据布莱克－舒尔斯期权定价模型的公式可得

$$d_1 = \frac{\ln(s_0/x) + t(r + \sigma^2/2)}{\sigma\sqrt{t}} = 1.93, \quad d_2 = d_1 - \sigma\sqrt{t} = 1.67$$

$$\Phi(-d_1) = 00268, \quad \Phi(-d_2) = 0.0475$$

存款保险价格为：$p = xe^{-rt}\Phi(-d_2) - s_0\Phi(-d_1) = 0.27$（万元）

经过计算可知，投保银行为获得多头看跌期权而应当支付给存款保险机构的期权价格为 0.27 万元，这也是存款保险机构承担投保银行负债余额赔偿责任所要求的最低价格。当到期时投保银行可以如期偿还债务时，0.27 万元就成为存款保险机构的保费收入计入资本金；当到期投保银行资不抵债时，保险机构必须赔偿债务差额，它的损失也许将远大于 0.27 万元的保费收入，如果

赔偿金额过于巨大，超过其赔付能力，此时保险企业就可能由于无力支付如此巨额的赔偿金而破产。正因为如此，保险机构在保险定价中必须充分考虑信息不对称、道德风险、逆向选择等因素，将存款保险价格与银行资产价值建立起直接联系，有效地运用布莱克－舒尔斯期权定价模型，以减少保险机构的投资风险，增强我国保险业的国际竞争力。

10.2 企业并购价值期权评估模型研究

企业并购是一项重要的资本运营方式，是企业实现迅速增长的重要途径。近年来，我国对企业并购的研究主要集中于企业并购动机、企业并购的价值评估问题、企业并购的融资问题、并购过程中价值增值在股东和债权人之间的分配问题。其中，企业并购的价值评估是企业并购的核心和难点问题，对并购决策具有十分重要的意义。传统用于企业并购价值评估的模型如现金流贴现模型、重置成本模型、托宾的 Q 理论模型、EBO 模型等都忽略了企业并购中的期权价值，从而低估了企业并购的价值，进而有可能错过有利的并购机会。因此，本章根据布莱克－舒尔斯期权定价模型的优点，结合企业并购的期权特征，建立了企业并购价值评估的期权定价模型，旨在科学、准确地确定企业并购价值。

10.2.1 企业并购的期权特征

期权是一种选择权，其投资者在支付一定金额的权利金（期权价格）后即拥有在未来某一确定的时间（到期日）内以事先确定的价格（约定价格）购买或出售某种标的资产的权利。依据期权赋予投资者购买或出售资产的权利不同，可将期权分为看涨期权（买权）和看跌期权（卖权）。期权作为一种新的金融工具，它的特点归纳为以下三点。

1. 权利和义务不对称性

期权投资者可以选择执行或不执行约定的权利，当标的资产价格在未来发生有利的变化时，执行期权获利；当标的资产价格在未来发生不利的变化时，放弃执行期权，投资者损失以期权价格为限，而收益却可以无限增长。

2. 期效性

期效性指执行期权有最适合的时间，因为期权都有有效期，到期之后期权不再有效。欧式期权只允许投资者在期权到期日当天执行，美式期权则允许投资者在期权到期日前的任何一天（包括到期日）执行，这样就为投资者自由执行期权提供了更大的活动空间，因此在实践中广泛采用。

3. 不确定性

期权是有价值的，不确定性是期权价值的源泉，不确定性越大期权价值越大。因此，创造、识别和利用期权将在降低投资风险的同时给投资者带来更高的收益。

企业并购是典型的战略投资[232-233]，并购的目的在于企业并购后所能产生的可使企业获得在未来取得巨大收益的机会，而不是指望当前就可获利，这个机会相当于并购方拥有的看涨期权，并且它可以延迟或取消。在开始时刻，并购方要做是否进行兼并收购的决策，这一并购决策将给予并购方进一步扩大市场份额、巩固市场地位以及进入新的业务领域的权利，其持有者可以通过并购投资行使期权，并购方如果要对此并购做出决策，它就拥有这一并购的买权，使并购方可以得到将来采取并购行动产生的相应收益，其价值就是买入期权的价值；当并购方拥有购买被并购方的权利后，它还拥有延迟一段时间进行并购的权利，即并购具有延迟期权。如果目前市场前景难以预料，并购方延迟并购，等待市场进一步信息可能会获得更大的收益（或避免更大的损失），这也就是说，如果对未来市场缺乏明确的认识，并购方要权衡立即并购与延迟并购的利弊。延迟并购赋予并购方很大的灵活性，当事实表明市场有利时，并购方才进行并购，而如果未来情况表明并购无利可图，并购方就放弃并购，从而避免了立即并购带来的损失。并购的延迟期权相当于金融期权中美式看涨期权，它使并购方获得并购机会的价值。当然，延迟并购也会产生成本，这就是并购方在等待并购期间所丧失的现金流量，但等待新信息的收益往往超过这一成本，而且其数额是相当可观的。此外，如果市场状况非常之差以至于继续执行并购将会对并购方不利，它可以放弃该兼并收购，因为放弃并购的效果比继续执行更为有利。

10.2.2 企业并购期权定价模型构建

由于企业并购具有期权的性质和特征，因此就可以根据期权定价理论来评估企业并购中潜在的期权价值。在考虑期权的情况下，企业并购价值应由两部分组成，一部分为按传统企业并购价值评估模型计算的静态净现值，另一部分为潜在的期权价值，用公式表示为

$$v_T = v_N + v_A$$

式中：v_T ——企业并购的全部价值；

v_N ——按传统评估模型计算的并购现金流贴现值，即 $v_N = pv(\sum_{i=1}^{n}\rho_i \mathrm{CF}_i)$，其中 $pv(\cdot)$ 中的数值按照风险调整后的利率折现；

CF_i——并购完成时第 i 种可能获得的现金流，表示并购中潜在的期权价值，用以下所构建的模型评估。

根据现代金融期权理论，影响期权价值的主要因素包括：标的资产的市场价值，执行价格，无风险利率，标的资产价值的波动率，期权有效期，期权有效期内预计发放的红利。对并购决策来说，考虑到兼并收购所面临的国家宏观政策风险，无风险利率可选取我国国债利率；如前所述：延迟并购也是有成本的，这就是并购方在等待并购期间所丧失的利润。如果并购后企业每年的利润是均匀的，那么丧失的利润就可以看作是金融资产中的年红利率 q，其数值等于被并购企业的生产持续期的倒数。把并购的资金流向分为两部分：并购成本 r 和并购收益 R，由于并购收益随时间 t 而变化，且收益的波动遵循扩散过程、跳跃过程、均值回归过程，因此可以假定并购收益是一个随机变量，并服从几何布朗运动

$$\mathrm{d}R(t) = a_R R\mathrm{d}t + \sigma_R R\mathrm{d}Z_R \qquad (10-1)$$

式中：a_R 和 σ_R ——$R(t)$ 的期望增长率和波动率；

$\mathrm{d}Z_R$——维纳过程的一种随机过程，且 $\mathrm{d}Z_R = \xi\sqrt{\mathrm{d}t}$，$\xi$ 满足正态分布。

根据并购的期权特征，可以把并购期权看作是一种连续支付红利的美式看涨期权[234]，c 为其执行价格，R 为标的资产价值，并购最大可延迟时间 T 相当于该期权的有效期，令 f 表示衍生证券的价格，它是并购收益 R 和时间 t 的函数，即 $f=f(R, t)$，由伊藤公式可得

$$\mathrm{d}f = \left(\frac{1}{2}\sigma_{\mathrm{R}}^2 R^2 \frac{\partial^2 f}{\partial R^2} + a_{\mathrm{R}} R \frac{\partial f}{\partial R} + \frac{\partial f}{\partial t}\right)\mathrm{d}t + \sigma_{\mathrm{R}} R \frac{\partial f}{\partial R}\mathrm{d}Z_{\mathrm{R}} \tag{10-2}$$

方程（10－1）和方程（10－2）的离散形式分别为

$$\Delta R(t) = a_{\mathrm{R}} R \Delta t + \sigma_{\mathrm{R}} R \Delta Z_{\mathrm{R}} \tag{10-3}$$

$$\Delta f = \left(\frac{1}{2}\sigma_{\mathrm{R}}^2 R^2 \frac{\partial^2 f}{\partial R^2} + a_{\mathrm{R}} R \frac{\partial f}{\partial R} + \frac{\partial f}{\partial t}\right)\Delta t + \sigma_{\mathrm{R}} R \frac{\partial f}{\partial R}\Delta Z_{\mathrm{R}} \tag{10-4}$$

为消除式中的维纳过程，可以利用投资组合的动态复制模式建立一个组合 $\frac{\partial f}{\partial R}$：证券的持有者卖空一份 f 的同时，买入 $\frac{\partial f}{\partial R}$ 份 $\Pi = -f + \frac{\partial f}{\partial R}R$，则该组合的价值为

$$\Pi = -f + \frac{\partial f}{\partial R}R \tag{10-5}$$

经过 Δt 时间后，该投资组合价值变为 $\Delta\Pi$，再由式（10－3）和式（10－4）得

$$\Delta\Pi = -\Delta f + \frac{\partial f}{\partial R}\Delta R = -\left(\frac{\partial f}{\partial t} + \frac{1}{2}\sigma_{\mathrm{R}}^2 R^2 \frac{\partial^2 f}{\partial R^2}\right)\Delta t \tag{10-6}$$

该组合持有者在 $qR\frac{\partial f}{\partial R}\Delta t$ 时间内的红利所得为

$$qR\frac{\partial f}{\partial R}\Delta t$$

因此，组合持有者在 $\Delta w = \Delta\Pi + qR\frac{\partial f}{\partial R}\Delta t = \left(-\frac{\partial f}{\partial t} - \frac{1}{2}\sigma_{\mathrm{R}}^2 R^2 \frac{\partial^2 f}{\partial R^2} + qR\frac{\partial f}{\partial R}\right)\Delta t$ 时间内财富的变化为

$$\Delta w = \Delta\Pi + qR\frac{\partial f}{\partial R}\Delta t = \left(-\frac{\partial f}{\partial t} - \frac{1}{2}\sigma_{\mathrm{R}}^2 R^2 \frac{\partial^2 f}{\partial R^2} + qR\frac{\partial f}{\partial R}\right)\Delta t \tag{10-7}$$

由于 Δw 独立于维纳过程，则该资产组合瞬态无风险，当不存在无风险套利机会时，$\Delta w = r\Pi\Delta t$ 时间内该组合瞬态收益率等于无风险收益率 $\Delta w = r\Pi\Delta t$，则有 $\Delta w = r\Pi\Delta t$。

将式（10－5）、式（10－7）代入并整理得

$$\frac{1}{2}\sigma_R^2 R^2 \frac{\partial^2 f}{\partial R^2} + (r-q)R\frac{\partial f}{\partial R} + \frac{\partial f}{\partial t} - rf = 0 \qquad (10-8)$$

上式便是满足期权价格的随机偏微分方程，当并购收益为零时，相应的边界条件为 $f(0,t)=0$；当期权到期日为 T 时，相应的边界条件为 $f(R,T)=\max[R(T)-c]$，根据莫顿提出的期权定价模型，可得到满足式（10－8）的连续支付红利的欧式看涨期权的价值为

$$f_e(R) = Re^{-q(T-t)}\Phi(d_1) - ce^{-r(T-t)}\Phi(d_2) \qquad (10-9)$$

其中：$d_1 = [\ln(R/c) + (r - q + \sigma_R^2/2)(T-t)]/(\sigma_R\sqrt{T-t})$；

$d_2 = d_1 - \sigma\sqrt{T-t}$，$\Phi(d_i)$，$i=1,2$ 为标准化变量 d_i 的累积正态分布函数。利用 Macmilan，Barome－Adesi 和 Whaley 提出的连续支付红利美式期权估价模型（即欧式看涨期权与美式看涨期权都满足同类衍生证券微分方程），以 $u(R,t)=v_A(R,t)-f_e(R,t)$ 表示满足式（10－7）的同类美式期权和欧式期权的价格之差，即 $u(R,t)=v_A(R,t)-f_e(R,t)$ 。由于同类美式期权和欧式期权都同样满足微分方程（10－8），因此

$$\frac{1}{2}\sigma_R^2 R^2 \frac{\partial^2 u}{\partial R^2} + (r-q)R\frac{\partial u}{\partial R} + \frac{\partial u}{\partial t} - ru = 0 \qquad (10-10)$$

定义

$$u(v,t) = h(T-t)g(v,h),\ h(T-t) = 1 - e^{-r(T-t)}$$
$$\alpha = 2r/\sigma^2,\ \beta = 2(r-q)/\sigma^2 \qquad (10-11)$$

通过代换和变量变形，可以得到

$$R^2\frac{\partial^2 g}{\partial R^2} + \beta R\frac{\partial g}{\partial R} - \frac{\alpha}{h}g = 0 \qquad (10-12)$$

并且当 $T-t\to\infty$，$h\to 1$，当 $T-t\to 0$，$\frac{\partial g}{\partial h}\to 0$ 时，得到

$$v_A(p) = \begin{cases} f_e(R) + k\left[\dfrac{R}{(1+\delta)c}\right]^b, & R < (1+\delta)c \\ R - c, & R > (1+\delta)c \end{cases} \qquad (10-13)$$

其中，$k = \frac{(1+\delta)c}{b}\cdot\left\{1 - e^{-q(T-t)}\Phi[d(1+\delta)c]\right\}$，$b = (1-\beta+$

$\sqrt{(\beta-1)^2+4\alpha/h})/2, d[(1+\delta)c]=\frac{\ln(1+\delta)+(r-q+\sigma^2/2)(T-t)}{\sigma(T-t)^{0.5}}$。

式中：$f_e(R)$——欧式看涨期权的价格；

$(1+\delta)c-c=f_e[(1+\delta)c]+k$——并购企业在实施并购中的期望收益率。可通过迭代求解下式来估计 $(1+\delta)c-c=f_e[(1+\delta)c]+k$。

在企业并购过程中，当并购企业根据并购已发生的现金流和新的市场环境，重新评估并购的盈利能力时，一旦发现并购预期盈利能力大于期望利润率，即实施并购成功的可能性已经很大了，此时，提前加大并购规模从而抢占市场对并购企业是非常有利的；而一旦发现并购预期盈利能力小于期望利润率，此时选择退出对并购企业也是非常有利的。

10.2.3 实例分析

下面以一模拟的例子来分析说明如何应用期权评估模型确定企业并购的价值。湖南洪源机械厂是大型制造业企业，根据发展战略，湖南洪源机械厂计划运用并购方式进入机床制造业，经过调查分析，认为甲机床制造企业符合要求，因此决定对其实施并购。并购的初始成本为 1 200 万元，并购期限为 5 年，这一时期内的分红利率 q 为 8%，并购收益的波动率为 20%，在并购完成时，机床需求量可能会出现好、中、差三种情况，并分别获得 4 000 万元、2 000 万元、500 万元的现金流量（三种结果的机会均等），无风险利率 r 用短期国债利率代替为 4%，资金成本率为 12%，期望收益率 δ 为 60%。

根据企业并购价值的期权评估模型 $v_T=v_N+v_A$ 可知

$$v_N=\frac{\left(4\,000\times\frac{1}{3}+2\,000\times\frac{1}{3}+500\times\frac{1}{3}\right)}{(1+12\%)^5}=1\,235\text{ 万元}$$

已知：$c=1\,200$，$r=4\%$，$q=8\%$，$\sigma=20\%$，$\delta=60\%$，经过计算得到

$$R=2\,166.67\times e^{-0.08\times5}=1\,773.92\text{ 万元}$$

$$d_1=0.65, d_2=0.203,$$

$$h(T-t)=1-e^{-0.04\times5}=0.18$$

$$\beta = 2(0.04 - 0.08)/0.2^2 = -2$$

$$d[(1+\delta)c] = d(1920) = 0.827$$

查正态分布表可知：$\Phi(d_1) = 0.7422$，$\Phi(d_2) = 0.5798$，$\Phi[(1+\delta)c] = 0.7965$。

从而得到

$$k = (1920/5.155)(1 - \mathrm{e}^{-0.08\times5} \times 0.7965) = 173.60$$

根据公式（10－9）可计算欧式期权价格

$$f_{\mathrm{e}}(R) = R\mathrm{e}^{-q(T-t)}\Phi(d_1) - c\mathrm{e}^{-r(T-t)}\Phi(d_2) = 312.90\text{ 万元}$$

最后通过式（10－13）得到

$$v_{\mathrm{A}} = f_{\mathrm{e}}(R) + k\left[\frac{R}{(1+\delta)c}\right]^b = 428.35\text{ 万元}$$

故企业并购价值为

$$v_{\mathrm{T}} = 1\,235 + 428.35 = 1\,663.35\text{ 万元}$$

由计算结果可知，用期权评估模型计算的企业并购价值大于传统价值评估模型的折现值，这正是企业并购过程中潜在的期权特性所带来的价值。

运用期权定价模型对企业并购价值进行评估，为确定企业并购价值提供了一种全新的思路。但是在实际应用中，尤其是用来做量化分析时，该模型还存在某些不足之处：首先，它的分红利率假定为 q，是均匀的，这与实际有时会发生偏差；其次，由于我国并购市场还不完善，模型中有些参数难以估量，但完善并购市场后这些参数可以从市场的实证分析中获得。该模型由于考虑了企业并购的期权价值，且从实例分析中可知这个价值很大，因此不可以忽略这个价值，所以它比用传统方法来估价显得更科学、更准确、更具有战略决策意义。

10.3 跨国并购投资的期权决策研究

在跨国并购投资的期权决策过程中，跨国企业往往面临决策时机的选择、目标企业价值评估和筛选以及并购后跨国企业竞争力提高的测度问题。传统的净现值法不能对这些问题做出满意的回答。随着金融创新理论的发展，期权定价理论弥补了传统净现值法在跨国并购投资决策中的局限性，从而为解决上述问题提供了一种更有效的理论工具。

10.3.1 传统净现值法的局限性

在经济全球化的形势下，跨国并购已成为跨国企业实现全球发展战略、增强竞争实力的重要途径。但是，跨国并购由于投资环境的高度复杂性，致使并购结果具有很强的不确定性[235]。因此，跨国企业面临投资决策问题[236]。基于未来现金流期望现值的净现值法（NPV）是投资决策中普遍采用的一种财务评价方法，但运用该法进行跨国并购投资决策具有很大的局限性，主要表现在以下几个方面。

（1）忽略了延迟并购对跨国并购企业预期收益的影响，即忽略了并购投资的时间价值，当净现值大于零时立即并购，当净现值小于零时放弃并购。实际上，由于并购市场效率较低，市场信息短期内往往难以得到反映，但随着时间的推移，许多信息的不确定性会发生变化，甚至可能消除，延迟并购使决策者有更多的时间和信息，根据实际经济状况的变化灵活选择并购时机，以付出较低的并购成本，降低并购风险。

（2）忽略了并购投资的不可逆性对并购目标企业价值的影响，仅仅以净现值大小作为目标企业筛选的准则。事实上，并购资产形态位置相对固定，相对于其他资产而言，资产的流动性较差，投资形成的资产容易成为“沉淀”成本，造成并购投资不可逆，因此在对目标企业价值评估和筛选时，应将这点考虑在内。

（3）跨国并购作为一种现代化投资方式不仅给跨国企业带来了一定的现金流量，更主要的是增强了跨国企业的竞争力。因此，在计算未来的收益时，应对竞争力提高做出一个比较准确的评价，而净现值法对此无能为力。

因此，必须寻找一种更为有效的方法突破传统净现值法的局限性来解决并购决策时机的选择、目标企业价值评估和筛选以及并购后跨国企业竞争力提高的测度。期权定价就是比较有效的一种方法。

10.3.2 跨国并购投资决策的实物期权方法

1. 理论分析

期权也称“或有要求权”，是指在一定时期内选择买卖的权利。期权应用于现实资产时称为实物期权，实物期权方法是现代期权定价理论在具有期权性质的非交易实物资产定价中的应用。20 世纪末，国外一些学者在经济领域的投资决策分析中就运用了实物期权方法，他们把实物期权分为三大类：等待期权、放弃期权、扩展期权。在跨国并购投资决策中运用实物期权方法主要解决以下问题。

（1）并购目标企业价值评估和筛选。按实物期权思想，在跨国并购中应寻找和发现那些有更多未来机会和灵活性的企业作为并购的目标，特别是那些不易察觉到的机会，比如，转作他用的机会、追加投资的机会等。跨国并购目标企业价值评估过程的灵活性主要体现在并购实施后并购资产转作他用的价值，它相当于实物期权中放弃期权的价值，约定价格为并购后某一时间并购项目的账面价值，标的资产价格为项目净现值，执行时间为约定价格相对应的时间，并且当并购投资未来的不确定性越大，这种放弃期权的价值就越大，对并购决策的影响也越大。因此，在并购目标企业价值评估和筛选过程中，必须考虑到其隐含的实物期权价值。

（2）选择并购投资的时机。在跨国并购投资决策过程中，跨国企业目前遇到的主要问题是如何选择并购时机。虽然跨国并购使跨国企业的经营环境充满更多机会，但由于并购市场的不确定性较大，其投资风险也较大，跨国企业往往担心并购后市场价格下跌可能无法收回投资，因此，跨国企业面临一个选择：是立即并购还是等待？如果立即实施并购，除了当前需要投入大量资金外，还可能失去有价值的等待期权。如果延期并购，则可能会造成并购成本上升。用实物期权方法分析，跨国企业在选择并购时机时，应比较立即并购的价值和等待期权的价值，当前者大于后者时立即实施并购，否则就继续等待。

（3）实物期权中的扩展期权。实物期权中扩展期权的价值可以看作跨国企业竞争力提高程度的一种货币表现，用于评价实施跨国并购后的效果。跨国企业实施跨国并购以后会显著地提高其把握机会的能力，如果机会出现，跨国企业就能抓住，从而发展壮大自身的实力。如果机会没有出现，跨国企业则维持现状；反之，如果没有实施并购，即使机会出现了，跨国企业也抓不住。因此，可以认为实施跨国并购后的跨国企业拥有了一个扩展期权，其价值可以看作竞争力提高程度的一种货币表现。

2. 实物期权定价模型

实物期权定价模型是通过与金融期权的映衬关系，在金融市场上找到相应的标的金融资产，通过布莱克－舒尔斯期权定价模型或二项式期权定价模型予以解决。

布莱克－舒尔斯期权定价模型假设标的资产价格运动服从维纳过程，通过构造标的资产和无风险借贷资产的等价组合，根据无套利均衡思想，推导出布莱克－舒尔斯微分方程，然后根据不同的边界条件得到期权定价公式

$$c = S\Phi(d_1) - Xe^{-rT}\Phi(d_2) \qquad (10-14)$$

其中，$d_1 = \dfrac{\ln(S/X) + (r+\sigma^2/2)(T-t)}{\sigma\sqrt{T-t}}$，$d_2 = d_1 - \sigma\sqrt{T-t}$。

式中：c——期权的价格；

S——标的资产市场价值；

X——期权约定价格；

t——以年为单位的期权到期期限；

r——年无风险利率；

σ——收益率的偏差估计；

$\Phi(d_i)$——累积正态分布函数，$i=1,\ 2$。

该方法比较适合用来量化竞争力提高的程度。

二项式期权定价模型假设标的资产的价格运动是时间离散的，标的资产当前价值用 s 表示，下一期标的资产价值上升到 su，概率为 p；下降到 sd，概率为 $1-p$，构造等价资产组合，得到期权定价公式[237]

$$f = [p\text{fu} + (1-p)\text{fd}]/(1+r)$$

$$p = [s(1+r) - sd]/(su - sd)$$

式中：f——期权的价值；

fu——下一期标的资产价值上升时的期权价值；

fd——下一期标的资产价值下降时的期权价值；

p——风险中性概率。

该方法可用来评估等待期和前弃期的价值。

10.3.3 实例分析

下面通过实例来分析说明如何应用实物期权方法进行跨国并购投资决策。某跨国企业根据全球战略，计划运用跨国并购方式进入机床制造业，经初步调查，有甲、乙两个机床制造业企业符合要求，并购价格皆为2 400万美元，生产线寿命为3年。甲企业生产线采用专用设备（不能转作他用），运营成本相对较低，若第一年市场情况不错，可得现金流量2 100万美元；若市场情况不理想，可得现金流量525万美元。后两年如遇市场情况不错，则现金流量在前一年的基础上翻倍；如遇市场情况不理想，则现金流减半。乙企业生产线采用通用设备（可转作他用），运营成本相对较高，第一年若市场情况不错，可得现金流量2 000万美元；若市场情况不理想，可得现金流量500万美元，后两年情况与甲企业相同。第一年市场出现好和坏的概率各为50%，若第一年市场情况不错，后两年市场情况出现好的概率为70%，差的概率为30%；若第一年市场情况不理想，则以后市场情况出现好和差的概率分别为30%和70%。

如果简单按传统的净现值投资决策方法（期望报酬率为20%，无风险利率为10%），可得NPV(甲)=3 994.08 -2400 =1 594.08万美元，NPV(乙)=3803.89 -2400 =1 403.89万美元，很显然，并购投资决策应选择甲企业。由于跨国并购投资具有很强的不确定性，现在如果市场继续萧条，考虑资产的专用性，一年后乙企业生产线因可出卖转作他用，但甲企业生产线只能沉淀，实际上这是实物期权问题，运用实物期权方法分析，一年后乙企业生产线出卖相当于放弃期权，其价值相当于金融看跌期权的价值，约定价格为1 600万美元，期权有效期为一年，标的资产当前价值为3 803.89万美元，到期可能上升到 5 920.42 万美元，也可能下降到 709.33 万美元。相应的到期标的资产价值上升时看跌期权价值为 0，下降时看跌期权价值为 890.67 万美元，按照二项式期权定价模型求解可得转作他用的价值为 267.20 万美元（其中风险中性概率为 67 %）。考虑到转作他用的价值后，乙企业的净现值 NPV(乙) = 2 431.09 万美元，大于甲企业的净现值 NPV(甲) = 1 594.08 万美元，此时并购乙企业优于并购甲企业。由此可见，资产转作他用的价值提高了并购目标企业的价值，改变了跨国企业的并购决策。

跨国企业确定并购乙企业进行机床生产，那么何时对其实施并购？并购时机的选择又是一个实物期权问题，同理可用实物期权方法予以分析。实际上跨国企业在等待最佳并购时机的时候，可以将这种等待看作一个实物期权，其价值相当于金融看涨期权的价值，执行价格为 2 400 万美元，标的资产当前价值为 3 803.89 万美元，到期可能上升到 5 920.42 万美元，也可能下降到 709.33 万美元，相应的到期标的资产价值上升时看涨期权价值为 3 520.42 万美元，下降时看涨期权价值为 0，按照二项式期权定价模型求解可得等待期权价值为 2 144.26 万美元，而如果跨国企业立即实行并购，则并购实现净现值等于 1 403.89 万美元，小于等待并购的价值。因此，跨国企业不应立即实行并购，它应该等待进一步信息再决定是否实施并购，否则将会失去有价值的等待机会。

若跨国企业对乙企业实施并购后成功地进入了机床制造业，三年后如果市场状况比较理想，跨国企业可以扩大生产规模，经测算这项投资为 1 500 万美元，且这项投资带来的现金流量折现值达到 1 500 万美元。设收益率偏差为 20%，无风险利率为 10%，可以认为跨国企业拥有了一个扩展期权，3 年后以 1 500 万美元购买现值 1 500 万美元的资产，由布莱克 - 舒尔斯期权定价模型求得该期权价值为 437.34 万美元。跨国企业在计算并购投资的收益时应将此实物期权价值考虑在内，它是竞争力提高程度的货币表现。

跨国并购是一项高风险的投资决策，采用传统的净现值法对其进行经济评价难免会得出一些错误的结论，实物期权理论是一种针对柔性投资进行经济评价的有效决策方法，尤其适用于不确定的经济环境。运用该方法进行跨国并购投资决策，可提高决策的科学性和准确性。

10.4 基于期权的技术管理型人力资本灰色计量模型

随着知识经济时代的到来，作为知识载体的人在国民经济中的重要作用已经得到了重视，人才是一个国家和企业的核心力量，尤其是技术管理型人力资本已成为企业发展的关键驱动要素，其价值高低成为判断一个企业竞争力的重要依据。传统的技术管理型人力资本计量模型主要包括：未来收益贴现模型、随机报偿价值模型和未来工资贴现模型等[238-243]，这些模型为决策者提供了量化的依据，但由于它们的一些假设忽略了技术管理型人力资本中隐含的各种选择权价（期权价值），从而不能充分体现技术管理者才能这一企业发展的核心要素的实际价值，不足以实现激励作用，造成技术管理者流失。随着金融创新理论的发展，期权定价模型[231]弥补了传统技术管理型人力资本计量模型的局限性。但是，由于技术管理型人力资本具有努力的不可观测性和主观能动性等特点，因此需要运用灰色评测方法[244-246]计量其发挥的效率，并结合期权定价模型的优点，建立一种有效计量技术管理型人力资本的新模型，为科学、准确地确定技术管理型人力资本的实际价值提供依据。

在考虑技术管理型人力资本的期权特性和主观能动性的情况下，其实际价值应由两部分组成：一部分为按传统技术管理型人力资本计量模型算出的静态净现值；另一部分为潜在的期权价值和技术管理者才能发挥效率的乘积，用公式表示为

$$V_{\mathrm{T}} = V_{\mathrm{N}} + a \times V_{\mathrm{A}}(p) \tag{10-15}$$

式中：V_{T}——技术管理型人力资本的实际价值；

V_{N}——按传统计量模型评估的人力资本现金流贴现值，即

$V_{\mathrm{N}} = pv(\sum_{i=1}^{n} \mathrm{CF}_i)$，其中，$pv(\cdot)$ 中的数值按风险调整后的利率折现，CF_i 为技术管理者任职期内获得的薪酬；

$V_{\mathrm{A}}(p)$——技术管理型人力资本中潜在的选择权价值，按期权定价理论评估；

a——技术管理者才能发挥的效率（$0<a<1$），按灰色评测方法计量。

具体建模步骤如下。

10.4.1 运用期权定价理论确定技术管理型人力资本选择权的价值

技术管理型人力资本具有多用途性、差异性，其代表的未来经济利益具有高度的不确定性。具体来讲，在技术管理型人力资本中存在很多项可供选择的内容，企业拥有技术管理型人力资本也就拥有了选择的权利，企业可根据目前及将来出现的各种状态来选择使用技术管理型人力资本开展新业务决策。当目前市场前景难以预料时，企业可等待市场进一步的信息；当事实表明市场有利时，企业选择具有开展新业务技能的管理者负责此项工作，从而获得更大的经济收益，即执行技术管理型人力资本选择权；当市场不利时，企业决定仅维持现有业务，即不执行技术管理型人力资本选择权。可见这种选择权对企业来说实际上是一种美式期权，企业可以在技术管理型人力资本聘用期内任意合适的时刻执行该权利，因此应运用美式期权定价理论来对其价值进行计量。

根据金融期权原理，影响期权的价值因素主要有：标的资产的价格、期权的执行价格、到期期限、无风险利率、标的资产价格的不确定性。利用美式期权定价理论来评价管理型人力资本选择权的关键，就是找出选择权中与这几个因素相对应的关系，技术管理型人力资本选择权与美式看涨期权的对应关系如表 10－2 所示。

表 10－2 技术管理型人力资本选择权与美式看涨期权的对应关系

美式看涨期权	技术管理型人力资本选择权
标的资产价格 S	企业使用技术管理型人力资本选择权开展新业务，产生的经济收益增量折现值为 p
执行价格 X	企业使用技术管理型人力资本选择权开展新业务，新增费用 c
有效期 T	企业自拥有技术管理型人力资本选择权，到具体使用管理型人力资本选择权开展新业务的时间年限为 T

本章采用 Whaley 的美式期权定价理论来推导技术管理型人力资本选择权

的价值，考虑企业在 $t \leqslant T$ 时决策是否执行管理型人力资本选择权，用 u 表示欧式期权和美式期权的价格之差，由于同类欧式期权和美式期权都同样满足布莱克－舒尔斯微分方程，因此

$$\frac{1}{2}\theta^2 p^2 \frac{\partial^2 u}{\partial p^2} + rp\frac{\partial u}{\partial p} + \frac{\partial u}{\partial t} = ru \tag{10-16}$$

为了方便，定义 $\tau = T - t, u = h(\tau)g(p,h), h(\tau) = 1 - e^{-r\tau}, \beta = 2r/\theta^2$。

通过代换和变量变形，可以得到

$$p^2 \frac{\partial^2 g}{\partial p^2} + \beta p \frac{\partial g}{\partial p} - \frac{\beta}{p} = 0 \tag{10-17}$$

并且当 $\tau \to \infty$，$h \to 1$，当 $\tau \to 0$，$\frac{\partial g}{\partial h} \to 0$，加上边界条件，Whaley 提出了美式期权的价格，也就是人力资本选择权所具有的价值，得到

$$V_A(p) = \begin{cases} V_E(p) + k\left[\frac{p}{(1+\delta)c}\right]^b, & p < (1+\delta)c \\ p - c, & p > (1+\delta)c \end{cases} \tag{10-18}$$

式中：$V_E(p)$——用布莱克－舒尔斯定价公式确定的相应欧式看涨期权的价格。

$$V_E(p) = p\Phi(d_1) - ce^{-r\tau}\Phi(d_2)$$

$$d_1 = \frac{\ln(p/c) + (r + \theta^2/2)\tau}{\theta\sqrt{\tau}}, \ d_2 = d_1 - \theta\sqrt{\tau}$$

$$k = \left[\frac{(1+\delta)c}{b}\right] \cdot \left\{1 - \Phi[d(1+\delta)c]\right\}$$

$$b = [1 - \beta + \sqrt{(\beta - 1)^2 + 4\beta/h}]/2$$

$$d[(1+\delta)c] = \frac{\ln(1+\delta) + (r + \theta^2/2)\tau}{\theta\sqrt{\tau}}$$

式中：δ——企业实施使用技术管理型人力资本选择权时的期望收益率，可通过迭代求解下式来估计：$(1+\delta)c - c = V_E((1+\delta)c) + k$。

10.4.2 运用灰色评测方法计量技术管理型人力资本发挥的效率

技术管理型人力资本的价值其实呈现出某种复合性，其许多特征是货币指

标所无法体现的，而且影响技术管理型人力资本价值的个人、组织和社会诸多方面的因素也并非利用货币计量就完全可以解决的，因此，本章对技术管理型人力资本价值的计量进行了综合考虑，并利用非货币计量方法——灰色评测法确定技术管理型人力资本对企业价值增量的贡献（即其发挥的效率）。

根据实际经验，利用粗糙集理论建立技术管理型人力资本效率影响因素集 α，例如有 5 个影响因素，求得其权重，如图 10－2 所示。

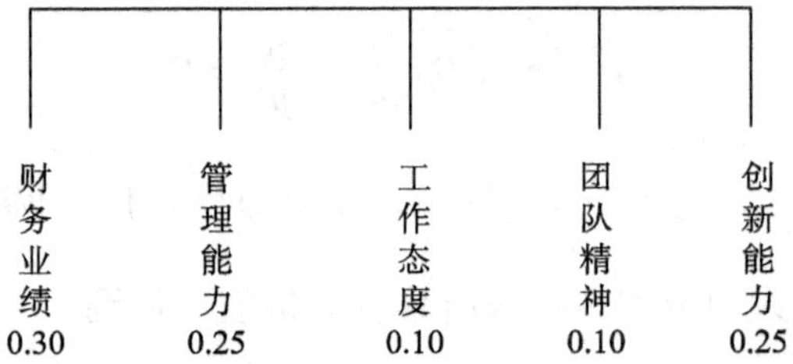

图 10－2　技术管理型人力资本效率的影响因素

对技术管理型人力资本的评测分为优、良、中、差四个等级，对应分值分别为 7，5，3，1，此外各个等级的隶属度分别确定为 1.0，0.8，0.6，0.4。

再假定 n 个专家对各个指标 d_i 分别按评分标准打分，从而得到评价样本矩阵 $\boldsymbol{U}$

$$\boldsymbol{U}=\begin{bmatrix} d_{11},d_{12},\cdots\cdots,d_{1n} \\ d_{21},d_{22},\cdots\cdots,d_{2n} \\ \cdots\cdots \\ d_{51},d_{52},\cdots\cdots,d_{5n} \end{bmatrix}\begin{matrix} d_1 \\ d_2 \\ \cdots \\ d_5 \end{matrix}$$

式中：d_{ij}——第 j 位专家为指标 d_i 所打分值。

然后确定评价灰类的等级数、灰类的灰数及灰类的白化权函数，由于本章已经将指标的评分等级确定为 4 级，设评价灰类序号为 e，$e=1$，2，3，4，其相应灰数及白化权函数如下

第一灰类（优：$e=1$），白化权函数为 f_1：

$$f_1(d_{ij}) = \begin{cases} d_{ij}/7, & d_{ij} \in [0,7] \\ 1, & d_{ij} \in [7,\infty] \\ 0, & d_{ij} \notin [0,\infty] \end{cases} \tag{10-19}$$

第二灰类（良：$e=2$），白化权函数为f_2：

$$f_2(d_{ij}) = \begin{cases} d_{ij}/5, & d_{ij} \in [0,5] \\ (10-d_{ij})/5, & d_{ij} \in [5,10] \\ 0, & d_{ij} \notin [0,10] \end{cases} \tag{10-20}$$

第三灰类（中：$e=3$），白化权函数为f_3：

$$f_3(d_{ij}) = \begin{cases} d_{ij}/3, & d_{ij} \in [0,3] \\ (6-d_{ij})/3, & d_{ij} \in [3,6] \\ 0, & d_{ij} \notin [0,6] \end{cases} \tag{10-21}$$

第四灰类（差：$e=4$），白化权函数为f_4：

$$f_4(d_{ij}) = \begin{cases} 1, & d_{ij} \in [0,1] \\ 2-d_{ij}, & d_{ij} \in [1,2] \\ 0, & d_{ij} \notin [0,2] \end{cases} \tag{10-22}$$

接着计算评价指标d_i属于第e个灰类的灰色评价系数，记为x_{ie}。

$$x_{ie} = \sum_{j=1}^{n} f_e(d_{ij}) \tag{10-23}$$

指标d_i属于各个灰类的总灰色评价数，记为x_i。

$$x_i = \sum_{e=1}^{4} x_{ie} = \sum_{e=1}^{4}\sum_{j=1}^{n} f_e(d_{ij}) \tag{10-24}$$

据此，评价指标d_i的第e个灰类的灰色评价权记为q_{ie}

$$q_{ie} = x_{ie}/x_i \tag{10-25}$$

因为$e=1$，2，3，4，所以评价指标d_i对于各灰类的灰色权向量，记为$\boldsymbol{q}_i, \boldsymbol{q}_i = (q_{i1}, q_{i2}, q_{i3}, q_{i4})$，于是灰色评价权矩阵$\boldsymbol{D} = [\boldsymbol{q}_1, \boldsymbol{q}_2, \cdots, \boldsymbol{q}_5]^{\mathrm{T}}$。

最后，根据确定出指标的权重向量$\boldsymbol{f}=(0.30，0.25，.0.10，0.10，0.25)$及指标集的灰色评价权矩阵$\boldsymbol{D}$，得到综合评判矩阵$\boldsymbol{R} = \boldsymbol{f} \times \boldsymbol{D} = (r_1, r_2, r_3, r_4)$。

根据最大隶属度原则，可以得到技术管理型人力资本的效率综合评判结果，结合前面求得的技术管理型人力资本选择权的价值 V_A，利用公式（10－1），则可求得技术管理型人力资本的实际价值。

10.4.3 实例分析

中兴企业聘请1名技术部经理，年薪为10万元，聘期为5年，假设该经理拥有开发各类计算机硬件和应用软件的技能。对企业来讲，目前的业务范围为各类计算机硬件产品的研发，尚未考虑进行计算机应用软件的研发，但在市场有利时企业将在3年后开展计算机应用软件研发业务，投资费用为10万元，由该经理负责开发，预计该经理在聘任期内由于从事软件开发可为企业带来经济收益增量的现值为15万元（与从事计算机硬件开发相比），假设无风险利率 r 为4%，波动率 θ 为40%，资金成本率为12%，期望收益率 δ 为60%，专家人数为5人，该经理发挥效率的评价矩阵为

$$\boldsymbol{U}=\begin{bmatrix}7&5&7&5&3\\3&5&7&5&3\\5&5&7&5&5\\5&7&5&5&5\\3&3&5&3&5\end{bmatrix}$$

根据公式（10－15）知，$V_N=\sum_{i=1}^{5}\frac{10}{(1+12\%)^5}=36.05$（万元）。

已知 $p=15$，$c=10$，$r=4\%$，$\theta=40\%$，$\delta=60\%$，经过计算得到

$d_1=1.10, d_2=0.407, h(\tau)=1-e^{-r\tau}=0.11, d[(1+\delta)c]=d(16)=1.2, \beta=0.5, b=2.39$。

查正态分布表可知：

$\Phi(d_1)=0.8643, \Phi(d_2)=0.6808, \Phi[d(1+\delta)c]=0.8849$，从而得到：

$k=\left[\frac{(1+\delta)c}{b}\right]\cdot\{1-\Phi[d(1+\delta)c]\}=0.77, V_E(p)=p\Phi(d_1)-ce^{-r\tau}\Phi(d_2)=6.93$ 万元，通过式（10－18）得到该技术管理型人力资本选择

权的价值为 $V_A = V_E(p) + k\left[\frac{p}{(1+\delta)c}\right]^b = 7.59$ 万元。

接着根据该技术管理型人力资本效率评价矩阵 $\boldsymbol{U}$，按前文所述步骤，经过计算得到灰色评价权矩阵

$$\boldsymbol{D} = \begin{bmatrix} 0.4137 & 0.4075 & 0.1788 & 0 \\ 0.3369 & 0.3896 & 0.2735 & 0 \\ 0.3940 & 0.4698 & 0.1362 & 0 \\ 0.3940 & 0.4698 & 0.1362 & 0 \\ 0.2667 & 0.3734 & 0.3599 & 0 \end{bmatrix}$$

则 $\boldsymbol{R} = \boldsymbol{f} \times \boldsymbol{D} = (0.30 \quad 0.25 \quad 0.10 \quad 0.10 \quad 0.25) \times \boldsymbol{D}$

$= (0.3538 \quad 0.4070 \quad 0.2392 \quad 0)$

最后得分为：$\boldsymbol{D} \times (7 \quad 5 \quad 3 \quad 1)^T = V_T = 36.05 + 7.59 \times 87.17\% = 42.67$ 分，该分值的隶属度为 $V_T = 36.05 + 7.59 \times 87.17\% = 42.67$，即该技术管理型人力资本发挥的效率为0.8717，故该技术管理型人力资本的实际价值为：$V_T = 36.05 + 7.59 \times 87.17\% = 42.67$ 万元。

由计算结果知，用期权评估思想和灰色评测方法计算的该技术管理型人力资本价值大于传统价值计量模型的折现值，这正是该管理型人力资本中潜在的期权特性和其经营企业业务的效率所带来的价值。如果从多元激励、企业文化建设、团队精神各方面入手进一步挖掘该技术管理型人力资本的潜能，使其经营企业的效率达到100%，则该技术管理型人力资本的价值将增至43.64万元。

根据本章提出的美式期权定价模型有助于相对可靠地确定技术管理型人力资本的内在价值，结合灰色计量则可以相对科学地确定技术管理型人力资本的实际价值，由此较为完善地解决了对技术管理型人力资本的计量。基于期权的技术管理型人力资本灰色评测法计量模型，在对管理型人力资本的期权特性进行货币计量和对其经营效率进行灰色计量的基础上，使管理型人力资本的计量与其经营业绩紧密联系在一起，以力图达到尊重人力资本的稀缺性和不可替代性，对管理者实施“荣誉”激励，激发其发挥主观能动性的目的。

10.5　基于贝叶斯定理的新技术项目期权评价模型研究

项目价值评估是企业项目管理的核心问题，对项目决策具有十分重要的指导意义。传统用于项目价值评估的最主要方法是 NPV 模型[247-249]，其核心思想是将投资项目未来预期现金流入和流出按企业加权平均资本成本率或与未来各期现金流相对应的折现率折现后进行对比，若两者现值之差 NPV 大于零，则项目可行，否则项目不可行，其中 NPV 最大者为最优选择项目。

然而对于具有高投入、高风险，潜在的高收益特征的新技术项目，利用 NPV 模型对其进行评价容易造成价值的低估，其原因有以下三个方面。第一，它忽略了新技术项目中技术和市场等不确定因素赋予企业延迟投入、继续投入、扩大和缩减投入、放弃和转移等决策灵活性，而这些灵活性是有价值的。第二，它采用较高的折现率来抵补高风险对新技术项目价值的影响，并且在项目启动到逐期完成过程中总是使用这一高折现率。事实上，新技术项目的不确定性增加了可延迟决策、放弃决策之类的灵活性以后，其风险相应发生了变化，在市场风险变化较平稳的情况下，项目总体风险呈下降的趋势，原来的抵补高风险的高折现率已经不再适用，应对其进行调整。第三，NPV 模型不能反映新技术项目的不可逆性所产生的延缓投资能力为企业带来的价值，同时，新技术项目的可延缓性突出了 NPV 模型对项目中时间因素处理和对项目实施过程中新信息利用的不足，它未考虑新信息对先期评价结果的修改选择余地，甚至导致完全错误的决策结论。为此，本章针对上述 NPV 模型在新技术项目评价中的固有缺陷，引入贝叶斯定理[250-254]和期权思想，构建了一种有效评价新技术项目的新模型，该模型用贝叶斯公式对项目过程的信息进行科学处理，得出更符合实际的资金流分布，并用期权思想解决对未来不确定性的量化分析，对实践中新技术项目的合理确定具有指导意义。

10.5.1　建模的基本思路和前提

由于资金时间价值和投资环境的不确定性，随着投资的决策时间不同，新技术项目过程的资金流分布也是变化的，贝叶斯定理正是通过新的信息对先验概率的估计，做出新的更全面合理的推断，得出更符合实际的资金流和收益流分布，有利于做出正确决策。由于新技术项目采用分期投资的方式，使得在项目的每一个投资时期的起始时刻，都对应着一个决策点，整个项目的决策行动构成一条决策链，每一个决策点都对应着处理不确定性的相机选择权，它可以看作如表 10 - 3 所示的欧式期权，企业评估各时期可支付产品的盈利能力来决定是否执行这一期权，继续开发产品，如果市场环境发生变化导致最终产品无利可图，企业将选择放弃执行此期权，转卖或清算现有研发成果及资产，借以收回一定成本。因此可引入贝叶斯定理和期权思想，以弥补 NPV 模型的不足，构建新的科学的新技术项目评价模型。

表 10 - 3　新技术项目的欧式期权

期权的标的价格	第 i 期以后项目的净现值
期权的执行价格	第 i 期投资支出
期权的执行期	第 i 期
期权的费用	第 i 期以前项目投资支出的现值

为了便于建立数学模型，首先对有关符号及其实际意义作如下说明。

S_i 为第 i 期标的资产价值，S_i^+ 为第 i 期标的资产增值的价值，S_i^- 为第 i 期标的资产贬值的价值，E_i 为第 i 期期权价值，E_i^+ 为第 i 期标的资产增值时期权的价值，E_i^- 为第 i 期标的资产贬值时期权的价值，F_i 为第 i 期的期权费，I_i 为第 i 期的投资支出，k 为加权平均资本成本，r 为无风险利率。

此外，为了便于分析，给出如下几点基本假设。

（1）新技术项目中的现金流可以简化为图 10 - 3 中所示的现金流量图。

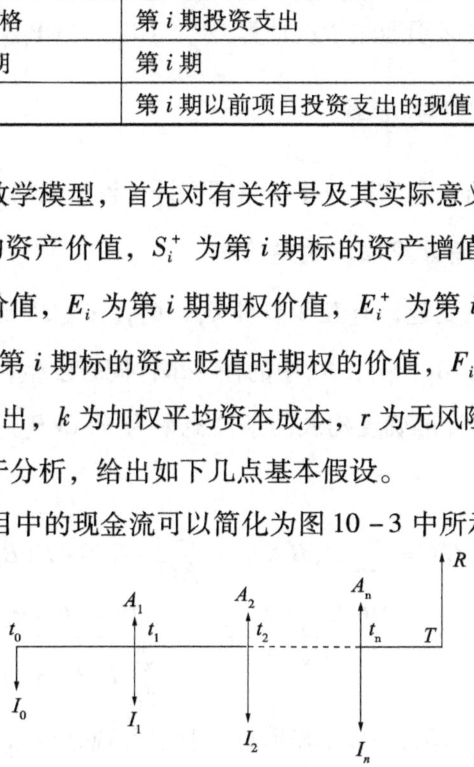

图 10 - 3　新技术项目的现金流量图

在第一次投资完成后，投资者将对每期项目进行审核，以决定是否继续投资。项目的投资回报是投资完成后若干年后一次性获得，而且该回报具有很大的风险，如果项目投资成功，投资者将获得的投资回报为 R^+，概率为 f；如果投资失败，投资者将获得的投资回报为 R^-，概率为 $1-f$，回报的期望值为 $R=R^+\times f+R^-\times(1-f)$，此外，如果投资者在第 i 期停止继续投资，将获得一定数目的残值，记为 A_i。

（2）项目中的相机选择权都是标的资产价格离散变化的单期欧式期权，例如，第 i 期期权表示的是投资者在 $i-1$ 期决定在 i 期是否进行投资的期权。

（3）项目具有的第 i 个相机选择权的标的物是第 i 期后项目具有的灵活性的价值，包括预期现金流和各期相机选择权的溢酬在第 i 期的现值。从而第一个期权溢酬已经考虑到了其后所有灵活性的价值，项目价值 $V=\text{NPV}+\text{OP}_1$，其中，NPV 可由传统的 NPV 模型得到，而 OP_1 的价值由于受到其后所有期权溢价的影响，所以它必须通过依次计算 OP_i，OP_{i-1}，OP_{i-2}，…，OP_1 得到。

10.5.2 建模的主要步骤

建立基于贝叶斯定理的新技术项目期权评价模型主要步骤如下。

1. 由贝叶斯定理计算项目收益分布

对于离散的随机变量，有互斥事件 B_1，B_2，…，B_n 组成一个事件组，另有一事件 C 只与 B_1，B_2，…，B_n 中的任一事件同时发生，先验概率为 $P(B_i)$，$i=1$，2，…，n，估计准确度构成的条件概率为 $P(C/B_i)$，由贝叶斯定理可求出后验概率

$$P(C)=\sum_{i=1}^{n}P(B_iC)=\sum_{i=1}^{n}P(C/B_i)P(B_i) \tag{10-26}$$

$$P(B_i/C)=\frac{P(C/B_i)P(B_i)}{P(C)}=\frac{P(C/B_i)P(B_i)}{\sum_{i=1}^{n}P(C/B_i)P(B_i)} \tag{10-27}$$

上式中事件组 $B_1,B_2,\cdots,B_n$ 表示对企业项目现金流（收益）情况的估计，根据假设（1），项目的现金流 $P(B_i)$ 分为两种情况，事件组为：$B_1=B$，$B_2=$

$\overline{B}$，项目现金流的影响因素：企业的经营技术管理水平，可分为两种情况：技术管理水平高，经营情况正常 C（保证 C 发生的概率为 $P(C)$）；技术管理水平不高，经营情况不正常 $\overline{C}$。当企业投资项目的现金流 $P(B_i)$ 分别为 B 和 $\overline{B}$ 两种情况时，则事件组为 $B_1 = B_1, B_2 = \overline{B}$，先验估计概率 $P(B_i)$ 在 $i = 1,2$ 时分别为 f 和 $1-f$；条件概率 $P(C/B_i)$ 在 $i = 1,2$ 时分别表示当事件 B_i 发生条件下 C 发生的概率，其值分别为 f' 和 $1-f'$，由历史资料确定，则相应的后验概率分别为

$$P(B/C) = \frac{P(B)P(C/B)}{P(C)} = \frac{f \times f'}{f \times f' + (1-f) \times (1-f')} \qquad (10-28)$$

$$P(\overline{B}/C) = \frac{P(\overline{B})P(C/\overline{B})}{P(C)} = \frac{(1-f) \times (1-f')}{f \times f' + (1-f) \times (1-f')} \qquad (10-29)$$

$$P(B/\overline{C}) = 1 - P(B/C) \quad P(\overline{B}/\overline{C}) = 1 - P(B/\overline{C}) \qquad (10-30)$$

$$P'(B) = P(C) \times P(B/C) + P(\overline{C}) \times P(B/\overline{C}) \qquad (10-31)$$

$$P'(\overline{B}) = P(C) \times P(\overline{B}/C) + P(\overline{C}) \times P(\overline{B}/\overline{C}) \qquad (10-32)$$

2. 由二项式期权定价模型计算项目中灵活性的价值

期权是一种产品交易的选择权，它赋予持有者在将来特定时间按约定价格买入或卖出某种标的资产的权利和期权出售者在特定时间按约定价格卖出或买入某种标的资产的义务。它可以让期权持有者在避免标的资产价格风险产生的不利后果的同时，又可以利用有利的变动趋势。这种收益和损失的不对等性就是期权的内涵即高风险带来的高收益和损失的有限性（期权费）。二项式期权定价模型是确定期权价值的一种简化的数学模型，下面根据假设（1）－（3）以及项目现金流分布并结合二项式期权定价模型得到第 i 期项目中的灵活性的价值。

当 $i=n$ 时，有：

$$S_n = \frac{R}{(1+k)^{T-t_{n-1}}} S_n^+ = \frac{R^+}{(1+k)^{T-t_n}} \qquad (10-33)$$

$$S_n^- = \frac{R^-}{(1+k)^{T-t_n}} \qquad (10-34)$$

$$E_n^+ = \max[A_n, P'(B) \times (S_n^+ - I_n)] \qquad (10-35)$$

$$E_n^- = \max[A_n, P'(\overline{B}) \times (S_n^- - I_n)] \tag{10-36}$$

根据二项式期权定价模型，风险中性概率和欧式期权价值分别为

$$p_n = \frac{(1+r)S_n - S_n^-}{S_n^+ - S_n^-}, \quad E_n = \frac{p_n E_n^+ + (1-p_n)E_n^-}{(1+r)^{t_n - t_{n-1}}} \tag{10-37}$$

又根据表 10－3，期权费用

$$F_n = \sum_{i=0}^{n-1} I_i (1+k)^{t_{n-1}-t_i} \tag{10-38}$$

则

$$\mathrm{OP}_n = E_n - F_n \tag{10-39}$$

当 $i < n$ 时，有

$$S_i^+ = \frac{R^+}{(1+k)^{T-t_i}} - \sum_{j=i+1}^{n} \frac{I_j}{(1+k)^{t_j - t_i}} + \mathrm{OP}_{i+1} \tag{10-40}$$

$$S_i^- = \frac{R^-}{(1+k)^{T-t_i}} - \sum_{j=i+1}^{n} \frac{I_j}{(1+k)^{t_j - t_i}} + \mathrm{OP}_{i+1} \tag{10-41}$$

$$E_i^+ = \max[A_i, P'(B) \times (S_i^+ - I_i)] \tag{10-42}$$

$$E_i^- = \max[A_i, P'(\overline{B}) \times (S_i^- - I_i)] \tag{10-43}$$

经过整理，可以得到风险中性概率和欧式期权价值分别为

$$p_i = p_n - \frac{(1+k)^{T-t_{i+1}} \times (k-r) \times \mathrm{OP}_{i+1}}{R^+ - R^-} \tag{10-44}$$

$$E_i = \frac{p_i E_i^+ + (1-p_i)E_i^-}{(1+r)^{t_i - t_{i-1}}} \tag{10-45}$$

期权费用

$$F_i = \sum_{j=0}^{i-1} I_j (1+k)^{t_{i-1}-t_j} \tag{10-46}$$

相应地，可得到项目灵活性的价值为：$\mathrm{OP}_i = E_i - F_i$，因此根据上面的递推公式，最终可以计算出 OP_1，进而结合 NPV 模型，得到包括项目灵活性价值在内的新技术项目的价值。

10.5.3 实例分析

某企业欲投资一个高新技术项目，采用分期投资方式，经济寿命为 7 年，

项目实际现金流量图如图 10－4 所示，同时已知该企业加权平均资本成本 $k = 20\%$，市场无风险收益率 $r = 8\%$，其他参数为：$A_1 = 30$ 万元，$A_2 = 40$ 万元，$A_3 = 50$ 万元，$R^+ = 4\ 000$ 万元，$R^- = 130$ 万元，$f = 70\%$，又根据历史数据统计可知，现金流为 4 000 万元时，相应企业技术管理水平高，经营情况正常的概率为 75%；现金流为 130 万元时；相应企业技术管理水平不高，经营情况不正常的概率为 75%（假定企业技术管理水平和经营情况正常的保证率为 98%）。

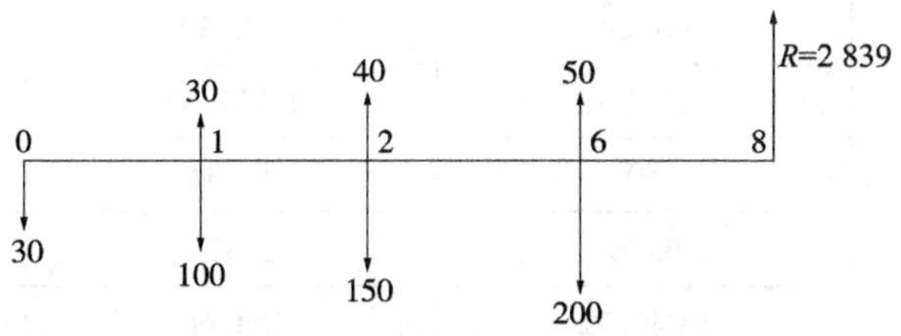

图 10－4 项目实际现金流量图

首先，采用 NPV 模型计算该项目的价值为

$$\mathrm{NPV} = \frac{R}{(1+k)^7} - \sum_{i=0}^{3} \frac{I_i}{(1+k)^{t_i}} = 373 \text{ 万元}$$

其次，采用贝叶斯定理计算项目现金流分布，设 B 为现金流 4 000 的事件，$\overline{B}$ 为现金流 130 的事件，C 为经营好的事件，$\overline{C}$ 为经营差的事件，则企业经营好的情况下，收益情况为 B 事件的概率

$$P(B/C) = \frac{P(B)P(C/B)}{P(C)} = \frac{0.7 \times 0.75}{0.5 \times 0.75 + 0.25 \times 0.2} = 0.875$$

同理，企业经营好的情况下，$\overline{B}$ 事件的概率为 $P(\overline{B}/C) = 0.125$，企业经营不好的情况下，$B$ 和 $\overline{B}$ 事件的概率分别为 $P(B/\overline{C}) = 0.125$，$P(\overline{B}/\overline{C}) = 0.875$，则

$$P'(B) = 0.9032 \quad P'(\overline{B}) = 0.425$$

最后，采用前面给出的二项式期权定价模型的递推公式计算该项目灵活性的价值，得到有关计算结果如表 10－4 所示。由表 10－4 可知，该新技术项目的灵活性价值为 230.29 万元，这样该新技术项目的实际价值为 $V = \mathrm{NPV} + \mathrm{OP}_1$

=373 + 230.29 = 603.29 万元。这种情况在新技术项目价值处于决策临界点（比如零）时，将会导致不同的决策结果。此时若 NPV 法评估的新技术项目价值小于零，决策为不投资此项目，而通过上述模型评估的新技术项目价值可能大于零，此项目是较好的投资机会。

表 10－4　新技术项目的灵活性价值计算结果

	$i=3$	$i=2$	$i=1$
S_i^+	2 777.78	2 163.66	1 241.36
S_i^-	90.28	608.39	161.32
E_i^+	1 597.22	1 157.85	656.28
E_i^-	50	45.34	35.26
p_i	0.76	0.474	0.46
E_i	1 040.72	454.60	280.69
F_i	389.4	160	50
OP_i	660.32	294.60	230.29

总之，基于贝叶斯定理的期权评价模型计算的新技术项目价值大于传统 NPV 模型的折现值，这正是项目中潜在的一系列相机选择权所带来的价值和贝叶斯定理所带来的新信息价值的体现。期权理论和贝叶斯定理的应用前提正好相吻合，两种理论融合构建了一种科学。合理的新技术项目评价方法，在一定程度上克服了传统 NPV 模型的固有缺陷，对新技术项目的合理确定具有战略指导意义。

10.6　基于遗传算法的创业投资期权评价模型

传统创业投资评价定量方法主要包括内部收益率法、净现值法和回收投资期法等，这些分析方法为投资决策提供了量化的依据。但由于它们的一些假设忽略了投资环境的不确定性和管理灵活性等许多重要的现实影响因素而在实际应用中较难发挥作用。随着金融创新理论的发展，期权定价方法弥补了传统创业投资定量评价方法的局限性。但是，由于创业投资具有不确定性、复杂性、高风险性、阶段性等特点，期权定价方法仍不能有效评价由于技术不确定性以及技术不确定性和市场不确定性之间相互作用对于创业投资评价的影响。因此，笔者尝试采用遗传算法[255]改进期权评价法，旨在提高创业投资评价的科学性和准确性。

10.6.1　创业投资的期权评价

期权在财务实务中是用于处理一些具有不确定性投资结果的非金融资产的一种投资决策工具，具有非独占性、先占性和复杂性等特点。而创业投资通常是由种子期、创建期、扩展期和成熟期四个阶段组成，包括一个以上期权，其价值实质上是一个多阶段的复合期权的价值，如图 10－5 所示。

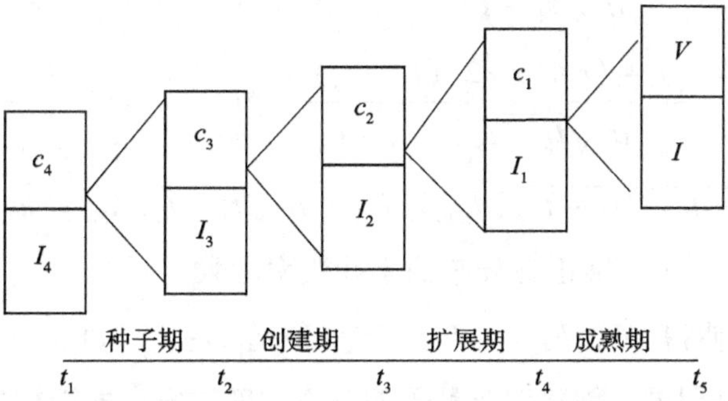

V—上市后企业市价；I_{t_i}—投资额度；$c_{(5-i)}$—期权价值

图 10－5　多阶段复合期权

假设创业投资投入的成本和创投标的企业的价值 V 是随机的并服从几何布朗运动，创投企业在投资标的企业的成熟期 t_4时刻的投资额度为 I_4，将形成一个简单的看涨期权 $c_1(V,t)$，c_1 在到期日 t_5时点上期权执行与否的关键在于创投标的企业价值 V 是否超过执行价格 I_{t_5}。根据布莱克－舒尔斯期权定价模型可求得成熟期简单看涨期权的价值为

$$c_1(V,t) = V_t\Phi_1(h_{41}) - I_{t_5}e^{-r(t_5)-t_4}\Phi(k_{41}) \tag{10-47}$$

其中，$h_{41} = \dfrac{\ln(V/I_{t_5}) + (r + \sigma^2/2)(t_5 - t_4)}{\sigma\sqrt{t_5 - t_4}}$

$$k_{41} = h_{41} - \sigma\sqrt{t_5 - t_4}$$

式中：$\Phi_1(x)$ ——一维正态分布的累计概率函数。

在 c_1 的到期日 t_4 时点上，期权执行与否的关键在于 c_1 的价值是否超过执行价格 I_1，而 c_1 的价值利用式（10－47）可计算出来。于是依照 Geske 提出的方法可求出扩展期二重复合期权的价值

$$c_2 = V\Phi_2(h_{31}, h_{32}, \rho) - I_{t_5}\mathrm{e}^{-r(t_5-t_4)}\Phi_2(k_{31}, k_{32}, \rho) - I_{t_5}\mathrm{e}^{-r(t_4-t_3)}\Phi(k_{31}) \tag{10-48}$$

其中，

$$h_{31} = \frac{\ln(V/V_4^*) + (r + \sigma^2/2)(t_4 - t_3)}{\sigma\sqrt{t_4 - t_3}}$$

$$h_{32} = \frac{\ln(V/I_{t_5}) + (r + \sigma^2/2)(t_5 - t_3)}{\sigma\sqrt{t_5 - t_3}}$$

$$\rho = \sqrt{(t_4 - t_3)/(t_5 - t_3)},\ k_{31} = h_{31} - \sigma\sqrt{t_4 - t_3},\ k_{32} = h_{32} - \sigma\sqrt{t_5 - t_3}$$

式中：$\Phi_2(x, y)$ ——二维正态分布的累计概率函数。

存在 V_4^*，使得 $V\Phi_1(h_{41}) - I_{t_5}\mathrm{e}^{-r(t_5-t_4)}\Phi(k_{41}) - I_{t_4} = 0$。

同理，可分别求出创建期及种子期三重、四重复合式期权的价值，其一般表达式如下

$$c_{(5-i)} = V\Phi_{(5-i)}(\boldsymbol{H}, \boldsymbol{R}) - \sum_{j=1}^{5-i}\mathrm{e}^{-r\Phi_j}I_{t_{i+j}}\Phi_j(K, \boldsymbol{R}) \tag{10-49}$$

其中，$\boldsymbol{H} = (h_{i1}, h_{i2}, \cdots, h_{i(5-i)})^{\mathrm{T}}$，$K = \boldsymbol{H} - \sigma\sqrt{\boldsymbol{D}}$，$\boldsymbol{D} = [(t_{i+1} - t_i), (t_{i+2} - t_i), \cdots, (t_5 - t_i)]^{\mathrm{T}}$，$\boldsymbol{R}$ 为相关系数矩阵，$\boldsymbol{R} = [(D_i/D_j)^{1/2}](i < j)$，

$$h_{ij} = \frac{\ln(V/V^*) + (r + \sigma_2^{2'})(t_{i+1} - t_i)}{\sigma\sqrt{t_{i+1} - t_i}}$$

$$h_{i(5-i)} = \frac{\ln(V/I_{t_5}) + (r + \sigma^{2\prime}2)(t_5 - t_i)}{\sigma\sqrt{t_5 - t_i}}$$

$$\boldsymbol{V}^* = (V_{i+1}^*, V_{i+2}^*, \cdots, V_4^*)$$

存在 V^*，使得 $c^*_{(4-i)} - I_{t_{i-1}} = 0$，$\Phi_{(5-i)}(H,R)$ 为 $5-i$ 维正态分布累计概率分布函数。

当 $t=2$ 时，可求得创建期三重复合期权价值 c_3；当 $t_i=1$ 时，可求得种子期四重复合期权价值 c_4。

多重复合期权模型在推广过程中求解困难，无法直接通过市场获得模型所需要的输入信息，也无法通过实际价格信息检验结果的合理性。此外，由于市场结构和竞争对手的策略等，利用简单的静态模型很难对创业投资进行准确的评价，因此引入动态的分析工具遗传算法。

10.6.2 基于遗传算法的创业投资期权评价模型

遗传算法（genetic algorithm）于1975年由美国学者 J. H. Holland 提出，该算法首先生成一定规模的初始种群，然后使其中的个体（染色体）以一定的概率进行交叉与变异，再按预定的评价函数选择复制优秀个体，组成新的一代，如此循环迭代，以期最终找到满足寻优条件的最优解。由于算法简单通用，鲁棒性强，而且适用于并行处理等，已广泛应用于航天、航空、预测、组合优化、管理等研究领域。同理，在创业投资领域也可引入遗传算法对其进行经济评价。

假设最大期权的价值是

$$K(V,t) = \max[f(V,t),V(t)]$$

$$V^*(t) = \operatorname{argmax}[f(v,t),V(t)]$$

其中，$V(t)$ 是任意策略的解函数，当最大化取遍所有的 $V(*)$ 可行函数类时，期权的持有者将选择最好的策略 V^*，故设 K 是最大的期权价值。创业投资活动的决策依据主要是通过比较创业投资最大期权价值 K 和创业投资费用 I。即当 $K>I$ 时，创投经济可行；相反，当 $K<I$ 时，创投经济不可行。针对以上创业投资期权评价的非线性规划特点，运用遗传算法对其加以改进并优化求解。运用遗传算法进行问题求解时，首先需要确定问题的评价函数和变量，然后对变量进行编码。具体步骤如下。

1. 建立一个初始种群

$$p(0)=[a_1,a_2,\cdots,a_n]$$

a^*为当前种群中的最优解，$f^*=f(a^*)$，$g*=g=0$，g代表进化过程中的繁衍代数，$g*$表示最优解第一次产生时的繁衍代数，n为种群数，由于浮点编码方法可解决多维、高精度的连续函数优化问题，因此采用浮点编码来表示染色体，编码的长度等于染色体长度，即对于一个具有n个决策变量x_i的优化问题，其相应的染色体表示为

$$v=(x_1,x_2,\cdots,x_n)。$$

2. 对当前种群 $p(t)$ 的每一个染色体 $p(i)$ 计算适应度 $f(i)$

这里定义适应度为任一目标点与理想点之间的距离

$$f(i)=\sum_{k=1}^{n}w_k^p-\frac{f_i(x)-f_{kk}'(x)^p}{f_i(x)-f_{kk}'(x^i)^p} \tag{10-50}$$

式中：$f(i)$——第i个解的适应度；

$f_k(x,f_k'(x))$——第k个目标的最优值和最差值；

$f'_k(x^i)$——第i个解对应的第k个目标值；

w_k——第k个目标的权重。

同时取$p=4$；由于创业投资评价的多目标性，因此根据式（10－50）得出第i个染色体相应的评价函数值为

$$\mathrm{Eval}(v_i)=f(i)[\sum_{k=1}^{n}f(k)]^{-1},\quad i=1,2,\cdots,n$$

3. 后代种群繁殖

初始化交配池M和后代S

$$M=0,\quad S=0$$

$$G=g+1$$

4. 选择运算

For i=1 to n do

采用赌盘选择方式，以选择概率$p=f_i\Big/\sum_{j=1}^{n}f_j$，$i=1$，2，…，$n$，随机从当

前种群 $p(t)$ 中选择一个染色体 a，$M=M\cup a$。

5. 交叉运算

For i = 1 to n/2 do

随机从交配池中选择两个个体 a_1 和 a_2，按照交叉概率 β，一般取 0.25 ~ 0.99，在 a_1 和 a_2 之间，进行单点交叉运算，生成两个新个体为 a_1' 和 a_2'

$$a_1' = \beta a_2 + (1-\beta)a_1, \quad a_2' = \beta a_1 + (1-\beta)a_2$$

则

$$M = M-(a_1', a_2'), \quad s = s\cup(a_1', a_2')$$

6. 变异运算

设 $S = (a_1^s, a_2^s, \cdots, a_n^s)$

For i = 1 to n do

对 a_i^s 中的每一位，根据各染色体的累计概率 $p_m = \sum_{i=1}^{m} p_i$，随机选择染色体进行变异，变异方法采用均匀变异，依次指定染色体编码串中的每个基因作为变异点，对每一个变异点以变异概率（一般取 0.001 ~ 0.1），从对应的基因的数值范围内取一随机数代替原有基因值。假设 α_H^P 和 α_L^S 分别是上一代种群 P 中的最优解和新产生的子代 s 中的最差解。则 $P = (S-\alpha_L^S)\cup\alpha_H^P$。

7. 终止条件判断

假设 $ab*$ 为新一代种群 P 中的最优解，种群不断进化直到搜索到适应值最优的问题解。

If $f(ab) > f*$ then $ab* = ab$，$f* = f(ab)$，$g* = g$，转第二流程，else

If $g-g* < G$，（G 为预先给定的一个控制常数）then 转第二流程，else 返回最优解 ab * 。

10.7 本章小结

本章对存款保险和企业并购以及跨国并购投资决策的期权特征进行了深入

分析，认为存款保险实质上就是一种卖权，企业并购实质上相当于取得了一个看涨期权；跨国并购投资决策实质上涉及扩展、放弃和等待期权，构造了一种基于布莱克－舒尔斯期权定价模型的存款保险价格评估模型，并以连续支付红利的美式期权定价理论为基础，建立了企业并购价值评估的期权定价模型，用二项式期权定价公式解决跨国并购投资决策问题；另外，本章针对传统技术管理型人力资本计量模型的局限性，运用期权定价理论以及灰色评测方法，建立了一种计量技术管理型人力资本的新模型；针对传统 NPV 模型在新技术项目评价中的不足，引入贝叶斯定理和期权理论，构建了一种有效评估新技术项目的新模型并提出创业投资期权评价模型的遗传算法，实证研究表明这些模型是科学的、可行的，对实践中合理确定存款保险价格、企业并购价值、跨国并购投资决策、人力资本价值和新技术项目以及创业投资价值具有重要的指导意义，为企业做出合理的决策提供了依据。

11 结论与展望

期权是21世纪国际金融市场创新实践的一个成功典范，同时也给财务金融学理论的发展注入了勃勃生机。虽然期权1973年在美国芝加哥期权交易所开始交易，但当时几乎没有人能够预料到在其后的几十年中，它会对实践和财务金融理论带来巨大冲击和影响。今天，期权市场已成为国际金融市场的一个重要组成部分。基于此背景，目前关于期权定价理论的研究和应用，掀起了金融理论创新的新高潮。

本书主要针对期权定价与若干应用问题进行了研究，具体研究内容和成果总结如下。

◇ 基于布莱克－舒尔斯期权定价模型的假设条件，运用离散算法对路径依赖型期权及其衍生产品期权的定价问题进行了研究，并通过实例验证了这些算法是有效可行的。

◇ 介绍了双重障碍期权的含义，阐述了单个吸收障碍随机移动的反射原理，说明了用Boyle－lau二项式算法为单个障碍期权定价，在此基础上讨论两吸收障碍随机移动的反射原理，提出了扩展Boyle－lau二项式算法对双重敲出期权进行定价求解。

➢ 介绍了两资产亚式彩虹期权的含义，利用无套利定价原理，建立了这类期权定价模型。并结合边界条件，推导了基于两个标的资产的几何亚式彩虹期权的解析定价公式，借助它利用蒙特卡罗模拟法中方差减少技术对算术亚式彩虹期权定价，得到了该期权更精确的估计值。

➢ 研究了不变方差弹性模型中三值期权、亚式期权和回望期权三种奇异期权定价问题。按照非中心 χ^2 分布余函数导出了三值期权的解析定价公式。在此基础上，提出了一种简单有效算法计算非中心 χ^2 分布余函数，指出当计算精确解有问题时提供该分布余函数近似值可以精确估计上述导出解析定价公式的结果。该研究结果可以推广到依赖时间参数的不变方差弹性奇异期权定价。接着提出了三叉树方法和三叉结合树法，确定了亚式和回望期权价格并通过数值模拟验证了方法的有效可行。

◇ 标的资产遵循跳跃扩散过程下研究支付红利美式看涨期权和百慕大互换期权定价，提出一种简单可操作的外推加速法得到两类期权解析近似定价公式，为克服金融市场波动率微笑提出跳分形过程改进标的资产分布并探究延迟期权定值，从而得到可应用的结果。

◇ 开发出两类幂型奇异期权定价框架，首先在风险中性假设下推导该类幂型奇异期权的解析定价公式，进而得出幂型互换期权和幂型选择期权的价格公式，并提出美式和欧式幂型选择期权价格均衡的充分条件。其次基于伊藤引理和自融资动态策略构建跳分形环境中幂型亚式期权的偏微分方程，结合边界条件导出到期日前任意执行的幂型几何平均亚式期权的解析定价公式，在此基础上使用蒙特卡罗模拟评价幂型算术平均亚式期权，并通过强有力的数值实证说明算法的有效性，提高了模拟结果的精确性。

◇ 在模糊框架下，介绍了一种启发性的期权方法，根据梯形模糊数估计期望现金流和期望成本的现值，借助模糊数的数学期望值和方差，确定最佳执行时间，最后就该方法在欧洲日耳曼民族电讯公司投资战略中进行实证分析。同时分析移动通信创新技术研发投资的复合期权特征，用 Matlab 编程设计分阶段确定波动率得到合理的投资评价结果，并结合大型移动运营商实践对案例系统考证，确保评价的可行性和可操作性。

◇ 鉴于现金流贴现估价模型的局限性，从期权的角度阐述了存款保险和企业并购以及跨国并购的期权特性，从理论和实证两方面分别论述了如何运用布莱克－舒尔斯期权定价模型确定保险收费以及运用美式期权定价模型评估企业并购价值，运用二项式期权定价模型决策跨国并购时机选择的问题。另外，运用期权定价理论以及灰色评测方法，建立了一种计量管理型人力资本的新模型；并引入贝叶斯定理和期权理论，构建了一种有效评估新技术项目的新模型，探究创业投资期权评价模型的遗传算法，为企业做出合理的人员评估及项目决策提供了依据。

自从布莱克－舒尔斯期权定价模型发表以来，财务金融专家们在此定价模型的基础上进行了大量的富有成效的研究，提出了树格方法、蒙特卡罗模拟等对期权进行定价研究。特别是近年来随着金融的全球化和金融创新的步伐加速，出现了大量的更符合投资者需要的奇异期权，给期权定价与应用研究带来更大的挑战。作者认为，在本书研究成果的基础上，今后可以进一步开展以下各方面的工作。

◇ 本书提出的离散算法和复合期权方法都是假设金融市场是无套利均衡的完全市场，但如果市场是有套利的（如股票价格遵循几何分式布朗运动）或不完全的（如股票价格过程服从几何 Levy 过程），这时风险中性定价原则失效，用树格方法和蒙特卡罗模拟法就有一定的困难。Bladt 和 Rydberg 提出的保险精算法，利用公平保费原则将期权定价转化成一个保险问题。如何运用保险精算法对期权（如障碍期权、亚式期权、彩虹期权等）、不变方差弹性过程和跳跃扩散过程下美式期权定价是有待进一步研究的方向。

◇ 研究股票价格并不完全遵循几何布朗运动即市场并非完全有效，且完全可能出现跳跃条件下更复杂的路径依赖型期权如美式回望期权、多因素期权如彩虹期权及其组合定价问题。

◇ 将模糊期权方法与博弈论结合起来，建立竞争模型，对不完全竞争环境下企业战略投资决策加以评价。

◇ 在期权定价理论应用方面，本书限于篇幅仅对现代管理中企业并购、跨国并购、存款保险、人力资源、新技术项目和创业投资有关问题运用期权定价理论和方法进行定价，今后可以开阔思路，结合灰色评测法和贝叶斯定理对存在期权特征的现代管理中的其他问题如融资租赁、抵押担保等进一步展开研究。

参考文献

[1] 郭研. 金融市场教程 [M]. 北京：北京大学出版社，2004.

[2] 吴腾华. 金融市场学 [M]. 上海：立信会计出版社，2004.

[3] 郑振龙. 衍生产品 [M]. 武汉：武汉大学出版社，2005.

[4] 魏振祥. 期权投资 [M]. 北京：中国财政经济出版社，2003.

[5] BRIYS E，BCLLALAH M，MAI H M，et a1. 期权、期货和特种衍生证券理论：应用和实践 [M]. 史树中，译. 北京：机械工业出版社，2002.

[6] HULL J C. Options，futures，and other derivatives [M]. Pearson Education India，2006.

[7] 瞿卫东. 金融工程核心工具：期权 [M]. 上海：文汇出版社，1998.

[8] 茅宁. 期权分析：理论与应用 [M]. 南京：南京大学出版社，2000.

[9] 郑振龙. 金融工程 [M]. 北京：高等教育出版社，2003.

[10] MARSHALL J F，BANSALL V K. 金融工程 [M]. 宋逢明，译. 北京：清华大学出版社，1998.

[11] BACHELIER L. Thé oriedela speculation [J]. Annales de l' Eco le Normale Supérieure，3rd series，1900，2 (17)：21－86.

[12] MASON S P，MERTON R C. The role of contingent claims analysis in corporate finance：recent advanceds in corportate finance [M]. Subrahmanyam，Homewood，Illinois：Richard D. Irw，1985.

[13] SPRENKLE C. Warrant prices as indications of expectations [J]. Yale economics，1961 (1)：179－232.

[14] BONESS A J. Elements of a theory of stock－option value [J]. Journal of political economy，1964，72 (2)：163－175.

[15] BONESS A J. Some evidence on the profitability of trading in put and call options. the ran-

dom character of stock market prices [M]. MIT Press Cambridge, 1964.

[16] SAMUELSON P A. Rational theory of warrants pricing [J]. Industrial management review, 1965, 6 (2): 13 -39.

[17] MERTON R C. Applications of option - pricing theory: twenty - five years later [J]. American economic review, 1998, 88 (3): 323 -349.

[18] KRUIZENGA R J. Introduction to the option contract [J]. The random character of stock market prices, 1964: 277 -391.

[19] AYRES H F. Risk aversion in the warrant markets [J]. Industrial management review, 1963, 5 (1),: 45 -51.

[20] BAUMOL W J, MALKIEL B G, QUANDT R E. The valuation of convertible securities [J]. The quarterly journal of economics, 1966, 80 (1): 48 -59.

[21] SAMUELSON P, MERTON R C. A complete model of warrant pricing that maximizes utility [J]. Industrial management review, 1969, 10 (2): 17 -46.

[22] CHEN A H Y. A model of warrant pricing in a dynamic market [J]. Journal of finance, 1970, 25 (5): 1041 -1059.

[23] BLACK F, SCHOLES M. The pricing of option and corporate liabilities [J]. Journal of political economy, 1973 (81): 637 -659.

[24] WILMOTT P, HOWYNNE S. The mathematics of financial derivatives: a student introduction [M]. London: Cambridge University Press, 1995.

[25] 泽夫，司曲斯. 随机微分方程理论与应用 [M]. 钮晓鸣，译. 上海：科学技术文献出版社，1996.

[26] 陈舜. 期权定价理论及其应用 [M]. 北京：中国金融出版社，1998.

[27] 宋逢明. 金融工程原理：无套利均衡分析 [M]. 北京：清华大学出版社，1999.

[28] MERTON R C. Theory ofrational option pricing [J]. Bell journal of economics and management science, 1971, 4 (1): 141 -183.

[29] COX J. Notes on option pricing I: Constant elasticity of variance diffusions [J]. Unpublished note, stanford university, graduate school of business, 1975.

[30] BRENNAN M, SCHWARTZ E. Finite difference methods and jump processes arising in the pricing of contingent claims: a synthesis [J]. Journal of financial and quantitative analysis, 1978, 13 (3): 461 -474.

[31] MACBETH J D, MERVILLE L J. Tests of the black – scholes and cox call option valuation models [J]. Journal of finance, 1980, 35 (2): 285 –301.

[32] LELAND H E. Option andreplication costs [J]. Journal of finance, 1985, 40 (12): 1293 –1301.

[33] BENSAID B, LESNE J P, PAGES H. Derivative asset pricing with transaction costs [J]. Mathematical finance, 1992, 2 (2): 63 –86.

[34] DOKUCHAEV N G. , SAVKIN A V. The pricing of options in the financial market model with transactions costs and uncertain volatility [J]. Journal of international financial management, 1998, 8 (2): 353 –364.

[35] MARTELLINI L. Efficient option replication in the presence of transactions costs [J]. Review of derivative research, 2000, 4 (2): 107 –131.

[36] PERRAKIS S, LEFOLL J. The American put under transactions costs [J]. Journal of economic dynamics and control, 2004, 28 (5): 915 –935.

[37] BARRON E N, JENSEN R. A stochastic control approach to the pricing of options [J]. Mathematics of operations research, 1990, 15 (1): 49 –79.

[38] BARRAQUAND J. Numerical valuation of high dimensional multivariate European securities [J]. Management science, 1995, 41 (12): 1882 –1891.

[39] KWOK Y K, WONG, H Y, LAU K W. Pricing algorithms of multivariate path dependent options [J]. Journal of complexity, 2001, 17 (4): 773 –794.

[40] BARONE – ADESI G, BERMUDEZ A, HATGIOANNIDES J. Two – factor convertible bonds valuation using the method of characteristics/finite elements [J]. Journal of economic dynamics and control, 2003, 27 (10): 1801 –1831.

[41] HO T S Y, LEE S B I N. Term structure movements and pricing interest rate contingent claims [J]. The journal of finance, 1986, 41 (5): 1011 –1029.

[42] BAKSHI G S, CHEN Z. An alternative valuation model for contingent claims [J]. Journal of financial economics, 1997, 44 (1): 123 –165.

[43] SULLIVAN M A. Discrete – time continuous – state interest rate models [J]. Journal of economic dynamics and control, 2001, 25 (6): 1001 –1017.

[44] HULL J, WHITE A. The pricing of options on assets with stochastic volatilities [J]. The journal of finance, 1987, 42 (2): 281 –300.

[45] HESTON S L. A closed – form solution for options with stochastic volatility with applications to bond and currency options [J]. Review of financial studies, 1993, 6 (2): 327 – 343.

[46] FREY R. Derivative asset analysis in models with level – dependent and stochastic volatility [R]. University of Bonn, Germany, 1997.

[47] STEELEY J M. Implied volatility from the term structure: a simple analytical approximation [J]. Economics letters, 1997, 57 (3): 345 – 352.

[48] NANDI S. Asymmetric information about volatility: How does it affect implied volatility, option prices and market liquidity? [J]. Review of derivatives research, 2000, 3 (3): 215 – 236.

[49] ZVAN R, VETZAL K R, FORSYTH P A. PDE methods for pricing barrier options [J]. Journal of economic dynamics and control, 2000, 24 (11): 1563 – 1590.

[50] KALLIANPUR G, XIONG J. Asset pricing with stochastic volatility [J]. Applied mathematics & optimization, 2001, 43 (1): 47 – 62.

[51] MIYAZAKI K, YOSHIDA T. Valuation model of yield spread options in the HJM framework [J]. The journal of financial engineering, 1998, 7 (2) . : 47 – 56.

[52] OTAKA M, YOSHIDA T. Study on option pricing in an incomplete market with stochastic volatility based on risk premium analysis [J]. Mathematical and computer modelling, 2003, 38 (11): 1399 – 1408.

[53] BATES D S. The crash of 87: Was it expected? The evidence from options markets [J]. The journal of finance, 1991, 46 (3): 1009 – 1044.

[54] BAKSHI G, CAO C, CHEN Z. Empirical performance of alternative option pricing models [J]. The journal of finance, 1997, 52 (5): 2003 – 2049.

[55] KIM I J, KIM S. Empirical comparison of alternative stochastic volatility option pricing models: Evidence from Korean KOSPI 200 index options market [J]. Pacific – basin finance journal, 2004, 12 (2): 117 – 142.

[56] BLACK F, KARASINSKI P. Bond and option pricing when short rates are lognormal [J]. Financial analysts journal, 1991: 52 – 59.

[57] HO T S, STAPLETON R C, SUBRAHMANYAM M G. The valuation of American options on bonds [J]. Journal of banking & finance, 1997, 21 (11): 1487 – 1513.

[58] DAS S R. Discrete – time bond and option pricing for jump – diffusion processes [J]. Review of derivatives research, 1996, 1 (3): 211 – 243.

[59] MUNK C. Price bounds on bond options, swaptions, caps, and floors assuming only non-negative interest rates [J]. International review of economics & finance, 2002, 11 (4): 335 -347.

[60] JARROW R A. Risky coupon bonds as a portfolio of zero - coupon bonds [J]. Finance research letters, 2004, 1 (2): 100 -105.

[61] HULL J, WHITE A. Pricing interest rate derivative securities [J]. Review of financial studies, 1990, 3 (4): 573 -592.

[62] HULL J, WHITE A. Valuing derivative securities using the explicit finite difference method [J]. Journal of financial and quantitative analysis, 1990, 25 (01): 87 -100.

[63] HULL J, WHITE A. One factor interest rate model and the valuation of interest rate derivative securities [J]. Journal of financial and quantitative Analysis, 1993, 28 (2): 235 -254.

[64] HULL J, WHITE A. The impact of default risk on the prices of options and other derivative securities [J]. Journal of banking and finance, 1995, 19: 299 -322.

[65] BRIYS E, CROUHY M. Creating and pricing hybrid foreign currency options [J]. Financial management, 1988, 17 (1): 59 -65.

[66] CHOI S, MARCOZZI M D. The valuation of foreign currency options under stochastic interest rates [J]. Computers & mathematics with applications, 2003, 46 (5): 741 -749.

[67] NAWALKHA S K, CHAMBERS D R. A note on currency option pricing [J]. International review of financial analysis, 1995, 4 (1): 81 -84.

[68] KIM M, KIM M. Implied volatility dynamics in the foreign exchange markets [J]. Journal of international money and finance, 2003, 22 (4): 511 -528.

[69] CAMPBELL C, WHALEY R. Dividends and S&P500 index options [J]. Journal of futures markets, 1992, 12 (2): 123 -137.

[70] WALL L D, PRINGLE J J. Alternative explanations of interest rate swaps: A theoretical and empirical analysis [J]. Financial management, 1989: 59 -73.

[71] GROVE H D, BAZLEY J D. Interest rate swaps [J]. Journal of accounting education, 1997, 15 (4): 591 -614.

[72] HÜBNER G. The analytic pricing of asymmetric defaultable swaps [J]. Journal of banking & finance, 2001, 25 (2): 295 -316.

[73] COX J C, ROSS S A, RUBINSTEIN M. Option pricing: A simplified approach [J]. Jour-

nal of financial economics, 1979, 7 (3): 229 - 263.

[74] RUBINSTEIN M. Implied binomialrrees [J]. Journal of finance, 1994, 69 (3): 771 - 818.

[75] BOYLE P P. Option valuation using a three - jump process [J]. International options journal, 1986, 3 (1): 7 - 12.

[76] TIAN Y S. A trinomial option pricing model dependent on Skewness and Kurtosis [J]. International review of economics & finance, 1998, 7 (3): 315 - 330.

[77] BOYLE P P, LAU S H. Bumping up against the barrier with the binomial method [J]. The journal of derivatives, 1994, 1 (4): 6 - 14.

[78] BOYLE P P, TIAN Y S. Pricing lookback and barrier options under the CEV process [J]. Journal of financial and quantitative analysis, 1999, 34 (2); 242 - 264.

[79] MACMILLAN L W. Analytic approximation for the American put option [J]. Advances in futures and options research, 1986, 1 (1): 119 - 139.

[80] CARR P. Randomization and the American put option [J]. The review of financial sudies, 1998, 11 (3): 597 - 626.

[81] GESKE R, The valuation of compound options [J]. Journal of financial economics, 1979, 7 (1): 63 - 81.

[82] GESKE R, JOHNSON H E. The American put option valued analytically [J]. The journal of finance, 1984, 39 (5): 1511 - 1524.

[83] LONGSTAFF F A, SCHWARTZ E S. Valuing American options by simulation: a simple least - squares approach [J]. Review of financial studies, 2001, 14 (1): 113 - 147.

[84] STULZ R M. Options on the minimum or the maximum of two risky assets: analysis and applications [J]. Journal of financial economics, 1982, 10 (2): 161 - 185.

[85] BOYLE P P, TSE Y K. An algorithm for computing values of options on the maximum or minimum of several assets [J]. Journal of financial and quantitative analysis, 1990, 25 (2): 215 - 227.

[86] NIELSEN J A, SANDMANN K. Pricing of Asian exchange rate options under stochastic interest rates as a sum of options [J]. Finance and stochastics, 2002, 6 (3): 355 - 370.

[87] BACKUS D K, FORESI S, TELMER C I. Affine term structure models and the forward premium anomaly [J]. The journal of finance, 2001, 56 (1): 279 - 304.

[88] 门明. 金融衍生工具原理与应用 [M]. 北京: 对外经济贸易大学出版社, 1999.

[89] DENG S J, JOHNSON B, SOGOMONIAN A. Exotic electricity options and the valuation of e-

lectricity generation and transmission assets [J]. Decision support systems, 2001, 30 (3): 383 -392.

[90] DUKU - KAAKYIRE A, NANANG D M. Application of real options theory to forestry investment analysis [J]. Forest policy and economics, 2004, 6 (6): 539 -552.

[91] NORDVIK V. Tenure flexibility and the supply of private rental housing [J]. Regional science and urban economics, 2000, 30 (1): 59 -76.

[92] LANDER D M, PINCHES G E. Challenges to the practical implementation of modeling and valuing real options [J]. The quarterly review of economics and finance, 1998, 38 (3): 537 -567.

[93] KIM Y J, SANDERS G L. Strategic actions in information technology investment based on real option theory [J]. Decision support systems, 2002, 33 (1): 1 -11.

[94] CAMPBELL J A. Real options analysis of the timing of IS investment decisions [J]. Information & management, 2002, 39 (5): 337 -344.

[95] ALVAREZ L H R. Optimal exit and valuation under demand uncertainty: A real options approach [J]. European Journal of operational research, 1999, 14 (2): 320 -329.

[96] BENGTSSON J. Manufacturing flexibility and real options: a review [J]. International journal of production economics, 2001, 74 (1): 213 -224.

[97] SUNNEVAG K. An option pricing approach to exploration licensing strategy [J]. Resources policy, 1998, 24 (1): 25 -38.

[98] BERNARDO A E, CHOWDHRY B. Resources, real options, and corporate strategy [J]. Journal of financial economics, 2002, 63 (2): 211 -234.

[99] GARNER J L, NAM J, OTTOO R E. Determinants of corporate growth opportunities of emerging firms [J]. Journal of economics and business, 2002, 54 (1): 73 -93.

[100] Vonnegut A. Real option theories and investment in emerging economies [J]. Emerging markets review, 2000, 1 (1): 82 -100.

[101] NEMBHARD H B, SHI L, PARK C S. Real option models for managing manufacturing system changes in the new economy [J]. The engineering economist, 2000, 45 (3): 232 -258.

[102] 刘志新. 期权投资学 [M]. 北京: 航空工业出版社, 2001.

[103] HU Q. Evaluating the impact of IT investments on productivity: a causal analysis at indus-

try level [J]. International journal of information management, 2005, 25 (1): 39 – 53.

[104] KAMRAT W. Investment risk forecasting in alocal energy market [J]. Energy conversion and management, 2002, 43 (4): 515 – 522.

[105] GRENADIER S R. Valuing lease contracts a real – options approach [J]. Journal of financial economics, 1995, 38 (3): 297 – 331.

[106] ZETTL M. Valuing exploration and production projects by means of option pricing theory [J]. International journal of production economics, 2002, 78 (1): 109 – 116.

[107] TRIGERGIS L. Real options in capita investment [M]. Greenwood Press, 1988.

[108] SCHWARTZ E S, TRIGEORGIS L. Real options and investment under uncertainty: classical readings and recent contributions [M]. MIT Press, 2001.

[109] 范龙振，唐国兴. 项目价值的期权评价法 [J]. 系统工程学报，2000，16 (1)：17 – 23.

[110] 赵秀云，李敏强，寇纪淞. 风险项目投资决策与实物期权 [J]. 系统工程学报，2000，15 (3)：243 – 246.

[111] TRIGEORGIS L. Real options: managerial flexibility and strategy in resource allocation [M]. MIT press, 1996.

[112] 姜礼尚. 期权定价的数学模型和方法 [M]. 北京：高等教育出版社，2003.

[113] CHALASANI P, JHA S, EGRIBOYUN F, et al. A refined binomial lattice for pricing American Asian options [J]. Review of derivatives research, 1999, 3 (1): 85 – 105.

[114] MUZZIOLI S, TORRICELLI C. A multiperiod binomial model for pricing options in a vague world [J]. Journal of economic dynamics and control, 2004, 28 (5): 861 – 887.

[115] BABBS S. Binomial valuation of lookback options [J]. Journal of economic dynamics and control, 2000, 24 (11): 1499 – 1525.

[116] DENGLER H, JARROW R A. Option pricing using a binomial model with random time steps (A formal model of gamma hedging) [J]. Review of derivatives research, 1996, 1 (2): 107 – 138.

[117] SULLIVAN M A. Discrete – time continuous – state interest rate models [J]. Journal of economic dynamics and control, 2001, 25 (6): 1001 – 1017.

[118] KAMRAD B. A lattice claims model for capital budgeting [J]. IEEE transactions on engineering management, 1995, 42 (2): 140 – 149.

[119] CHEN R R, YANG T T. A universal lattice [J]. Review of derivatives research, 1999,

3 (2): 115 - 133.

[120] BUETOW G W, SOCHACKI J S. A more accurate finite difference approach to the pricing of contingent claims [J]. Applied mathematics and computation, 1998, 91 (2 - 3): 111 - 126.

[121] BUETOW G W, SOCHACKI J S. The trade - offs between alternative finite difference techniques used to price derivative securities [J]. Applied mathematics and computation, 2000, 115 (2): 177 - 190.

[122] SAPARIUC I, MARCOZZI M D, FLAHERTY J E. A numerical analysis of variational valuation techniques for derivative securities [J]. Applied mathematics and computation, 2004, 159 (1): 171 - 198.

[123] BOYLE P P. Options: A monte carlo approach [J]. Journal of financial economics, 1977, 4 (3): 323 - 338.

[124] ROLL R. An analytic valuation formula for unprotected American call options on stocks with known dividends [J]. Journal of financial economics, 1977, 5 (2): 251 - 258.

[125] GESKE R. A note on an analytical valuation formula for unprotected American call options on stocks with known dividends [J]. Journal of financial economics, 1979, 7 (4): 375 - 380.

[126] WHALEY R E. On the valuation of American call options on stocks with known dividends [J]. Journal of financial economics, 1981, 9 (2): 207 - 211.

[127] GESKE R, JOHNSON H E. The American put option valued analytically [J]. The journal of finance, 1984, 39 (5): 1511 - 1524.

[128] KWON C, FRIESZ T L. Valuation of American options by the gradient projection method [J]. Applied mathematics and computation, 2008, 206 (1): 380 - 388.

[129] 赵巍，何建敏. 分数布朗运动驱动的期权定价模型及其风险特征 [J]. 数理统计与管理，2011，30 (6); 1002 - 1008.

[130] MERTON R C. Option pricing when underlying stock returns are discontinuous [J]. Journal of financial economics, 1976, 3 (1 - 2): 125 - 144.

[131] AMIN K I. Jump diffusion option valuation in discrete time [J]. The journal of finance, 1993, 48 (5): 1833 - 1863.

[132] BATES D S. The crash of 87: was it expected? The evidence from options markets [J]. The journal of finance, 1991, 46 (3): 1009 - 1044.

[133] SALMI S, TOIVANEN J. An iterative method for pricing American options under jump -

diffusion models [J]. Applied numerical mathematics, 2011, 61 (7): 821 – 831.

[134] GUKHAL C R. The compound option approach to American options on jump – diffusions [J]. Journal of economic dynamics and control, 2004, 28 (10): 2055 – 2074.

[135] BALL C A, TOROUS W N. On jumps in common stock prices and their impact on call option pricing [J]. The journal of finance, 1985, 40 (1): 155 – 173.

[136] JORION P. On jump processes in the foreign exchange and stock markets [J]. Review of financial studies, 1988, 1 (4): 427 – 445.

[137] NAIK V, LEE M. General equilibrium pricing of options on the market portfolio with discontinuous returns [J]. Review of financial studies, 1990, 3 (4): 493 – 521.

[138] HARRISON J M, KREPS D M. Martingales and arbitrage in multiperiod securities markets [J]. Journal of economic theory, 1979, 20 (3): 381 – 408.

[139] DAHLQUIST G, BJORCK A. Numerical method [M]. Englewood Cliffs, N. J: Prentice – Hall, 1974.

[140] BECKERS S. A note on estimating the parameters of the diffusion – jump model of stock return [J]. Journal of financial and quantitative analysis, 1981, 16 (1): 127 – 140.

[141] FISCHER S. Call option pricing when the exercise price is uncertain, and the valuation of index bonds [J]. The journal of finance, 1978, 33 (1): 169 – 176.

[142] MARGRABE W. The value of an option to exchange one asset for another [J]. The journal of finance, 1978, 33 (1): 177 – 186.

[143] LINDSET S. Relative guarantees [J]. The geneva papers on risk and insurance – theory, 2004, 29 (2): 187 – 209.

[144] CARR P. The valuation of American exchange options with application to real options [J]. Real options in capital investment: models, strategies and applications, 1995, 23 (2): 109 – 120.

[145] 程志富，林勇，李巍. 中国可转债的美式交换期权定价与实证研究：基于非线性最小二乘蒙特卡洛模拟方法（NLS – MC）[J]. 武汉金融，2013（1）：30 – 33.

[146] 梁朝晖，龚东升. 基于美式交换实物期权的项目估值研究 [J]. 北京理工大学学报（社会科学版），2011，13（3）：16 – 20.

[147] 林建伟. 永久百慕大期权的定价公式 [J]. 同济大学学报（自然科学版），2008，36（10）：1443 – 1447.

[148] 胡志锋，黄荣坦. 纯生跳跃扩散型欧式交换期权定价公式 [J]. 数学研究，2005，38 (3)：333 -338.

[149] 魏正元. 广义交换期权定价 [J]. 数学的实践与认识，2005，35 (9)：34 -36.

[150] BRENNAN M J，SCHWARTZ E S. Savings bonds，retractable bonds and callable bonds [J]. Journal of financial economics，1977，5 (1)：67 -88.

[151] ANANTHANARAYANAN A L，SCHWARTZ E S. Retractable and extendible bonds：the Canadian experience [J]. The journal of finance，1980，35 (1)：31 -47.

[152] LONGSTAFF F A. Pricing options with extendible maturities：analysis and applications [J]. The journal of finance，1990，45 (3)：935 -957.

[153] DIAS M A G，ROCHA K M C. Petroleum concessions with extendible options using mean reversion with jumps to model oil prices [C]. 3rd. Real Options Conference，1999：1 -27.

[154] PETERS E. Fractal structure in the capital markets [J]. Financial analysts journal，1989：32 -37.

[155] DUNCAN T E，HU Y，PASIK - DUNCAN B. Stochastic calculus for fractional Brownian motion I. theory [J]. SIAM journal on control and optimization，2000，38 (2)：582 -612.

[156] NECULA C. Option pricing in a fractional Brownian motion environment [J]. Academy of economic studies Bucharest，Romania，preprint，2002：9 -18.

[157] HU Y，QKSENDAL B. Fractional white noise calculus and applications to finance [J]. Infinite dimensional analysis，quantum probability and related topics，2003，6 (1)：1 -32.

[158] BAYRAKTAR E，POOR H V，SIRCAR K R. Estimating the fractal dimension of the S&P 500 index using wavelet analysis [J]. International journal of theoretical and applied finance，2004，7 (5)：615 -643.

[159] MENG L，WANG M. Comparison of Black - Scholes formula with fractional Black - Scholes formula in the foreign exchange option market with changing volatility [J]. Asia - pacific financial markets，2010，17 (2)：99 -111.

[160] XIAO W L，ZHANG W G，ZHANG X L，et al. Pricing currency options in a fractional Brownian motion with jumps [J]. Economic modelling，2010，27 (5)：935 -942.

[161] 刘东艳. 分数布朗运动和泊松过程共同驱动下的选择期权定价 [J]. 数学理论与应用，2010 (1)：22 -26.

[162] KRUSKAL J B. Nonmetric multidimensional scaling：a numerical method [J]. Psy-

chometrika, 1964, 29 (2): 115 - 129.

[163] JOHNSON S A, TIAN Y S. Indexed executive stock options [J]. Journal of financial economics, 2000, 57 (1): 35 - 64.

[164] ZHANG P G. Exotic options: a guide to the second generation options [M]. Singapore: World Scientific Publishing Co. Pte. Ltd., 2000.

[165] TOMPKINS R G. Power options: hedging nonlinear risks [J]. Journal of risk, 2000, 2: 29 - 46.

[166] EPPS T W, Pricing derivatice securities [M]. London: World Scientific Publishing Co. Pte. Ltd., 2000.

[167] NISIO M. Stochastic differential equations [M]. Stochastic Control Theory. Springer Japan, 2015: 1 - 30.

[168] KEMNA A G Z, VORST A C F. A pricing method for options based on average asset values [J]. Journal of banking & finance, 1990, 14 (1): 113 - 129.

[169] CHEN K W, LYUU Y D. Accurate pricing formulas for Asian options [J]. Applied mathematics and computation, 2007, 188 (2): 1711 - 1724.

[170] BOYLE P, BROADIE M, GLASSERMAN P. Monte Carlo methods for security pricing [J]. Journal of economic dynamics and control, 1997, 21 (8): 1267 - 1321.

[171] ALZIARY B, DÉCAMPS J P, KOEHL P F. A PDE approach to Asian options: analytical and numerical evidence [J]. Journal of banking & finance, 1997, 21 (5): 613 - 640.

[172] ZHANG J. A semi - analytical method for pricing and hedging continuously sampled arithmetic average rate options [J]. Journal of computational finance, 2001, 5 (1): 59 - 80.

[173] BLENMAN L P, CLARK S P. Power exchange options [J]. Finance research letters, 2005, 2 (2): 97 - 106.

[174] BATES D S. Jumps and stochastic volatility: exchange rate processes implicit in deutsche mark options [J]. Review of financial studies, 1996, 9 (1): 69 - 107.

[175] PAN J. The jump - risk premia implicit in options: evidence from an integrated time - series study [J]. Journal of financial economics, 2002, 63 (1): 3 - 50.

[176] CHERNOV M, GALLANT A R, GHYSELS E, et al. Alternative models for stock price dynamics [J]. Journal of econometrics, 2003, 116 (1): 225 - 257.

[177] ERAKER B. Do stock prices and volatility jump? Reconciling evidence from spot and option

prices [J]. The journal of finance, 2004, 59 (3): 1367 - 1403.

[178] HARRISON J M, PLISKA S R. Martingales and stochastic integrals in the theory of continuous trading [J]. Stochastic processes and their applications, 1981, 11 (3): 215 - 260.

[179] BECKERS S. Variances of security price returns based on high, low, and closing prices [J]. Journal of business, 1983: 97 - 112.

[180] KUNIMOTO N, IKEDA M. Pricing options with cured boundaries [J]. Mathematical finance, 1992, 35 (2): 275 - 298.

[181] GEMAN H, YOR M. Pricing and hedging double - barrier options: a probabilistic approach [J]. Mathematical finance 1996, 6 (4): 365 - 378.

[182] FELLER W. Two singular diffusion problems [J]. Annals of mathematics, 1951: 173 - 182.

[183] MOHANTY S G. Lattice path counting and applications [M]. New York: Academic Press, 1979.

[184] MERTON R C. Continuous - time finance [M]. Cambridge: Basil blackwell, 1990.

[185] KEMNA A G Z, VORST A C F. A. Pricing method for options based on average asset values [J]. Journal of banking & finance, 1990, 14 (1): 113 - 129.

[186] CHO H Y, LEE H Y. A lattice model for pricing geometric and arithmetic average options [J]. Journal of Financial engineering, 1997, 6 (3): 179 - 191.

[187] DAHL L O, BENTH F E. Fast evaluation of the Asian basket option by singular value decomposition [M]. Monte Carlo and Quasi - Monte Carlo Methods 2000. Springer Berlin Heidelberg, 2002: 201 - 214.

[188] DEELSTRA G, LIINEV J, VANMAELE M. Bounds for the price of arithmetic basket and asian basket options [J]. ResearchGate, 2003 (1).

[189] EMANUEL D C, MACBETH J D. Further results on the constant elasticity of variance call option pricing model [J]. Journal of financial and quantitative analysis, 1982, 17 (4): 533 - 554.

[190] SCHRODER M. Computing the constant elasticity of variance option pricing formula [J]. Journal of finance. 1989 (1): 210 - 218.

[191] PENG B. Pricing geometric Asian options under the CEV process [J]. International economic journal, 2006, 20 (4): 515 - 522.

[192] 杜雪樵，丁华. CEV 模型下两值期权的数值解 [J]. 南方经济，2006 (2): 23 - 28.

[193] 蒲冰远，唐应辉，袁勋. 连续支付红利及有交易成本的领子期权定价模型 [J]. 数学的实践与认识，2009，39 (10)：37 -41.

[194] NELKEN I. The handbook of exotic options：instruments，analysis，and applications [M]. McGraw Hill Professional，1996.

[195] JOHNSON N L，KOTZ S，BALAKRISHNAN N. Distributions in statistics：continuous univariate distributions [M]. NY：John Wily & Sons Inc.，1970.

[196] SANKARAN M. Approximations to the non - central chi - square distribution [J]. Biometrika，1963，50 (1/2)：199 -204.

[197] BECKERS S. The constant elasticity of variance model and its implications for option pricing [J]. The journal of finance，1980，35 (3)：661 -673.

[198] COX J C，ROSS S A. The valuation of options for alternative stochastic processes [J]. Journal of financial economics，1976，3 (1 -2)：145 -166.

[199] BOYLE P P，TIAN Y，IMAI J. Lookback options under the CEV process：a correction [J]. Journal of financial and quantitative analysis unpublished appendixes，notes，comments，and corrections，1999.

[200] DAVYDOV D，LINETSKY V. Pricing and hedging path - dependent options under the CEV process [J]. Management science，2001，47 (7)：949 -965.

[201] 王建稳，王利伟. CEV 下有交易费用的回溯期权定价研究 [J]. 数理统计与管理，2008，27 (3)：515 -519.

[202] DUFFIE D. Dynamic asset pricing theory [M]. 2nd. NJ：Princeton University Press，1996.

[203] ALLEMAN J J，NOAM E. The new investment theory of real options and its implication for telecommunications economics [M]. Berlin：Springer Press，1999.

[204] BALASUBRAMANIAN P，KULATILAKA N，STORCK J. Managing information technology investments using a real - options approach [J]. The journal of strategic information systems，2000，9 (1)：39 -62.

[205] LESLIE K J，MICHAELS M P. The real power of real options [J]. The McKinsey quarterly，1997 (3)：4 -23.

[206] BENAROCH M，KAUFFMAN R J. Justifying electronic banking network expansion using real options analysis [J]. MIS quarterly，2000：197 -225.

[207] ZADEH L A. Toward a perception - based theory of probabilistic reasoning with imprecise prob-

abilities [J]. Journal of statistical planning and inference, 2002, 105 (1): 233 - 264.

[208] DU R, YEUNG K. Fuzzy transition probability: A new method for monitoring progressive faults [J]. Engineering applications of artificial intelligence, 2004, 17 (5): 457 - 467.

[209] CARLSSON C, FULLÉR R. A fuzzy approach to real option valuation [J]. Fuzzy sets and systems, 2003, 139 (2): 297 - 312.

[210] CARLSSON C, FULLÉR R. On possibilistic mean value and variance of fuzzy numbers [J]. Fuzzy sets and systems, 2001, 122 (2): 315 - 326.

[211] LUEHRMAN T A. Investment opportunities as real options: getting started on the numbers [J]. Harvard business review, 1998, 76: 51 - 66.

[212] DUBOIS D, PRADE H. Possibility theory: an approach to computerized processing of uncertainty [M]. Springer Science & Business Media, 2012.

[213] 戴和忠. 现实期权在 R&D 项目评价中的应用 [J]. 科学管理研究, 2000, 18 (3): 61 - 63.

[214] SHOCKLEY R L, CURTIS S, JAFARI J, et al. The option value of an early - stage biotechnology investment [J]. Journal of applied corporate finance, 2002, 15 (2): 44 - 55.

[215] CASSIMON D, ENGELEN P J, THOMASSEN L, et al. The valuation of a NDA using a 6 - fold compound option [J]. Research policy, 2004, 33 (1): 41 - 51.

[216] WU M C, YEN S H. Pricing real growth options when the underlying assets have jump diffusion processes: the case of R&D investments [J]. R&D management, 2007, 37 (3): 269 - 276.

[217] CORTELEZZI F, VILLANI G. Valuation of R&D sequential exchange options using Monte Carlo approach [J]. Computational economics, 2009, 33 (3): 209 - 236.

[218] 谷晓燕, 基于实物期权的研发项目动态投资决策模型 [J]. 中国管理科学, 2015, 23 (7): 95 - 101.

[219] 梁朝晖, 龚东升, 基于美式交换实物期权的项目估值研究 [J]. 北京理工大学学报 (社会科学版), 2011, 3 (3): 16 - 20.

[220] 谢平, 刘海二. ICT、移动支付与电子货币 [J]. 金融研究, 2013, 400 (10): 1 - 12.

[221] BENAROCH M, KAUFFMAN R J. Justifying electronic banking network expansion using real options analysis [J]. MIS quarterly, 2000: 197 - 225.

[222] PENDHARKAR P C. Valuing interdependent multi – stage IT investments: A real options approach [J]. European journal of operational research, 2010, 201 (3): 847 –859.

[223] DAI Q, KAUFFMAN R J, MARCH S T. Valuing information technology infrastructures: a growth options approach [J]. Information technology and management, 2007, 8 (1): 1 –17.

[224] KAUFFMAN R J, KUMAR A. Network effects and embedded options: decision – making under uncertainty for network technology investments [J]. Information technology and management, 2008, 9 (3): 149 –168.

[225] ANGELOU G N, ECONOMIDES A A. A compound real option and AHP methodology for evaluating ICT business alternatives [J]. Telematics and informatics, 2009, 26 (4): 353 –374.

[226] MARSAN M A, MEO M. Energy efficient wireless Internet access with cooperative cellular networks [J]. Computer networks, 2011, 55 (2): 386 –398.

[227] KEARSE M, MOIR R, WILSON A, et al. Geneious Basic: an integrated and extendable desktop software platform for the organization and analysis of sequence data [J]. Bioinformatics, 2012, 28 (12): 1647 –1649.

[228] LAUKKANEN T, NAGY G, HIRVONEN S, et al. The effect of strategic orientations on business performance in SMEs: A multigroup analysis comparing Hungary and Finland [J]. International marketing review, 2013, 30 (6): 510 –535.

[229] 刘新立. 论我国保险公司上市的收益与风险 [J]. 金融研究, 2003, 272 (2): 79 –80.

[230] 张亚涛. 存款保险定价模型之探究 [J]. 国际金融研究, 2003, (11): 35 –38.

[231] 张志强. 期权理论与公司理财 [M]. 北京: 华夏出版社, 1999.

[232] 齐海滔. 从实物期权的角度谈企业并购的价值评估 [J]. 生产力研究, 2002, (3): 246 –247.

[233] LENSINK R, STERKEN E. Asymmetric information, option to wait to invest and the optimal level of investment [J]. Journal of public economics, 2001, 79 (2): 365 –374.

[234] BARONE – ADESI G, WHALEY R E. Efficient analytic approximation of American option values [J]. The journal of finance, 1987, 42 (2): 301 –320.

[235] 齐安甜, 张维. 企业并购投资的期权特征及经济评价 [J]. 系统工程, 2001, 19 (5): 43 –48.

[236] 叶建木，邓明然. 跨国并购过程的柔性及期权测度 [J]. 武汉理工人学学报（信息与管理工程版），2002，24（6）：26－29.

[237] 吴力文，巩见刚. 期权思想在电子商务投资决策中的应用 [J]. 技术经济与管理研究，2003（2）：58－59.

[238] 李忠民. 人力资本理论框架及其对中国一些问题的解释 [M]. 北京：经济科学出版社，1999.

[239] 罗瑾琏. 企业绩效的人力资源整合 [M]. 上海：同济大学出版社，2000.

[240] 王华，丁友刚. 关于人力资源价值计量的探讨 [M]. 北京：中国财政经济出版社，1999.

[241] DAMODARAN A. Investment Valuation [M]. John wiley&sons Inc. New York，2002：25－26.

[242] DIMOV D P，SHEPHERD D A. Human capital theory and venture capital firms：exploring "home runs" and "strike outs" [J]. Journal of business venturing，2005，20（1）：1－21.

[243] ZACHARAKIS A，SHEPHERD D A. A non－additive decision－aid for venture capitalists' investment decisions [J]. European journal of operational research，2005，162（3）：673－689.

[244] 邓聚龙. 灰色系统理论教程 [M]. 武汉：华中理工大学出版社，1990.

[245] 刘思峰. 灰色系统理论及其应用 [M]. 2 版. 北京：科学出版社，1999.

[246] ZHANG QIREN. Decision with gray correlation and AHP [J]. Journal of systems science& systems engineering，1996，5（1）：103－110.

[247] HUANG K，CHEN S F，SUN Y，et al. Study and implementation on the grey comprehensive evaluation support system of ecocity [J]. Journal of southeast university（English Edition），2002，18（4）：356－360.

[248] KULATILAKA N，MARCUS A J. Project valuation under uncertainty：when does DCF fail? [J]. Journal of applied corporate finance，1992，5（3）：92－100.

[249] 蒋剑勇. 现代期权理论在 R&D 投资决策中的应用 [J]. 科学学与科学技术管理，2003，2：53－54.

[250] 吴喜之. 现代贝叶斯统计学 [M]. 北京：中国经济出版社，2000.

[251] 范金城，吴可法. 统计推断导引 [M]. 北京：科学出版社，2001.

[252] 张金槐，唐雪梅. Bayes 方法 [M]. 长沙，国防科技大学出版社，1992.